精品课程配套教材

21世纪应用型人才培养“十三五”规划教材

“双创”型人才培养优秀教材

成本会计学

CHENGBEN KUAIJIXUE

主　编　王廷章

副主编　秦淑媛　荣红涛　宋亚洁　莫艳珍

　　　　谢小燕　陈瑶瑶　敖　飞　张月红

山东大学出版社

图书在版编目（CIP）数据

成本会计学/王廷章主编. —济南：
山东大学出版社，2018. 7
ISBN 978-7-5607-6084-1

Ⅰ. ①成… Ⅱ. ①王… Ⅲ. ①成本会计
Ⅳ. ①F234. 2

中国版本图书馆 CIP 数据核字（2018）第 139079 号

责任编辑：陈佳意
美术编辑：张　荔
封面设计：尤　岛

出版发行：山东大学出版社
社　址　山东省济南市山大南路 20 号
邮　编　250100
电　话　市场部（0531）88364466
经　　销：山东省新华书店
印　　刷：北京俊林印刷有限公司
规　　格：787 毫米×1092 毫米　1/16
18. 25 印张　　420 千字
版　　次：2018 年 7 月第 1 版
印　　次：2018 年 7 月第 1 次印刷
定　　价：42. 00 元

精品课程配套教材 “双创”型人才培养优秀教材 编审委员会

前　言

成本会计是会计学、财务管理、审计学等专业的主干专业课程，是继基础会计、中级财务会计等课程之后的又一门重要课程，其理论性和实务操作性较强。编者依据《企业会计准则》，结合《企业产品成本核算制度（试行）》的相关内容规定，在总结成本会计长期教学工作的基础上，吸收同类教材的成功经验，编写了《成本会计学》这部教材。

本书紧扣制造业产品成本计算这条主线，主要研究阐述制造业产品成本计算的基本原理、基本理论、产品成本计算方法、成本会计报表以及成本分析等内容。结构合理，深度适中，具有可操作性。每章附有复习思考题，供读者同步学习使用，并提供教学课件以及习题答案，如有需要可联系 010-82477073 索取。

本教材可以作为会计学、财务管理、审计学、工商管理等经济管理类专业的教材使用以及相关人员培训的教材或资料。

本教材由王廷章担任主编，秦淑媛、荣红涛、宋亚洁、莫艳珍、谢小燕、陈瑶瑶、敖飞、张月红担任副主编。编写分工如下：第一章至第三章由王廷章编写；第四章至第五章由秦淑媛、荣红涛编写；第六章至第七章由宋亚洁、莫艳珍编写；第八章至第九章由谢小燕、陈瑶瑶编写；第十章至第十二章由敖飞、张月红编写；第十三章至第十五章由王廷章编写。最后由王廷章负责全书的统稿工作。

由于编者水平所限，书中疏漏与不足在所难免，敬请读者批评指正。

目 录

第一章　成本会计概述

学习目的与要求

1. 掌握成本的概念。
2. 掌握成本会计的概念、对象、职能及作用。
3. 了解成本会计机构的设置。

第一节　成本的概念及作用

一、成本的概念

不同学科对成本有不同的解释，就会计学学科而言，成本是为了取得资产或某种利益而发生的耗费，或者说是为了获取某种利益或实现一定目的所发生的支出。本书研究的成本是指制造业为制造产品而发生的产品成本，以及与产品制造活动没有直接联系但与一定会计期间相联系的期间费用。

制造业生产产品需要发生各种生产耗费，包括劳动资料与劳动对象等物化劳动耗费和活劳动耗费两部分。其中房屋、机器设备等作为固定资产的劳动资料，通过计提折旧的方式，逐渐地、部分地转移到所制造的产品中，构成产品生产成本的一部分；原材料等劳动对象，在生产过程中其价值一次性全部转移到产品中，构成产品生产成本的一部分；劳动者为自己劳动所创造的价值则以工资的形式构成产品生产成本的另一部分。因此，制造业在一定时期内发生的、用货币表现的各种生产耗费是制造业的生产费用，而制造业为生产一定种类、一定数量的产品所支出的各种生产费用之和是产品的成本。

产品价值由三部分组成，即生产中消耗的生产资料的价值（C）、劳动者为自己劳动创造的价值（V）以及劳动者为社会创造的价值（M）。从理论上说，（C+V）构成产品的理论成本。产品价格是产品价值的货币表现。

二、产品成本的内容

产品成本包括直接材料、直接人工和制造费用；采购成本包括买价、采购费用等；加工成本包括直接人工、制造费用等；其他成本是指除采购成本、加工成本以外的，使产品达到预定可销售状态所发生的其他支出。

三、费用

费用是指企业在日常活动中发生的、会导致所有者权益减少的、与向所有者分配利润无关的经济利益的总流出。

期间费用是指本期发生的、不能计入某种产品成本的应当直接计入当期损益的各项费用。包括管理费用、销售费用以及财务费用。

狭义的费用是指生产成本和期间费用，广义的费用包括各种费用、直接计入当期损益的损失。

四、成本的作用

在市场经济条件下，成本在经济管理中有着重要的作用。

（一）成本是生产耗费的补偿尺度

企业生产中发生的耗费必须从销售商品的收入中得到补偿。生产耗费补偿金额的大小，要以成本作为衡量尺度。只有将成本足额进行补偿，才能保证企业再生产的正常进行。因此，成本作为生产耗费的补偿尺度，对于确定企业经营损益、保证企业不断发展具有重要意义。

（二）成本是制定商品价格的重要依据

商品价格是商品价值的货币表现。制定商品价格要考虑市场供求关系的变化，也要考虑企业的承受能力。成本是企业商品价格制定的最低经济界限。因此，成本是制定商品价格的重要依据。

（三）成本是反映企业工作质量的一项综合指标

成本可以综合反映企业的生产耗费。企业产品设计是否合理、生产工艺过程是否先进合理、劳动生产率水平的高低、原材料的利用程度、废品率的高低、产品质量的好坏、生产费用开支是否节约、管理工作和生产组织水平以及供产销各环节的协调情况等，都会通过成本指标反映出来。

（四）成本是企业进行经营预测、决策和分析的重要依据

企业要在激烈的市场竞争中谋求发展，就必须以市场为重心，采用科学的方法进行市场调查、研究开发市场需要的新产品，根据市场需要合理安排生产计划，选择合理的工艺方案，这些都需要企业进行经营预测和决策。因此，成本资料是企业进行经营预测、决策和分析的重要依据。

第二节　成本会计的内涵

一、成本会计的概念

成本会计作为会计的一个重要分支，是一种专业会计，有广义与狭义之分。广义的成

本会计即成本管理，是指进行成本预测、决策、计划、控制、核算、分析及考评。狭义的成本会计是指进行成本核算与分析。狭义的成本会计是广义的成本会计的基础，广义的成本会计是狭义的成本会计的延伸与拓展。

二、成本会计的对象

成本会计的对象是指成本会计核算和监督的内容。

制造企业的产品成本主要是产品的制造成本。产品在制造过程中也发生一些相关的期间费用。如，制造业为销售产品而发生的销售费用、为组织和管理生产经营活动而发生的管理费用，以及为筹集生产经营所需资金而发生的财务费用。为了促使企业节约费用、增加利润，这些期间费用也作为成本会计的对象。因此，制造业成本会计的对象是制造业在产品制造过程中的生产成本或制造成本和期间费用。

批发零售企业、建筑业、房地产业、农业、采矿业、交通运输业、信息传输业、软件及信息技术服务业、文化业以及其他行业的企业在生产经营过程中所发生的各种费用，部分地形成各行业企业的生产经营业务成本，部分地作为期间费用直接计入当期损益。

成本会计的对象可以概括为：各行业企业生产经营业务的成本和有关期间费用。因此，成本会计实际上是成本、费用会计。

三、成本会计的职能

成本会计的职能是指成本会计在经济管理中所具有的内在功能。主要包括以下内容：

（一）成本预测

成本预测是指依据成本有关数据及其与各种技术经济因素之间的依存关系，结合企业发展前景采取的措施，通过一定程序、方法和模型，对未来成本水平及其变化趋势作出的科学估计。成本预测是成本决策的前提。通过成本预测，可以减少生产经营管理的盲目性，提高降低成本费用的自觉性，充分挖掘降低成本费用的潜力。

（二）成本决策

成本决策是指在成本预测的基础上，按照既定目标要求，运用专门方法，对有关生产经营的成本方案进行计算分析，从中选择最优方案，确定目标成本。做好成本决策对于企业正确制定成本计划、促进企业提高经济效益具有十分重要的意义。

（三）成本计划

成本计划是指根据成本决策所确定的目标成本，具体规定计划期内各种生产耗费水平和各种产品成本水平，并提出为达到规定的成本水平所采取的各种措施。成本计划是降低成本费用的具体目标，也是进行成本控制、成本分析和成本考核的依据。成本计划的编制过程，也是进一步挖掘降低成本费用潜力的过程。

（四）成本控制

成本控制是指预先制定成本标准作为各项费用消耗的限额，在生产经营过程中，将实际发生的费用严格控制在限额标准之内，防止超支、浪费和损失的发生，以保证成本计划的执行。企业通过日常的成本控制，可使成本按照计划水平形成，防止和克服生产经营过程中的损失和浪费现象，充分合理地利用人力、物力和财力，达到节约各种消耗、降低产品成本的目的。

（五）成本核算

成本核算是指对生产经营过程中所发生的各项费用进行审核，按照一定的程序，采用适当的方法，归集和分配各成本计算对象所应负担的成本费用，以计算出各对象的总成本和单位成本。成本核算是对成本计划执行结果的反映，也是对成本控制结果的反映。通过成本核算，不仅可以考核和分析成本计划的执行情况，发现企业生产经营中存在的问题，还可以为制定产品价格提供依据。

（六）成本分析

成本分析是指利用成本核算资料和其他有关资料，与本期计划成本、上年同期实际成本、本企业历史先进成本水平以及国内外先进企业的成本等进行比较，全面分析成本水平与构成的变化情况，系统地研究影响成本变动的因素和原因，挖掘降低成本的潜力。通过成本分析，可以正确认识和掌握成本变动的规律，有利于实现降低成本的目标，并为编制成本计划和制定经营决策提供依据。

（七）成本考核

成本考核是在成本分析的基础上，定期对成本计划的执行结果进行评价和考核。成本考核要与一定的奖惩制度相联系，以调动各责任者努力完成责任成本的积极性。通过成本考核可以评价成本管理的业绩，并与一定的奖惩制度结合起来，以鼓励责任者努力完成责任成本指标。

成本会计的职能是相互联系的。成本预测是成本会计的第一个环节，是成本决策的前提。成本决策是成本会计的重要环节，在成本会计中居于中心地位，既是成本预测的结果，又是制定成本计划的依据。成本计划是成本决策的具体化。成本控制是对成本计划的实施进行监督，是实现成本决策既定目标的保证。成本核算是成本会计的最基本职能，能够提供企业成本管理所需要的各种成本信息资料，是发挥其他职能的基础，同时也是对成本计划预期目标能否实现的最后检验。成本分析和成本考核是实现成本决策和成本计划目标的有效手段，只有通过成本分析查明原因，制定并执行改进和完善企业成本管理的措施，才能有效降低成本；通过正确评价与考核各责任单位的工作业绩，才能调动各部门和全体职工的积极性，有效地进行成本控制，为切实执行成本计划和实现既定目标提供动力。

四、成本会计的任务

成本会计的任务主要决定于企业经营管理的要求，同时还受制于成本会计的对象和职能。根据企业经营管理的要求，结合成本会计的对象和职能，成本会计的任务主要包括：

第一，正确计算产品成本，及时提供成本信息。

第二，审核和控制企业发生的各项费用，防止与制止各种浪费和损失，以降低成本、节约费用。

第三，核算各种生产费用、期间费用及产品成本，为企业经营管理提供所需的成本费用资料。

第四，分析各项支出的发生情况、消耗定额与计划的执行情况，进一步挖掘降低成本、节约费用的潜力，从而促进企业加强成本管理、提高经济效益。

第三节　成本会计工作的组织及基础工作

一、成本会计机构

成本会计机构是指在企业中直接从事成本会计工作的机构。企业内部各级成本会计机构之间的组织分工方式有两种：

（一）集中工作方式

集中工作方式是指成本会计工作中的核算、分析等各方面工作，主要由厂部成本会计机构集中进行，车间等其他单位中的成本会计机构或人员只负责登记原始记录和填制原始凭证，并对此加以初步的审核、整理和汇总，为厂部进一步的工作提供资料。在这种方式下，车间等其他单位只配备专职或兼职的成本会计人员或核算人员。集中工作方式一般适合中小型企业。

（二）分散工作方式

分散工作方式又称“非集中工作方式”，是指成本会计工作中的核算和分析等各项工作，分散由车间与其他单位的成本会计机构或人员分别进行，厂部成本会计机构负责对各下级成本会计机构或人员进行业务上的指导与监督，并对全厂成本进行综合核算和分析。分散工作方式一般适合大中型企业。

二、成本会计人员

成本会计人员是指专门从事成本会计工作的专业技术人员。在企业中配备必要的能胜任成本会计工作的会计人员，是顺利进行成本会计工作、发挥成本会计职能的关键。企业应根据规模的大小、业务的繁简，在成本会计机构配备适量政治和业务素质良好的成本会计人员，这是做好成本会计工作的前提。

三、成本会计的基础工作

成本会计的基础工作是进行成本会计工作的首要条件。包括：

（一）建立定额管理制度，制定必要的消耗定额

定额是指企业在生产经营过程中，对人力、物力、财力的消耗所规定的标准。与成本有关的定额按其内容分为劳动定额，材料、动力、工具消耗定额，费用定额，质量定额，固定资产利用定额。

制定定额是编制成本预算和成本计划、制定半成品和产成品定额成本的基础。做好定额的修订工作，可以使企业成本预算和成本计划的编制建立在科学的基础上，使成本核算具有可靠的依据，为开展成本控制和成本分析提供客观标准。

（二）加强材料物资的计量、验收、领发和清查制度

做好材料物资的计量、验收、领发和清查制度，是正确计算成本的必要条件，也是加强企业经营管理的重要前提，既可以保证企业财产物资的安全，又便于比较准确地计算产品成本。

（三）建立内部结算制度，制定内部结算价格

内部结算是指对企业各部门、车间之间的经济事项，运用货币形式进行等价交换结算，以明确经济责任的一种管理形式。

内部结算价格是指企业内部各单位之间计价结算的价格。

建立内部结算制度，制定内部结算价格，有利于贯彻执行成本责任制，正确考核企业内部各责任单位的业绩，有助于简化和减少成本核算工作，并便于成本计划和成本控制工作的开展。搞好内部结算，要抓好内部结算价格、内部结算方式和内部结算组织三个方面的工作。

（四）建立原始记录制度，制定合理的凭证传递流程

成本会计工作的一项重要工作，是对各项生产费用进行数据处理，计算产品成本。原始记录就是提供成本计算数据的主要方式，是按照规定的格式，对生产经营活动中的具体事实所作的最初记载。建立严密的原始记录制度，制定合理的凭证传递流程，对加强企业经营管理、正确计算产品成本、提供制定各项定额和编制成本计划的依据都具有重要的意义。

第四节　产品成本核算的要求及一般程序

一、产品成本核算的要求

成本核算是按照国家有关的法规、制度和企业经营管理的要求，对产品生产经营过程中实际发生的生产费用和期间费用进行归集和分配，计算产品生产成本，提供真实、有用的成本、费用信息的过程。成本核算是成本管理的基础，也是企业生产经营管理的重要组成部分。

为了充分发挥成本核算的作用，正确核算产品成本，在成本核算工作中，应遵循以下各项要求。

（一）严格执行会计准则、制度规定的成本开支范围

为了保证成本核算的合理性、合法性和可靠性，企业应严格遵守现行会计准则、制度等规定的成本开支范围和费用开支标准。

1. 成本开支范围

（1）生产经营过程中实际消耗的原材料、辅助材料、备品配件、外购半成品、燃料、动力、包装物和运输、装卸、整理等费用。

（2）企业直接从事产品生产人员的职工薪酬。

（3）车间房屋建筑物和机器设备的折旧费、租赁费及低值易耗品的摊销费等。

（4）其他为组织、管理生产活动所发生的制造费用。

2. 企业发生的下列费用，不应计入成本。

（1）企业为组织、管理生产经营活动所发生的管理费用、销售费用、财务费用。

（2）购置和建造固定资产的支出、购入无形资产和其他资产的支出。

（3）对外界的投资以及分配给投资者的利润。

（4）被没收的财物以及违反法律而支付的各项滞纳金、罚款以及企业自愿赞助、捐赠的支出。

（5）在公积金、公益金中开支的支出。

（6）国家法律、法规规定以外的各种付费。

（7）不得列入成本的其他支出。

（二）正确划分各种成本、费用之间的界限

为了正确进行成本核算，正确计算产品成本和期间费用，需要明确划分以下几种成本、费用界限。

1. 正确划分生产经营性费用与非经营性费用的界限

生产经营性费用是指产品成本和期间费用。非生产经营性费用是指各种损失和支出。划分的标准是按成本开支范围和费用开支标准进行划分。

2. 正确划分生产成本与期间费用的界限

生产成本是指企业为生产一定种类和数量的产品而发生的各项生产耗费，即生产费用，构成产品成本。期间费用是指企业生产经营活动中发生的，不计入产品成本，而是在发生的当期直接计入当期损益的费用。划分的标准是按用途和计入损益的时间进行划分。

3. 正确划分各个期间的费用界限

企业一定期间的生产性费用，并不一定由该期的产品成本负担。有的费用虽然是本期发生的，但并不全部由本期负担，如待摊费用；有的费用虽然本期并没有支付，却应由本期产品成本来负担，如预提费用。正确划分各个期间的费用界限，重要的是要贯彻权责发生制原则要求，合理核算待摊费用、长期待摊费用和预提费用等跨期限摊配费用，不得利用不同的摊配方法来人为地调节各期产品成本。划分的标准是按权责发生制原则进行划分。

4. 正确划分各种产品之间的费用界限

如果企业生产的是多种产品，为了正确计算各种产品的生产成本，必须将应计入本月产品成本的生产费用在各种产品之间正确划分。凡属于某种产品单独发生、能够直接计入该种产品的生产费用，均应直接计入该种产品生产成本；凡属于几种产品共同发生、不能直接计入某种产品的生产费用，则应采用适当的分配方法，分别计入各种产品的成本。划分的标准是按产品品种进行划分。

5. 正确划分完工产品与在产品的费用界限

在月末计算产品成本时，如果某种产品已全部完工，那么，这种产品的各项生产费用之和就是这种产品的完工产品成本；如果某种产品均未完工，那么，这种产品的各项生产费用之和就是这种产品的月末在产品成本；如果某种产品既有完工产品，又有在产品，则应将这种产品的各项生产费用，采用适当的分配方法在完工产品与在产品之间进行分配，

分别计算完工产品成本和在产品成本。划分的标准是按月进行划分。

（三）正确确定财产物资的计价和价值结转方法

企业财产物资计价和价值结转的方法主要包括：固定资产原值计算方法、折旧方法，固定资产与低值易耗品的划分标准，材料成本的组成内容、材料的核算方法等。为了正确计算产品成本，对于各种财产物资的计价和价值结转，国家有统一规定的，应采用国家统一规定的方法。各种方法一经确定，应保持相对稳定，不能随意改变，保证成本信息的可比性。

（四）选择适当的成本计算方法

产品生产成本是在生产过程中形成的，产品的生产工艺过程、生产组织和管理要求不同，所采用的产品成本计算方法也应有所不同。产品成本计算的基本方法有三种：品种法、分批法、分步法；产品成本计算的辅助方法有两种：定额法、分类法。因此，企业只有按照产品生产特点和管理要求，选用适当的成本计算方法，才能正确及时地计算产品成本，为成本管理提供有用的成本信息。

信息传输、软件及信息技术服务等企业，可以根据经营特点，利用现代信息技术，采用作业成本法计算产品成本。

（五）按成本计算期结转成本

制造企业应当根据产品的生产特点和管理要求，按成本计算期结转成本。制造企业可以选择原材料消耗量、约当产量法、定额比例法、原材料扣除法、完工百分比法等方法，恰当地确定完工产品和在产品的实际成本，并将完工入库产品的产品成本结转至库存产品科目。在产品数量、金额不重要或在产品期初期末数量变动不大的，可以不计算在产品成本。

制造企业产成品和在产品的成本核算，除季节性生产企业外，应当以月为成本计算期。

二、产品成本核算的一般程序

产品成本核算的一般程序是指对企业在生产经营过程中发生的各项生产费用和期间费用，按照成本核算的要求，逐步进行归集和分配，最后计算出各种产品的生产成本和各项期间费用。

（一）产品成本核算的主要账户

为了进行产品成本核算，企业一般应设置“生产成本——基本生产成本”“生产成本——辅助生产成本”“制造费用”“库存商品”“管理费用”“财务费用”“销售费用”等账户。

（二）产品成本核算的一般程序

1. 要素费用的归集与分配

企业在生产经营过程中所发生的各项资源耗费，应分别予以归集，并根据会计准则、制度规定的产品成本的列支范围，分别计入相应的产品成本与其他费用。

对于应该计入本期产品成本的各项费用要素，通过编制要素费用分配表进行分配。凡能直接计入成本计算对象的费用，根据各要素费用分配表直接记入“生产成本——基本生产成本”账户以及“生产成本——辅助生产成本”账户。凡不能直接计入成本计算对象的费用，先归集记入“制造费用”账户及其有关明细账户。

2. 跨期费用的分配

产品成本核算一般应当按照权责发生制核算相关成本与费用，对于不是在本期所投入的资源耗费，应根据权责发生制的要求进行分配。

3. 辅助生产费用的归集与分配

辅助生产车间发生的费用将归集在“生产成本——辅助生产成本”账户及其明细账户，并采用一定的方法将其按受益单位进行分配。

4. 制造费用的归集与分配

将归集的基本生产车间发生的制造费用，采用一定的方法分配计入本车间产品成本的数额。

5. 废品损失的归集与分配

对于单独核算废品损失的企业，应将废品净损失由“废品损失”账户转出，分配记入“生产成本——基本生产成本”账户。

6. 计算完工产品成本与月末在产品成本

将本期产品的生产费用采用适当的方法在完工产品与月末在产品之间进行分配，计算出完工产品总成本和单位成本以及月末在产品成本。

7. 结转完工产品成本

将完工验收入库的产成品成本从“生产成本——基本生产成本”账户及其明细账户贷方结转至“库存商品”账户及其有关明细账户的借方。

第五节　产品成本核算对象

产品是指企业日常生产经营活动中持有以备出售的产成品、商品，提供的劳务或服务。

根据《企业产品核算制度》的规定，企业应当根据生产经营特点和管理要求，确定成本核算对象，归集成本费用，计算产品的生产成本。

一、制造业产品成本核算对象

制造业的一般按照产品品种、批次订单或生产步骤等确定产品成本核算对象。

大量大批单步骤生产产品或管理上不要求提供有关生产步骤成本信息的，一般按照产品品种确定成本核算对象。

小批生产单件生产产品的，一般按照每批或每件产品确定成本核算对象；多步骤连续加工产品且管理上要求提供有关生产步骤成本信息的，一般按照每种（批）产品及各生产步骤确定成本核算对象。

产品规格繁多的，可以将产品结构、耗用原材料和工艺过程基本相同的产品，适当合并作为成本核算对象。

二、农业企业的产品成本核算对象

农业企业一般按照生物资产的品种、成长期、批别（群别、批次）、与农业生产相关的劳务作业等确定成本核算对象。

三、批发零售企业的产品成本核算对象

批发零售企业一般按照商品的品种、批次、订单、类别等确定成本核算对象。

四、建筑企业的产品成本核算对象

建筑企业一般按照订立的单项合同确定成本核算对象。单项合同包括建造多项资产的，企业应当按照企业会计准则规定的合同分立原则，确定建造合同的成本核算对象。为建造一项或数项资产而签订一组合同的，按合同合并的原则，确定建造合同的成本核算对象。

五、房地产企业的产品成本核算对象

房地产企业一般按照开发项目、综合开发期数并兼顾产品类型等确定建造合同的成本核算对象。

六、采矿企业的产品成本核算对象

采矿企业一般按照所采掘的产品确定成本核算对象。

七、交通运输企业的产品成本核算对象

交通运输企业以运输工具从事货物、旅客运输的，一般按照航线、航次、单船（机）、基层站段等确定成本核算对象。

从事货物等装卸业务的，可以按照货物、成本责任部门、作业场所等确定成本核算对象；从事仓储、堆存、港务管理业务的，一般按照码头、仓库、堆场、油罐、筒仓、货棚或主要货物的种类、成本责任部门等确定成本核算对象。

八、信息传输企业的产品成本核算对象

信息传输企业一般按照基础电信业务、电信增值业务和其他信息传输业务等确定成本核算对象。

九、软件及信息技术服务企业的产品成本核算对象

软件及信息技术服务企业的科研设计与软件开发等人工成本比重较高的，一般按照科研课题、承接的单项合同项目、开发项目、技术服务客户等确定成本核算对象。合同项目规模较大、开发期较长的，可以分段确定成本核算对象。

十、文化企业的产品成本核算对象

文化企业一般按照制作产品的种类、批次、印次、刊次等确定成本核算对象。

十一、其他行业企业的产品成本核算对象

其他行业企业应当比照以上类似行业的企业确定产品成本核算对象。

企业应当按照《企业产品核算制度》的规定确定产品成本核算对象，进行产品成本核算。企业内部管理有相关要求的，还可以按照现代企业多维度、多层次的管理需要，确定多元化的产品成本核算对象。

多维度是指以产品的最小生产步骤或作业为基础，按照企业有关部门的生产流程及其相应的成本管理要求，利用现代信息技术，组合出产品维度、工序维度、车间班组维度、生产设备维度、客户订单维度、变动成本维度和固定成本维度等不同的成本核算对象。

多层次是指根据企业成本管理需要，划分为企业管理部门、工厂、车间和班组等成本管控层次。

第六节　产品成本核算项目和范围

根据《企业产品核算制度》的规定，企业应当根据生产经营特点和管理要求，按照成本的经济用途和生产要素内容相结合的原则或者成本性态等设置成本项目。

一、制造业的产品成本核算项目和范围

制造企业一般设置直接材料、燃料和动力、直接人工和制造费用等成本项目。

直接材料是指构成产品实体的原材料以及有助于产品形成的主要材料和辅助材料。

燃料和动力是指直接用于产品生产的燃料和动力。

直接人工是指直接从事产品生产的工人的职工薪酬。

制造费用是指企业为生产产品和提供劳务而发生的各项间接费用，包括企业生产部门（如生产车间）发生的水电费、固定资产折旧、无形资产摊销、管理人员的职工薪酬、劳动保护费、国家规定的有关环保费用、季节性和修理期间的停工损失等。

二、农业企业的产品成本核算项目和范围

农业企业一般设置直接材料、直接人工、机械作业费、其他直接费用、间接费用等成本项目。

直接材料是指种植业生产中耗用的自产或外购的种子、种苗、饲料、肥料、农药、燃料和动力、修理用材料和零件、原材料以及其他材料等，养殖业生产中直接用于养殖生产的种苗、饲料、肥料、燃料、动力、畜禽医药费等。

直接人工是指直接从事农业生产人员的职工薪酬。

机械作业费是指种植业生产过程中使用农用机械进行耕耙、播种、施肥、除草、喷药、收割、脱粒等机械作业所发生的费用。

其他直接费用是指除直接材料、直接人工和机械作业费以外的畜力作业费等直接费用。

间接费用是指应摊销、分配计入成本核算对象的运输费、灌溉费、固定资产折旧、租赁费、保养费等费用。

三、批发零售企业的产品成本核算项目和范围

批发零售企业一般设置进货成本、相关税费、采购费等成本项目。进货成本，是指商品的采购价款；相关税费，是指购买商品发生的进口关税、资源税和不能抵扣的增值税等；采购费，是指运杂费、装卸费、保险费、仓储费、整理费、合理损耗以及其他可归属于商品采购成本的费用。采购费金额较小的，可以在发生时直接计入当期销售费用。

四、建筑企业的产品成本核算项目和范围

建筑企业一般设置直接人工、直接材料、机械使用费、其他直接费用和间接费用等成本项目。建筑企业将部分工程分包的，还可以设置分包成本项目。

直接人工，是指按照国家规定支付给施工过程中直接从事建筑安装工程施工的工人以及在施工现场直接为工程制作构件和运料、配料等工人的职工薪酬。

直接材料，是指在施工过程中所耗用的、构成工程实体的材料、结构件、机械配件和有助于工程形成的其他材料以及周转材料的租赁费和摊销等。

机械使用费，是指施工过程中使用自有施工机械所发生的机械使用费、使用外单位施工机械的租赁费以及按照规定支付的施工机械进出场费等。

其他直接费用，是指施工过程中发生的材料搬运费、材料装卸保管费、燃料动力费、临时设施摊销、生产工具用具使用费、检验试验费、工程定位复测费、工程点交费、场地清理费以及能够单独区分和可靠计量的为订立建造承包合同而发生的差旅费、投标费等费用。

间接费用，是指企业各施工单位为组织和管理工程施工所发生的费用。

分包成本，是指按照国家规定开展分包，支付给分包单位的工程价款。

五、房地产企业的产品成本核算项目和范围

房地产企业一般设置土地征用及拆迁补偿费、前期工程费、建筑安装工程费、基础设施建设费、公共配套设施费、开发间接费、借款费用等成本项目。

土地征用及拆迁补偿费，是指为取得土地开发使用权（或开发权）而发生的各项费用，包括土地买价或出让金、大市政配套费、契税、耕地占用税、土地使用费、土地闲置费、农作物补偿费、危房补偿费、土地变更用途和超面积补交的地价及相关税费、拆迁补偿费用、安置及动迁费用、回迁房建造费用等。

前期工程费，是指项目开发前期发生的政府许可规费、招标代理费、临时设施费以及水文地质勘察、测绘、规划、设计、可行性研究、咨询论证费、筹建、场地通平等前期费用。

建筑安装工程费，是指开发项目开发过程中发生的各项主体建筑的建筑工程费、安装工程费及精装修费等。

基础设施建设费，是指开发项目在开发过程中发生的道路、供水、供电、供气、供

暖、排污、排洪、消防、通信、照明、有线电视、宽带网络、智能化等社区管网工程费和环境卫生、园林绿化等园林、景观环境工程费用等。

公共配套设施费，是指开发项目内发生的、独立的、非营利性的且产权属于全体业主的，或无偿赠与地方政府、政府公共事业单位的公共配套设施费用等。

开发间接费，指企业为直接组织和管理开发项目所发生的，且不能将其直接归属于成本核算对象的工程监理费、造价审核费、结算审核费、工程保险费等。为业主代扣代缴的公共维修基金等不得计入产品成本。

借款费用，是指符合资本化条件的借款费用。

房地产企业自行进行基础设施、建筑安装等工程建设的，可以比照建筑企业设置有关成本项目。

六、采矿企业的产品成本核算项目和范围

采矿企业一般设置直接材料、燃料和动力、直接人工、间接费用等成本项目。

直接材料，是指采掘生产过程中直接耗用的添加剂、催化剂、引发剂、助剂、触媒以及净化材料、包装物等。

燃料和动力，是指采掘生产过程中直接耗用的各种固体、液体、气体燃料以及水、电、汽、风、氮气、氧气等动力。

直接人工，是指直接从事采矿生产人员的职工薪酬。

间接费用，是指为组织和管理厂（矿）采掘生产所发生的职工薪酬、劳动保护费、固定资产折旧、无形资产摊销、保险费、办公费、环保费用、化（检）验计量费、设计制图费、停工损失、洗车费、转输费、科研试验费、信息系统维护费等。

七、交通运输企业的产品成本核算项目和范围

交通运输企业一般设置营运费用、运输工具固定费用与非营运期间的费用等成本项目。

营运费用，是指企业在货物或旅客运输、装卸、堆存过程中发生的营运费用，包括货物费、港口费、起降及停机费、中转费、过桥过路费、燃料和动力、航次租船费、安全救生费、护航费、装卸整理费、堆存费等。铁路运输企业的营运费用还包括线路等相关设施的维护费等。

运输工具固定费用，是指运输工具的固定费用和共同费用等，包括检验检疫费、车船使用税、劳动保护费、固定资产折旧、租赁费、备件配件、保险费、驾驶及相关操作人员薪酬及其伙食费等。

非营运期间费用，是指受不可抗力制约或行业惯例等原因暂停营运期间发生的有关费用等。

八、信息传输企业的产品成本核算项目和范围

信息传输企业一般设置直接人工、固定资产折旧、无形资产摊销、低值易耗品摊销、业务费、电路及网元租赁费等成本项目。

直接人工，是指直接从事信息传输服务的人员的职工薪酬。

业务费，是指支付通信生产的各种业务费用，包括频率占用费、卫星测控费、安全保卫费、码号资源费、设备耗用的外购电力费、自有电源设备耗用的燃料和润料费等。

电路及网元租赁费，是指支付给其他信息传输企业的电路及网元等传输系统及设备的租赁费等。

九、软件及信息服务企业的产品成本核算项目和范围

软件及信息技术服务企业一般设置直接人工、外购软件与服务费、场地租赁费、固定资产折旧、无形资产摊销、差旅费、培训费、转包成本、水电费、办公费等成本项目。

直接人工，是指直接从事软件及信息技术服务的人员的职工薪酬。

外购软件与服务费，是指企业为开发特定项目而必须从外部购进的辅助软件或服务所发生的费用。

场地租赁费，是指企业为开发软件或提供信息技术服务租赁场地支付的费用等。

转包成本，是指企业将有关项目部分分包给其他单位支付的费用。

十、文化企业的产品成本核算项目和范围

文化企业一般设置开发成本和制作成本等成本项目。

开发成本，是指从选题策划开始到正式生产制作所经历的一系列过程，包括信息收集、策划、市场调研、选题论证、立项等阶段所发生的信息搜集费、调研交通费、通信费、组稿费、专题会议费、参与开发的职工薪酬等。

制作成本，是指产品内容制作成本和物质形态的制作成本，包括稿费、审稿费、校对费、录入费、编辑加工费、直接材料费、印刷费、固定资产折旧、参与制作的职工薪酬等。电影企业的制作成本，是指企业在影片制片、译制、洗印等生产过程所发生的各项费用，包括剧本费、演职员的薪酬、胶片及磁片磁带费、化妆费、道具费、布景费、场租费、剪接费、洗印费等。

十一、其他行业企业的产品成本核算项目和范围

其他行业企业应当比照以上类似行业的企业确定成本项目。

企业应当按照《企业产品成本核算制度》的规定确定产品成本核算项目，进行产品成本核算。企业内部管理有相关要求的，还可以按照现代企业多维度、多层次的成本管理要求，利用现代信息技术对有关成本项目进行组合，输出有关成本信息。

复习思考题

一、单项选择题

1. 构成产品生产成本项目的是（　　）。

A. 制造费用　　B. 管理费用　　C. 销售费用　　D. 折旧费用

2. 下列各项中，属于产品成本项目的是（　　）。

A. 折旧费用　　B. 外购燃料　　C. 外购动力　　D. 制造费用

3. 产品成本是指企业生产一定种类、一定数量的产品所支出的各项（　　）。

A. 生产费用之和　　B. 生产经营管理费用总和

C. 经营管理费用总和　　D. 料、工、费及经营管理费用总和

4. 成本会计最基本的职能是（　　）。

A. 成本分析　　B. 成本核算　　C. 成本控制　　D. 成本决策

5. 成本会计的对象是（　　）。

A. 生产费用和期间费用

B. 各行业企业生产经营业务的成本和有关的期间费用

C. 产品生产成本的形成

D. 各项期间费用的支出和归集

6. 成本会计的任务主要取决于（　　）。

A. 成本会计的组织机构　　B. 生产经营的特点

C. 企业经营管理的要求　　D. 成本会计的法规和制度

7. 中小型企业的成本会计工作一般采取（　　）。

A. 集中工作方式　　B. 统一工作方式

C. 会计岗位责任制　　D. 分散工作方式

8. 产品成本开支范围与理论成本包括的内容（　　）。

A. 完全一致　　B. 有一定差别　　C. 可以相互替代　　D. 完全不同

9. 成本的经济内涵是（　　）。

A. 已耗费的生产资料的转移价值

B. 劳动者为社会劳动所创造的价值

C. 已耗费的生产资料的价值和劳动者为自己劳动所创造的价值

D. 劳动者为自己劳动所创造的价值

10. 下列各项中，不能列入产品成本开支的是（　　）。

A. 车间发生的各项费用　　B. 购置和建造固定资产的支出

C. 废品损失　　D. 车间发生的季节性停工损失

二、多项选择题

1. 产品成本包括（　　）。

A. 直接材料　　B. 直接人工　　C. 制造费用　　D. 管理费用

2. 企业产品成本的开支范围包括（　　）。

A. 销售部门发生的费用

B. 企业直接从事产品生产人员的职工薪酬

C. 车间房屋建筑物和机器设备的折旧费、租赁费及低值易耗品的摊销费等

D. 其他为组织、管理生产活动所发生的制造费用

3. 成本会计的基础工作包括（　　）。

A. 建立定额管理制度，制定必要的消耗定额

B. 加强材料物资的计量、验收、领发和清查制度

C. 建立内部结算制度，制定内部结算价格

D. 建立原始记录制度，制定合理的凭证传递流程

4. 下列各项中，不能计入产品成本的有（ ）。

A. 生产单位发生的低值易耗品摊售费 B. 生产单位购建固定资产的支出

C. 生产单位发生的季节性停工损失 D. 生产单位因违约而支付的违约金

5. 企业内部各级成本会计机构之间的组织分工方式有（ ）。

A. 统一工作方式 B. 车间工作方式 C. 集中工作方式 D. 分散工作方式

6. 成本会计的职能包括（ ）。

A. 成本预测、决策 B. 成本核算、分析

C. 成本计划、控制 D. 成本考核

7. 不形成产品价值，但应计入产品成本的有（ ）。

A. 废品损失 B. 季节性停工损失

C. "三包"损失 D. 非常损失

8. 产品成本核算的要求包括（ ）。

A. 严格执行会计准则、制度规定的成本开支范围

B. 正确划分各种成本、费用之间的界限

C. 正确确定财产物资的计价和价值结转方法

D. 选择适当的成本计算方法

9. 产品成本计算的基本方法有（ ）。

A. 品种法 B. 分批法 C. 分步法 D. 分类法

10. 产品成本计算的辅助方法有（ ）。

A. 定额法 B. 分类法 C. 分步法 D. 分批法

三、判断题

1. 为了保持成本的可比性，应由国家统一规定产品成本的开支范围。（ ）

2. 成本的经济内涵，就是生产过程中所耗费的生产资料转移价值的货币表现。（ ）

3. 工业企业的产品成本包括采购成本、加工成本和管理成本。（ ）

4. 在成本会计职能体系中，成本核算是成本会计最基本、最重要的职能。（ ）

5. 在企业的成本会计机构中配备一定数量的政治、业务素质都过硬的成本会计人员是做好成本会计工作的决定性因素。（ ）

6. 制定和修订定额，只是为了进行成本考核，与成本计算息息相关。（ ）

7. 产品成本不仅包括物化劳动和活劳动所创造的价值，也包括劳动者为社会劳动所创造的价值。（ ）

8. 企业除对外投资支出和分配给投资者的利润支出外，其他各项支出均应计入产品成本。（ ）

9. 原始记录是企业进行成本核算的依据。（ ）

10. 废品损失、停工损失和非常损失不应计入产品成本。（ ）

第二章 生产要素费用的核算

学习目的与要求

1. 掌握生产要素费用的内容。
2. 掌握生产要素费用的归集。
3. 掌握生产要素费用的分配。

第一节 生产要素费用核算的原则和程序

一、生产要素费用概述

(一) 生产费用要素

生产费用要素是指对企业在生产经营过程中发生的各种耗费按其经济内容所作的分类。

企业的生产经营过程，既是产品的生产、劳务的提供过程，同时也是各种耗费的发生过程。产品的生产过程就是物化劳动和活劳动的耗费过程，生产过程中发生的生产费用按其经济内容分为劳动对象方面的费用、劳动手段方面的费用和活劳动方面的费用。为了具体反映企业各种费用构成和水平，将企业的生产费用按经济内容划分为以下八类：

1. 外购材料

外购材料是指企业为生产经营耗用的原料及主要材料、半成品、辅助材料、包装物、修理用备件和低值易耗品等。

2. 外购燃料

外购燃料是指企业为生产经营而耗用的从外部购进的各种固体、液体和气体燃料。

3. 外购动力

外购动力是指企业为生产经营而耗用的从外单位购进的各种动力。

4. 工资及福利费用

工资及福利费用是指企业为生产经营而发生的职工工资和按工资的规定比例提取的职工福利费用。

5. 折旧费用

折旧费用是指企业按照规定计算的直接用来生产产品的固定资产和车间管理用固定资

产提取的折旧费用。出租固定资产的折旧费用不包括在内。

6. 利息费用

利息费用是企业应计入财务费用的银行借款利息支出减去利息收入后的差额。

7. 税金

税金是指应计入管理费用的房产税、车船使用税、土地使用税和印花税。

8. 其他支出

其他支出是指不属于以上各要素的费用支出，如差旅费、加工费、租赁费、邮电费、外部加工费、修理费、保险费等。

（二）产品成本项目

产品成本项目又称“成本项目”，是指生产费用按经济用途分类的项目。

企业在生产经营过程中发生的费用，按其经济用途分为计入产品成本的生产费用和不计入产品成本的期间费用两大类。计入产品成本的生产费用是按其经济用途分类的项目，称为产品成本项目，简称“成本项目”。就制造业而言，产品成本一般应设四个成本项目：

1. 直接材料

直接材料是指直接用于产品生产，构成产品实体的原材料、主要材料及有助于产品形成的辅助材料。

2. 燃料及动力

燃料及动力是直接用于产品生产的外购和自制的燃料和动力。

3. 直接人工

直接人工是指直接参加产品生产的生产工人工资以及按生产工人工资的规定比例提取的职工福利费。

4. 制造费用

制造费用是指直接用于产品生产，但不便于直接计入产品成本，因而没有专设成本项目的费用以及间接用于产品生产的各项费用。

（三）生产费用的其他分类

1. 生产费用按其与生产工艺的关系分为直接生产费用与间接生产费用

直接生产费用是指直接用于产品生产的费用，如构成产品实体的原材料及主要材料费用、生产工人工资、机器设备折旧费等。

间接生产费用是指间接用于产品生产的费用，如机物料消耗、辅助工人工资、车间厂房折旧等费用。

2. 生产费用按其计入产品成本的方法分为直接计入费用和间接计入费用

直接计入费用是指可以直接计入某种产品成本的费用。

间接计入费用是指不能直接计入某种产品成本，而必须按照一定标准分配计入有关各种产品成本的费用。

二、生产要素费用核算的原则

企业应当正确核算本期发生的各项生产要素费用，并按照一定的原则，分配计入各种资产的成本或直接计入当期损益。

在分配生产要素费用时，应当根据企业耗用各种生产要素费用的部门及具体原因进行合理分配，具体分配原则为：

第一，企业应当按照权责发生制的原则，根据产品的生产特点和管理要求结转成本。

企业所发生的生产费用，能确定由某一成本对象负担的，应当按照所对应的产品成本项目类别，直接计入产品成本核算对象的生产成本；由几个成本核算对象共同负担的，应当选择合理的分配标准分配计入。

企业应当根据生产经营特点，以正常生产能力为基础，按照资源耗费方式确定合理的分配标准。

第二，生产部门发生的各种生产要素费用，对于直接生产成本，应当直接计入相应的产品生产成本；对于间接生产成本，应当采用一定方法分配计入各种产品成本。

第三，用于辅助生产车间所发生的生产要素费用，由于辅助生产车间产品劳务比较单一，一般不设“制造费用”，将其全部费用都作为直接费用处理，全部记入“生产成本——辅助生产成本（××车间）”总账及所属的明细账。

第四，用于基本生产车间，又没有专设成本项目的各项间接费用，就记入“制造费用——××基本生产车间”账户。

第五，用于产品销售和行政管理部门的各项生产要素费用，不计入产品成本，而应分别记入“销售费用”“管理费用”“财务费用”等账户，作为期间费用直接冲减当期损益。

三、生产要素费用核算的程序

生产要素费用发生后，应当确认为资产成本或当期损益。其核算程序为：

第一，划分生产要素费用应当计入产品成本还是当期损益。对于在产品生产过程中发生的生产要素费用，应当采用一定的方法计入产品成本；对于非生产过程中发生的生产要素费用，如果只与当期有关，则应当在发生时计入当期损益。

第二，将应当计入产品成本的生产要素费用划分为直接成本和间接成本。对于计入产品成本的生产要素费用，应当根据与特定产品的关系划分为直接生产成本和间接生产成本。直接生产成本是指与特定产品相关的产品成本，间接成本是指与两种或两种以上产品相关的产品成本。

第三，将属于直接生产成本的生产要素费用直接计入产品成本。对于直接生产成本，应当先采用一定的方法进行归集，从而正确计算本月发生的材料费用，再直接计入与之相关的产品成本。

第四，将属于间接生产成本的生产要素费用先归集，再分配计入相关产品成本。对于间接生产成本，应在发生时先通过“制造费用”账户归集，月末再通过一定的方法分配计入各种产品成本。

第二节　材料费用的核算

一、材料的分类

制造业生产用的材料，按其在生产中的不同用途分为：

1. 原料及主要材料，即经过加工后能够构成产品实体的各种原料和材料，如制造机器用的金属材料、炼铁用的矿石和纺纱用的原棉等。

2. 辅助材料，即直接用于生产、有助于产品形成或便于产品形成，但不构成产品实体的各种材料，如润滑油、防锈剂、染料、油漆等。

3. 外购半成品，即从外部购入需要本企业进一步加工或装配并经外单位加工过的原材料，如织布厂外购的棉纱、轧钢厂外购的钢锭、汽车制造厂外购的轮胎。

4. 燃料，包括固体燃料、液体燃料和气体燃料，如煤、汽油、液化气等。

5. 修理用备件，即为修理本企业机器设备和运输工具所专用的各种备件，如轴承、齿轮等。

6. 包装物，即为包装本企业产品，并准备随同产品一同出售，或在销售过程中借给或租给购货单位使用的各种包装物品，如箱、桶、瓶、坛、袋等。

7. 低值易耗品，即不作为固定资产核算和管理的各种劳动资料，包括工具、管理用具、玻璃器皿等。

材料费用是产品生产过程中发生的主要要素费用，包括生产产品耗用的材料、辅助材料、包装材料、燃料等。

二、原材料费用归集与分配

（一）原材料费用的归集

原材料费用的归集是指将本期发生的材料费用采用一定的方法计算汇总，从而计算出本月发出材料的实际成本。

原材料费用的归集是进行材料费用分配的基础，首先按一定的方法将各种材料归集，然后再分配计入各种产品的成本。

（二）材料费用的分配

月末，根据“发出材料汇总表”，按各种材料的具体用途进行分配，计入有关资产成本或当期损益。

生产两种或两种以上产品发生的间接材料费用，采用一定的分配方法分配计入产品成本。具体分配方法有两种：

1. 按定额消耗量比例分配法

这是以材料定额消耗量为标准，分配材料费用的一种方法。

其计算公式为：

某种产品材料定额消耗量=该种产品实际产量×单位产品材料消耗定额

$$材料消耗量分配率=\frac{材料实际总消耗量}{材料定额消耗量}$$

某种产品应分配的材料数量=该种产品的材料定额消耗量×材料消耗量分配率

某种产品应分配的材料费用=该种产品应分配的材料数量×材料单价

【例 2–1】 某制造企业生产甲、乙两种产品，共同领用 A 材料 3 000 千克，单价 2 元，原材料费用合计 6 000 元，生产甲产品 200 件、乙产品 50 件，甲、乙产品的消耗定额分别为 1 千克、2 千克。分配结果如下：

$$材料消耗量分配率=\frac{3\ 000}{200\times1+50\times2}=10$$

甲产品应分配的材料数量 $=200\times1\times10=2\ 000$（千克）

乙产品应分配的材料数量 $=50\times2\times10=1\ 000$（千克）

甲产品应分配的材料费用 $=2\ 000\times2=4\ 000$（元）

乙产品应分配的材料费用 $=1\ 000\times2=2\ 000$（元）

2. 按定额费用比例分配法

这是以材料定额费用为标准，分配材料费用的一种方法。

其计算公式为：

某种产品材料定额费用=该种产品实际产量×单位产品材料费用定额

单位产品材料费用定额=单位产品材料消耗定额×材料单价

$$材料费用分配率=\frac{材料实际费用总额}{各种材料定额费用之和}$$

某种产品应分配的材料费用=该种产品应分配的材料定额费用×材料费用分配率

【例 2–2】 某企业生产 A、B 两种产品，共同耗用甲材料，其实际成本为 82 000 元。A、B 两种产品的原材料费用定额分别为：A 产品 5 元、B 产品 4 元；当月实际产量分别为：A 产品 500 件、B 产品 400 件。分配结果如下：

$$材料费用分配率=\frac{82\ 000}{500\times5+400\times4}=20$$

A 产品应分配的材料费用 $=500\times5\times20=5\ 000$（元）

B 产品应分配的材料费用 $=400\times4\times20=3\ 200$（元）

（三）原材料费用分配的账务处理

材料费用的分配是通过编制“原材料费用分配表”进行的，“原材料费用分配表”是按车间、部门和材料的类别，根据归类后的领退料凭证和其他有关资料编制。

直接用于产品生产的各种原材料费用，应记入“生产成本——基本生产成本（××产品）”账户的借方。

用于辅助生产的原材料费用，应记入“生产成本——辅助生产成本（××辅助生产车间）”账户的借方。

用于基本生产车间一般耗用的原材料费用，应记入“制造费用——××基本生产车间”账户的借方。

用于厂部组织和管理生产经营活动等方面的原材料费用，应记入“管理费用”账户的借方。

用于产品生产销售的原材料费用，应记入“销售费用”账户的借方。

已发生的各种原材料费用总额，应记入“原材料——××材料”账户的贷方。

三、燃料费用的归集与分配

燃料费用包括煤炭、焦炭、天然气等。

（一）燃料费用的归集

对于生产经营过程中消耗燃料费用较多的制造业，一般单独设置“原材料——燃料”账户，归集本月生产产品消耗的燃料费用。

（二）燃料费用的分配

制造业基本生产车间在生产各种产品过程中共同消耗的燃料费用，一般可以按照各种产品耗用燃料的定额消耗量、重量、体积、生产工时等标准进行分配，编制“燃料费用分配表”计算分配金额，并将分配结果记入“生产成本——基本生产成本”账户。

四、外购动力费用的归集与分配

外购动力费用是指制造业在生产经营过程中从外部购入的电力、水、蒸汽等费用。

（一）外购动力费用的归集

制造业发生的外购动力费用应当按照权责发生制原则予以确认，在发生动力费用的期间计入产品生产成本或当期损益。制造业应当在月末根据电力公司、供水公司等相关部门定期提供的账单金额来确定当期实际发生的动力费用。由于制造业外购的动力无法储存而直接消耗，因此不需要设置专门的会计科目进行归集，而在发生时就根据适当的标准分配计入相关资产成本和当期损益。

（二）外购动力费用的分配

制造业当期发生的外购动力费用中，既包括直接用于产品生产的直接生产成本，也包括间接用于产品生产的间接生产成本以及用于经营管理的当期费用。因此，制造业应当于月末编制“动力费用分配表”，采用适当的标准将本月发生的外购动力费用在各种产品成本和当期损益之间进行分配。外购动力费用的分配方法与原材料费用、燃料费用基本相同，都是按照耗用各种动力费用的部门和产品进行分配。

在实际工作中，外购动力费用一般通过“应付账款”账户核算，即在付款时先作为暂付款处理，即借记“应付账款”账户，贷记“银行存款”账户；月末按照外购动力的用途分配费用时，再记有关成本、费用账户，贷记“应付账款”账户。如果每月支付动力费用的日期基本固定，并且每月付款日到月末止的应付动力费用相差不多，可以不通过“应付账款”账户核算，而是将每月支付的动力费用作为本月应付动力费用，在付款时直接借记各成本、费用账户，贷记“银行存款”账户。

五、低值易耗品的核算

低值易耗品是指单位价值在规定限额以下、使用年限在规定年限以内的物品。包括工具、管理用具、玻璃器皿，以及在经营过程中周转使用的包装容器等。

低值易耗品的核算是通过“周转材料”账户进行核算，低值易耗品领用后，采用摊销的方法计入产品成本或期间费用。直接用于生产的低值易耗品摊销，由于其在产品成本中所占比重较小，又没有专设成本项目，因此记入“制造费用”账户；用于组织和管理生产经营活动的摊销，应记入“管理费用”账户；用于其他经营业务的摊销应记入“其他业务支出”账户等。

低值易耗品的摊销方法有两种：一次摊销法和五五摊销法。

（一）一次摊销法

采用一次摊销法，在领用低值易耗品时，将其全部价值一次计入领用当月的成本、费用等，即借记“制造费用”“管理费用”等账户，贷记“周转材料——低值易耗品”账户。在低值易耗品报废时，将报废的残料价值冲减有关成本、费用账户，借记“原材料”等账户，贷记“制造费用”“管理费用”等账户。

（二）五五摊销法

五五摊销法是指在领用低值易耗品时，摊销其原值的一半，在报废时再摊销其原值的另一半的方法。为了反映在库、在用低值易耗品的摊余价值，应在“周转材料——低值易耗品”账户下分设“在库”“在用”“摊销”三个三级账户。

采用五五摊销法，在领用低值易耗品时，借记“周转材料——低值易耗品（在用）”账户，贷记“周转材料——低值易耗品（在库）”账户；同时，按其价值的一半计算摊销额，借记“制造费用”“管理费用”等账户，贷记“周转材料——低值易耗品（摊销）”账户。在低值易耗品报废时，如果有残值，按报废低值易耗品的一半减去残值后的差额，借记“原材料”“制造费用”“管理费用”等账户，贷记“周转材料——低值易耗品（摊销）”账户；同时，将报废低值易耗品的价值及其累计摊销额注销，借记“周转材料——低值易耗品（摊销）”账户，贷记“周转材料——低值易耗品（在用）”账户。

【例 2-3】某制造企业对于某些单位价值较低的生产工具采用一次摊销法摊销其价值。某月领用一批生产工具，其计划成本为 1 200 元；以前月份领用的一批生产工具在该月报废，其计划成本为 900 元，其残料验收入库，计价 50 元。低值易耗品的成本差异率为 1% 。编制会计分录如下：

（1）领用生产工具时：

借：制造费用　　1 200

　　贷：周转材料——低值易耗品　　1 200

（2）报废生产工具残料入库时：

借：原材料　　50

　　贷：制造费用　　50

(3) 月末调整当月所领生产工具的成本差异12 (1 200×1%) 元时：

借：制造费用　12

　　贷：材料成本差异——低值易耗品成本差异　12

【例2-4】 某制造企业第一生产车间使用的生产工具，原价1 400元，采用五五摊销法，使用中已经摊销700元，该生产工具在本月报废，报废时回收残值80元。编制会计分录如下：

(1) 领用生产工具时：

借：周转材料——低值易耗品（在用）　1 400

　　贷：周转材料——低值易耗品（在库）　1 400

同时，摊销其原值的一半：

借：制造费用　700

　　贷：周转材料——低值易耗品（摊销）　700

(2) 报废时：

借：制造费用　620

　　贷：周转材料——低值易耗品（摊销）　620

(3) 收到残料时：

借：原材料　80

　　贷：周转材料——低值易耗品（在用）　80

冲销原值时：

借：周转材料——低值易耗品（摊销）　1 320

　　贷：周转材料——低值易耗品（在用）　1 320

第三节　职工薪酬的核算

一、职工薪酬的内容

职工薪酬是指企业为获得职工提供的服务而给予各种形式的报酬以及其他相关支出。职工薪酬主要包括以下内容：

(一) 职工工资、奖金、津贴和补贴

职工工资、奖金、津贴和补贴是指按照国家统计局的规定构成工资总额的计时工资、计件工资、支付给职工的超额劳动报酬和增收节支的劳动报酬、为了补偿职工特殊或额外的劳动消耗和因其他特殊原因支付给职工的津贴，以及为了保证职工工资水平不受物价影响支付给职工的物价补贴等。

(二) 职工福利费

职工福利费是企业为职工提供的各种福利费用。包括内设医务室、职工浴室等集体福利机构人员的工资、医务经费，职工因公负伤赴外地就医路费、职工生活困难补助以及按

照国家规定开支的其他职工福利支出。

（三）社会保险费

社会保险费包括医疗保险费、养老保险费、失业保险费、工伤保险费和生育保险费等，即企业按照国务院、各地方政府或企业年金计划规定的基准和比例计算，向社会保险经办机构缴纳的医疗保险费、养老保险费（包括向社会保险经办机构缴纳的基本养老保险费和向企业年金基金相关管理人缴纳的补充养老保险费）、失业保险费、工伤保险费和生育保险费等。2017 年 1 月 19 日，国务院办公厅印发了《生育保险和职工基本医疗保险合并实施试点方案》，试点工作在 12 个试点城市行政区开展，期限为 1 年左右。企业以购买商业保险形式提供给职工的各种保险待遇属于企业提供的职工薪酬，应当按照职工薪酬的原则进行确认、计量和披露。

（四）住房公积金

即企业按照国务院《住房公积金管理条例》规定的基准和比例计算，向住房公积金管理机构缴存的住房公积金。

（五）工会经费和职工教育经费

即企业为了改善职工文化生活、为职工学习先进技术和提高文化水平和业务素质，用于开展工会活动和职工教育及职业技能培训等相关支出。

（六）非货币性福利

即企业以自己的产品或外购商品发放给职工作为福利，企业提供给职工无偿使用自己拥有的资产或租赁资产供职工无偿使用，比如提供给企业高级管理人员使用的住房等，免费为职工提供诸如医疗保健的服务或向职工提供企业支付了一定补贴的商品或服务等，比如以低于成本的价格向职工出售住房等。

（七）因解除与职工的劳动关系给予的补偿

即由于分离办社会职能，实施主辅分离、辅业改制、分流安置富余人员，实施重组、改组计划，职工不能胜任等原因，企业在职工劳动合同尚未到期之前解除与职工的劳动关系，或者为鼓励职工自愿接受裁减而提出补偿建议的计划中给予职工的经济补偿，即国际财务报告准则中所指的辞退福利。

（八）其他与获得职工提供的服务相关的支出

这是指除上述七种薪酬以外的其他为获得职工提供的服务而给予的薪酬，比如企业提供给职工以权益形式结算的认股权、以现金形式结算但以权益工具公允价值为基础确定的现金股票增值权等。

从薪酬的涵盖时间和支付形式来看，职工薪酬包括企业在职工在职期间和离职后给予的所有货币性薪酬和非货币性福利；从薪酬的支付对象来看，职工薪酬包括提供给职工本人及其配偶、子女或其他被赡养人的福利，比如支付给因公伤亡职工的配偶、子女或其他被赡养人的抚恤金。

二、职工薪酬费用的原始记录

进行职工薪酬费用的核算，必须有一定的原始记录作为依据。不同的薪酬制度所依据的原始记录不同。计算计时工资费用，应以考勤记录中的工作时间记录为依据；计算计件工资费用，应以产量记录中的数量和质量记录为依据。考勤记录和产量记录是职工薪酬费用核算的主要原始记录。

（一）考勤记录

考勤记录是登记出勤和缺勤时间的原始记录。考勤形式有考勤簿、考勤卡、翻牌或移牌、打卡机打卡等。

月末，考勤人员应将经过车间、部门负责人检查、签章的考勤记录，送交会计部门审核。经过会计部门审核的考勤记录，即可据以计算每一职工的工资。根据出勤或缺勤日数，计算应发的计时工资；根据夜班次数和加班加点时数，计算夜班津贴和加班加点工资；根据病假日数计算病假工资等。

（二）产量记录

产量记录是登记工人或生产小组在出勤时间内完成产品的数量、质量和生产产品所用工时数量的原始记录。产量记录不仅可以为计算计件工资费用提供依据，还可以为在各种产品之间分配与工时有关的费用提供合理的依据。

会计部门应该对产量记录进行审核。经过审核的产量记录，即可作为计算计件工资的依据。

三、职工薪酬费用的计算方法

计算职工薪酬费用并按其用途进行分配，是职工薪酬费用核算的主要内容。制造业可以根据具体情况采用各种不同的薪酬制度，其中最基本的是计时工资制度和计件工资制度。

（一）计时工资的计算

职工的计时工资，应根据考勤记录登记的每一职工出勤或缺勤日数，按照规定的工资标准计算。

工资标准按其计算时间不同，可分为按月计算的月薪、按日计算的日薪和按小时计算的小时工资。制造业的固定职工的计时工资一般按月薪计算，临时职工的计时工资大多按日薪计算，也可以按小时工资计算。

1. 月薪制

（1）按出勤日数计算，公式为：

应付计时工资薪金=月标准工资+奖金+各种工资性津贴+病假工资

=月标准工资+奖金+各种工资性津贴+（病假日数×日工资标准×病假工资应发比例）

（2）按缺勤日数计算，公式为：

应付计时工资薪金=月标准工资+奖金+各种工资性津贴-应扣事假工资-应扣病假工资

=月标准工资+奖金+各种工资性津贴-（事假日数×日工资标准）-（病假日数×日工资标准×病假应扣工资比例）

日工资标准有两种计算方法：

（1）按20.83天计算，公式为：

$$日工资标准=\frac{月标准工资}{20.83}$$

20.83=（365−104−11）÷12

采用20.83天计算日工资标准的制造业，节假日不发也不扣工资。

（2）按30天计算，公式为：

$$日工资标准=\frac{月标准工资}{30}$$

采用30天计算日工资标准的制造业，节假日照发工资，缺勤期间若有节假日，照扣工资。

【例2-5】公司某职工月工资薪金为4 000元，6月份缺勤4天（缺勤期间有公休日2天），有双休日8天，月薪制下日工资薪金分别按20.83天和30天计算，其计时工资的计算结果为：

（1）日工资标准=4 000÷20.83=192.03（元）

应付计时工资=4 000−2×192.03=3 615.94（元）

（2）日工资标准=4 000÷30=133.33（元）

应付计时工资=4 000−4×133.33=3 466.68（元）

2. 日薪制

日薪制是根据职工出勤日数和日标准工资计算各月计时工资。

应付计时工资=（出勤日数×日标准工资）+奖金+各种工资性津贴+（病假日数×日工资标准×病假应发工资比例）

日工资标准=月标准工资÷平均每月工作日数（30天或20.83天）

【例2-6】某职工月工资薪金为3 000元，7月份病假2天，事假2天，有双休日9天，出勤18天，病假、事假期间没有节假日，病假工资薪金按月工资薪金的80%计算，日薪制若日工资标准按30天计算，则：

日工资标准=3 000÷30=100（元）

应付计时工资=（18+9）×100 +2 ×100 ×80% =2 860（元）

若日薪制日工资标准按20.83天计算，则：

日工资标准=3 000÷ 20.83 =144.02（元）

应付计时工资薪金=18× 144.02+2 × 144.02×80% =2 822.79（元）

（二）计件工资的计算

生产工人的计件工资与产品生产直接联系，因此，发生时直接计入基本生产成本账户的“直接工资”成本项目。对于基本生产工人的奖金、津贴则要采用一定的标准分配计入产品成本的“直接工资”成本项目。其分配方法一般是按直接计入产品成本的生产工人计件工资额比例进行分配。

1. 个人计件工资的计算

职工的计件工资，应根据产量记录中登记的每个工人的产品产量，乘以规定的计件单价计算，其中产量包括合格产品数量和料废数量。

应付计件工资=Σ［（合格品数量+料废品数量）×计件单价］

【例2-7】某职工本月生产甲产品1 500件、乙产品700件，验收时发现甲产品料废3

件，工废5件，其余合格，甲、乙产品的计件单价分别为2元和3元。要求计算该职工本月应得计件工资薪金。

应付该职工的计件工资=（1 500−5）×2+700×3=5 090（元）

2. 集体计件工资的计算

集体应付计件工资总额=集体完成工作量总和×计件单价

某职工应付计时工资=该职工实际工作小时数×小时工资率

$$计件工资分配率=\frac{集体应付计件工资总额}{职工应付计时工资总和}$$

某职工应付计件工资=该职工应付计时工资×计件工资分配率

【例2-8】由4名等级不同的工人组成的小组，本月份完成合格品产量200件，计件单价每件18.48元。其余资料如表2-1所示。

表2-1　集体计件工资分配表

姓名	等级	小时工资率	实际工作小时	计时工资	分配率
李中	4	4	168		
郑义	3	3.6	160		
张意	2	3	152		
胡四	6	5	152		
合计			632		

计算结果如下：

集体应付计件工资=200 × 18.48 = 3 696（元）

$$计件工资分配率=\frac{3\ 696}{2\ 464}=1.5$$

李中应付计件工资=672×1.5=1 008（元）

郑义应付计件工资=576×1.5=864（元）

张意应付计件工资=456×1.5=684（元）

胡四应付计件工资=760×1.5=1 140（元）

四、职工薪酬费用的归集

（一）职工薪酬计算流程

一般情况下，企业在月末进行职工薪酬计算，下月上旬或中旬发放工资。其流程为：

第一，企业财务部门或人力资源部门按职工的考勤记录、产量记录、工资等级标准、代扣款项等，编制“职工薪酬结算单”，计算应付给职工的工资。

第二，企业财务部门或人力资源部门应将“职工薪酬结算单”进行汇总，编制“职工薪酬结算汇总表”。

第三，按照规定，计提由企业承担的职工福利费用、有关保险、住房公积金、职工教育经费和工会经费。

第四，进行职工薪酬的分配，编制会计分录并登记入账。

（二）职工薪酬计算

第一，编制职工薪酬结算单。

第二，编制职工薪酬汇总表。

第三，计提有关费用。

五、职工薪酬费用的分配

职工薪酬费用的分配是通过编制“职工薪酬费用分配表”进行的，根据“职工薪酬费用分配表”进行账务处理。职工薪酬分配的账务处理为：

（1）企业根据“工资结算单”按实发数发放工资时：

实发数=应发数-代扣款项

借：应付职工薪酬——工资

　　贷：银行存款

（2）企业代扣职工款项时：

借：应付职工薪酬——工资

　　贷：其他应付款——××（代扣的房租、医药费等款项）

　　贷：其他应付款——××（代扣的水电费等款项）

　　贷：应交税费——××（代扣的个人所得税）

　　贷：应付职工薪酬——社会保险费——基本养老保险费

　　　　　　　　　　　　　　　　　——基本医疗保险费

　　　　　　　　　　　　　　　　　——失业保险费

　　贷：应付职工薪酬——住房公积金

（3）企业计提职工社会保险费、住房公积金时：

借：生产成本、制造费用、管理费用、销售费用、在建工程、研发支出

　　贷：应付职工薪酬——社会保险费——基本养老保险费

　　　　　　　　　　　　　　　　　——基本医疗保险费

　　　　　　　　　　　　　　　　　——失业保险费

　　　　　　　　　　　　　　　　　——工伤保险费

　　贷：应付职工薪酬——住房公积金

（4）企业按工资的应发数计提工会经费、职工教育经费、职工福利费（计提比例分别为2%、2.5%、14%）时：

借：生产成本——基本生产成本——××产品

借：生产成本——辅助生产成本——××辅助生产车间

借：制造费用

借：管理费用

借：销售费用

借：在建工程

借：研发支出

贷：应付职工薪酬——工会经费

——职工教育经费

——职工福利费

（5）企业支付社会保险费、住房公积金、个人所得税、工会经费、职工教育经费、职工福利费时：

借：应付职工薪酬——社会保险费

——住房公积金

——个人所得税

——工会经费

——职工教育经费

——职工福利费

贷：银行存款

第四节　折旧费用的核算

一、折旧费用概述

1. 固定资产折旧费用是指固定资产在使用过程中由于有形损耗或无形损耗等原因而转移到产品成本或当期损益的那部分价值。

2. 固定资产计提折旧的依据：（1）原值（重置价值）；（2）预计使用年限；（3）净残值。

3. 固定资产折旧范围：

（1）制造业应当计提折旧的固定资产包括：房屋建筑物，在用的机器设备、仪表仪器、运输车辆、工具器具，季节性停用及修理停用的设备，以经营租赁方式租出的固定资产，以融资租赁方式租入的固定资产。（2）制造业不计提折旧的固定资产包括：已提足折旧仍继续使用的固定资产、单独作价入账的土地、提前报废的固定资产、以经营租赁方式租入的固定资产、以融资租赁方式租出的固定资产。

4. 固定资产一般按月计提折旧。当月开始使用的固定资产，当月不计提折旧，从下月开始计提折旧；当月减少的固定资产，当月照提折旧，从下月开始不计提折旧。

二、固定资产折旧方法

企业应当根据固定资产所包含经济利益预期实现方式选择折旧方法，可选择的固定资产折旧方法包括：（1）平均年限法；（2）工作量法；（3）双倍余额递减法；（4）年数总和法。固定资产折旧的折旧方法一经确定，不得随意变更。如需变更，应当在会计报表附注中予以说明。

（一）平均年限法

平均年限法又称年限平均法、直线法，是指将固定资产的折旧均衡地分摊到各期的一种固定资产折旧方法。其计算公式为：

$$年折旧率=\frac{1-预计净残值率}{预计使用年限}\times100\%$$

$$月折旧率=\frac{年折旧率}{12}$$

$$月折旧额=固定资产原价\times月折旧率$$

固定资产折旧率可以按个别折旧率计算，也可以按分类折旧率和综合折旧率计算。

个别折旧率是指按个别固定资产单独计算的折旧率。

分类折旧率是指固定资产分类折旧额与该类固定资产原价的比率。采用分类折旧率，应先将性质、结构和使用年限接近的固定资产归为一类，再按类计算平均折旧率，用该类折旧率对该类固定资产计提折旧，如将房屋建筑物划分为一类，将机器设备划分为一类等。分类折旧率的计算公式为：

$$某类固定资产年分类折旧率=\frac{该类固定资产年折旧额之和}{该类固定资产原价之和}\times100\%$$

综合折旧率是指某一期间企业全部固定资产折旧额与全部固定资产原价的比率。计算公式为：

$$固定资产年综合折旧率=\frac{各项固定资产年折旧额之和}{各项固定资产原价之和}\times100\%$$

采用分类折旧率计算固定资产折旧，其优点是计算方法简便，缺点是计算结果的准确性低于采用个别折旧率计算固定资产折旧。

与个别折旧率和分类折旧率相比较，采用综合折旧率计算固定资产折旧，其计算结果的准确性较差。

采用平均年限法计算固定资产折旧计算方法简便，但存在一定的局限性：

第一，固定资产在不同使用年限提供的经济效益是不同的，一般而言，固定资产在其使用前期工作效率相对较高，所带来的经济效益较多；而在使用后期，工作效率呈下降趋势，因而所带来的经济效益也就逐渐减少。因此，计提的固定资产折旧额明显不合理。

第二，固定资产在不同的使用年限发生的维修费用也不一样，固定资产的维修费用将随着其使用时间的延长而不断增大，而平均年限法没有考虑这一因素。

当固定资产各期的负荷程度相同时，各期分摊相同的折旧费，这时采用平均年限法计算折旧是合理的。若固定资产各期负荷程度不同，采用平均年限法计算固定资产折旧时，则不能反映固定资产的实际使用情况，提取的折旧额与固定资产的损耗程度不相符合。

【例 2-9】 某企业有一幢厂房，原价为 500 000 元，预计可使用 20 年，按照有关规定，该厂房报废时的净值率为 2%，计算该厂房的月折旧额。

$$年折旧率=\frac{1-2\%}{20}\times100\%=4.9\%$$

$$月折旧率=\frac{4.9\%}{12}=0.41\%$$

$$月折旧额=500\ 000\times0.41\%=2\ 050（元）$$

（二）工作量法

工作量法是根据实际工作量计提折旧额的一种折旧方法。这种方法弥补平均年限法只重使用时间，不考虑使用强度的缺点。其计算公式为：

$$单位工作量折旧额=\frac{固定资产原价\times（1-净残值率）}{预计总工作量}$$

某项固定资产月折旧额=该项固定资产当月实际工作量×单位工作量折旧额

【例 2-10】 某企业的一辆运输卡车原价为 60 000 元，预计总行驶里程为 50 万公里，预计报废时的净残值为 5%，本月实际行驶 4 000 公里。计算该辆卡车的本月折旧额。

$$单位里程折旧额=\frac{60\ 000\times（1-5\%）}{500\ 000}=0.114（元/公里）$$

该辆卡车的本月折旧额=4 000×0.114=456（元）

（三）加速折旧法

加速折旧法又称快速折旧法、递减折旧法，是指为加速资本回收，在固定资产的使用寿命内，以递减状态分配其成本的方法。加速折旧法的依据是效用递减，即固定资产的效用随着其寿命的缩短而逐渐降低。因此，当固定资产处于较新状态时，效用高，产出也高，而维修费用较低，所取得的现金流量较大；当固定资产处于较旧状态时，效用低，产出也少，而维修费用较高，所取得的现金流量较小。这样，按照配比原则的要求，折旧费用应当呈递减的趋势。

加速折旧的计提方法有多种，常用的加速折旧法有两种：双倍余额递减法和年数总和法。

1. 双倍余额递减法

即在不考虑固定资产的预计净残值的情况下，以平均年限法折旧率的两倍作为固定的折旧率乘以逐年递减的固定资产期初净值，得出各年应提折旧额的一种加速折旧方法。其计算公式为：

$$第一年的年折旧额=固定资产原值\times\frac{2}{预计使用年限}$$

$$第二年的年折旧额=（固定资产原值-第一年的年折旧额）\times\frac{2}{预计使用年限}$$

$$第三年的年折旧额=（固定资产原值-第一年至第二年的累计年折旧额）\times\frac{2}{预计使用年限}$$

$$第四年的年折旧额=（固定资产原值-第一年至第三年的累计年折旧额）\times\frac{2}{预计使用年限}$$

以此类推：

$$第（n-2）年的年折旧额=［固定资产原值-第一年至第（n-3）年的累计年折旧额］\times\frac{2}{预计使用年限}$$

最后两年平均摊销：

$$倒数第二年的年折旧额=\frac{固定资产原值-第一年至倒数第三年的累计折旧额-预计净残值}{2}$$

最后一年的折旧额=倒数第二年的年折旧额

$$某月折旧额=\frac{该年的年折旧额}{12}$$

或：

$$年折旧率=\frac{2}{预计使用年限}\times100\%$$

$$月折旧率=\frac{年折旧率}{12}$$

月折旧额=固定资产账面净值×月折旧率

由于双倍余额递减法不考虑固定资产的预计净残值，因此，在使用这种方法时必须注意不能使固定资产的账面折余价值降低到其预计净残值以下。即采用双倍余额递减法计提折旧的固定资产，应当在其固定资产折旧年限到期以前两年内，将固定资产净值扣除预计净残值后的余额平均摊销。

【例 2-11】 某企业某项固定资产原值为 100 000 元，预计使用年限为 5 年，预计净残值 2 000 元，采用双倍余额递减法计算每年的年折旧额。

$$第一年的年折旧额=100\ 000\times\frac{2}{5}=40\ 000（元）$$

$$第二年的年折旧额=（100\ 000-40\ 000）\times\frac{2}{5}=24\ 000（元）$$

$$第三年的年折旧额=（100\ 000-40\ 000-24\ 000）\times\frac{2}{5}=14\ 400（元）$$

$$第四年的年折旧额=\frac{100\ 000-40\ 000-24\ 000-14\ 400-2\ 000}{2}=9\ 800（元）$$

$$第五年的年折旧额=\frac{100\ 000-40\ 000-24\ 000-14\ 400-2\ 000}{2}=9\ 800（元）$$

2. 年数总和法

年数总和法又称总和年限法、折旧年限积数法、年数比率法、级数递减法、年限合计法，是将固定资产的原值减去残值后的净额乘以一个逐年递减的分数计算确定固定资产折旧额的一种折旧方法。其计算公式为：

$$第一年的年折旧额=（原值-预计净残值）\times\frac{预计使用年限}{预计使用年限之和}$$

$$第二年的年折旧额=（原值-预计净残值）\times\frac{预计使用年限-1}{预计使用年限之和}$$

$$第三年的年折旧额=（原值-预计净残值）\times\frac{预计使用年限-2}{预计使用年限之和}$$

$$第四年的年折旧额=（原值-预计净残值）\times\frac{预计使用年限-3}{预计使用年限之和}$$

以此类推：

$$第\ n\ 年的年折旧额=（原值-预计净残值）\times\frac{1}{预计使用年限之和}$$

$$某月折旧额=\frac{该年的年折旧额}{12}$$

或：

$$年折旧率=\frac{尚可使用年限}{预计使用年限之和}$$

$$月折旧率=\frac{年折旧率}{12}$$

月折旧额=（固定资产账面原值-预计净残值）×月折旧率

【例 2-12】某企业某项固定资产原值为 80 000 元，预计使用年限为 5 年，预计净残值 2 000元，采用年数总和法计算每年的年折旧额。

$$第一年的年折旧额=（80\ 000-2\ 000）\times\frac{5}{15}=26\ 000（元）$$

$$第二年的年折旧额=（80\ 000-2\ 000）\times\frac{4}{15}=20\ 800（元）$$

$$第三年的年折旧额=（80\ 000-2\ 000）\times\frac{3}{15}=15\ 600（元）$$

$$第四年的年折旧额=（80\ 000-2\ 000）\times\frac{2}{15}=10\ 400（元）$$

$$第五年的年折旧额=（80\ 000-2\ 000）\times\frac{1}{15}=5\ 200（元）$$

三、固定资产折旧费用的归集

折旧费用应当按照企业使用固定资产的生产车间和部门进行归集。除了单独计价作为固定资产核算的土地和已经提足折旧仍在使用的固定资产之外，其余固定资产都要计提折旧。

固定资产折旧金额的确定需要考虑的因素有：（1）固定资产原值；（2）预计使用年限；（3）预计净残值；（4）累计计提的减值。

在实际工作中，固定资产一般按月计提折旧，当月开始使用的固定资产，当月不计提折旧，从下月开始计提折旧；当月减少的固定资产，当月照提折旧，从下月开始不计提折旧。

四、固定资产折旧费用的分配

固定资产折旧费用的分配是通过编制“固定资产折旧费用分配表”进行的。月末，根据“固定资产折旧费用分配表”进行账务处理。即借记“制造费用”“生产成本——辅助生产成本”“管理费用”“销售费用”等账户，贷记“累计折旧”账户。

【例 2-13】甲企业本年 9 月的固定资产折旧费用计算分配如表 2-2 所示。

表 2–2　甲企业固定资产折旧费用分配表

××年 9 月　　　　　　　　　　　　　单位：元

项　目	基本生产车间	辅助生产车间		专设销售机构	行政管理部门	合计
		供电车间	供水车间			
上月折旧额	16 000	2 000	2 600	8 000	6 000	34 600
上月增加固定资产折旧额	4 000	900	1 500	2 500	2 800	11 700
上月减少固定资产折旧额	1 000	600	500	1 400	1 500	5 000
本月应提折旧额	19 000	2 300	3 600	9 100	7 300	41 300

根据“甲企业固定资产折旧费用分配表”，编制会计分录如下：

借：制造费用——基本生产车间　　19 000. 00
借：生产成本——辅助生产成本——供电车间　　2 300. 00
借：生产成本——辅助生产成本——供水车间　　3 600. 00
借：销售费用　　9 100. 00
借：管理费用　　7 300. 00
　　贷：累计折旧　　41 300. 00

第五节　长期待摊费用与其他费用的核算

一、长期待摊费用的核算

长期待摊费用是指企业已经发生但应由本期和以后各期负担的摊销期限在一年以上的各项费用，如企业以经营租赁方式购入的固定资产发生的改良支出等。

为了正确计算划分各月份的费用界限，按照权责发生制的原则，正确计算各月产品成本和期间费用。账务处理为：

企业发生长期待摊费用时：

借：长期待摊费用
　　贷：银行存款等

摊销长期待摊费用时：

借：制造费用、管理费用、销售费用等
　　贷：长期待摊费用

二、其他要素费用的核算

其他要素费用包括修理费用、利息费用、税金、保险费用、办公费、通信费、差旅费、劳动保护费、业务招待费、租金、手续费等。

（一）其他要素费用的归集

其他要素费用项目繁杂，有的构成产品成本，有的直接计入当期损益。因此，应当在发生时按照实际发生额或者合同金额进行归集。

（二）其他要素费用的分配

其他要素费用的分配是根据其发生的部门和用途进行分配。企业基本生产车间发生的其他要素费用，记入“制造费用”账户；企业辅助生产车间发生的其他要素费用，记入“生产成本——辅助生产成本”账户；企业行政管理部门发生的其他要素费用，记入“管理费用”账户；企业单设销售机构发生的其他要素费用，记入“销售费用”账户。

1. 利息费用的核算

利息费用包括短期借款利息、应付票据利息、应付债券利息和长期借款利息等。其中短期借款利息和应付票据利息记入“财务费用”，长期负债利息因负债的用途不同，利息分配计入对象也就不同，用于在建工程的长期负债利息在工程竣工决算前计入工程成本，工程竣工决算后的利息记入“财务费用”。

短期借款利息一般按季结算支付，按权责发生制原则，采用按月预提的办法，以均衡各月负担数额。按月预提利息费用时，借记“财务费用”，贷记“应付利息”。季末实际支付利息费用时，借记“应付利息”，贷记“银行存款”。

2. 税金的核算

生产费用要素中的税金是指房产税、车船使用税、土地使用税和印花税等。这些税金均由期间费用负担，不计入产品成本。其账务处理为：

计算结转应交房产税、车船使用税、土地使用税时：

借：管理费用

　　贷：应交税费——应交房产税

　　　　　　　　——应交车船使用税

　　　　　　　　——应交土地使用税

实际缴纳时：

借：应交税费——应交房产税

　　　　　　——应交车船使用税

　　　　　　——应交土地使用税

　　贷：银行存款

印花税不通过“应交税费”账户核算，即在支付时直接借记“管理费用”，贷记“银行存款”账户。

此外，对于修理费用、保险费用、办公费、通信费、差旅费、劳动保护费、业务招待费、租金、手续费等，以及没有专门设立成本项目，应该在费用发生时，按照发生的车间、部门和用途，分别借记“制造费用”“生产成本——辅助生产成本”“管理费用”“销售费用”等账户，贷记“库存现金”或“银行存款”等账户。

复习思考题

一、单项选择题

1. 各项要素费用中的税金，发生或支付时，应在（　　）中列支。

A. “生产成本——基本生产成本” B. “管理费用”
C. “制造费用” D. “销售费用”

2. 产品生产领用低值易耗品，应记入（　　）账户。
A. “制造费用” B. “生产成本——基本生产成本”
C. “管理费用” D. “生产成本——辅助生产成本”

3. 生产车间耗用的机物料，应记入（　　）账户。
A. “生产成本——基本生产成本” B. “生产成本——辅助生产成本”
C. “制造费用” D. “管理费用”

4. 应在本月计算折旧费用的固定资产是（　　）。
A. 以经营租赁方式租入的房屋 B. 本月内购进的机器设备
C. 未使用的设备 D. 本月减少的设备

5. 利息费用计入（　　）。
A. 销售费用 B. 管理费用 C. 产品成本 D. 财务费用

6. 生产车间领用的直接用于产品生产、有助于产品形成的辅助材料，应借记的账户是（　　）。
A. “生产成本——辅助生产成本” B. “制造费用”
C. “生产成本——基本生产成本” D. “原材料”

7. 在企业未设置“燃料及动力”成本项目的情况下，生产车间发生的直接用于产品生产的动力费用，应借记的账户是（　　）。
A. “管理费用” B. “生产成本——辅助生产成本”
C. “销售费用” D. “制造费用”

8. 月末进行工资费用分配时，医务及生活福利部门人员的工资应借记的账户是（　　）。
A. “应付职工薪酬——工资” B. “应付职工薪酬——福利费”
C. “管理费用” D. “销售费用”

9. 下列各项中，不属于生产费用要素的是（　　）。
A. 外购材料 B. 外购动力 C. 折旧费用 D. 废品损失

10. 下列各项中，不属于职工薪酬的是（　　）。
A. 工会经费 B. 非货币性福利
C. 社会保险费用 D. 购买本企业股票收到的股利

11. 下列各项中，不属于职工工资总额的项目是（　　）。
A. 计时工资 B. 加班工资 C. 物价补贴 D. 住房公积金

12. 下列各项中，属于直接成本的生产要素费用的是（　　）。
A. 某产品生产过程中使用的主料 B. 车间发生的折旧费用
C. 各种产品生产共同耗用的材料费用 D. 生产车间检验人员的工资费用

13. 为基本生产车间租用设备预付的租金按月摊销时，应借记的账户是（　　）。
A. “待摊费用” B. “预提费用”
C. “制造费用” D. “生产成本——基本生产成本”

14. 下列不属于要素费用的是（　　）。

A. 机器设备折旧费　　B. 车间厂房折旧费
C. 仓库设备折旧费　　D. 行政部门设备折旧费

15. 下列项目中，不计提折旧的是（　　）。
A. 未使用的房屋　　B. 当月减少的固定资产
C. 在用的设备　　D. 以经营租赁方式租入的固定资产

二、多项选择题

1. 材料费用的分配标准有（　　）。
A. 材料定额消耗量　　B. 材料定额费用
C. 产品体积　　D. 产品工时定额

2. 采用实际成本计价组织材料核算时，消耗材料价格确定的方法有（　　）。
A. 先进先出法　　B. 加权平均法　　C. 移动平均法　　D. 个别计价法

3. 应付工资主要包括（　　）。
A. 计时工资　　B. 计件工资
C. 各种资金、补贴及津贴　　D. 各种扣款

4. 根据“工资结算汇总表”和“直接人工费用分配表”进行分配结转工资费用的账务处理时，会计分录中对应的借方科目主要有（　　）。
A. “生产成本——基本生产成本”　　B. “制造费用”
C. “管理费用”　　D. “财务费用”

5. 企业生产产品过程中发生的要素费用包括（　　）。
A. 外购材料　　B. 职工薪酬　　C. 制造费用　　D. 折旧费用

6. 间接材料费用的分配方法有（　　）。
A. 生产工时比例分配法　　B. 定额消耗量比例分配法
C. 定额耗用量分配法　　D. 定额费用比例分配法

7. 下列各项中，属于固定资产折旧方法的有（　　）。
A. 平均年限法　　B. 工作量法
C. 双倍余额递减法　　D. 年数总和法

8. 下列各项中，应计入产品成本的费用有（　　）。
A. 生产车间生产职工的工资　　B. 生产车间管理职工的工资
C. 专设销售机构职工的工资　　D. 企业管理部门职工的工资

9. 下列各项支出中，属于职工薪酬范畴的有（　　）。
A. 非货币性福利　　B. 工会经费　　C. 辞退福利　　D. 社会保险费

10. 下列生产车间中发生的各项要素费用，需要分配计入产品成本的有（　　）。
A. 生产车间发生的折旧费用　　B. 生产车间发生的租金
C. 生产车间发生的直接人工费用　　D. 生产车间发生的直接材料费用

11. 低值易耗品的摊销方法有（　　）。
A. 一次摊销法　　B. 分次摊销法　　C. 五五摊销法　　D. 工作量法

12. 企业各种要素费用中的其他费用包括（　　）。
A. 邮电费　　B. 印刷费　　C. 保险费　　D. 差旅费

13. 计入产品成本的工资，按其用途应分别记入（　　）账户。

A. “生产成本——基本生产成本”　　B. “制造费用”

C. “管理费用”　　D. “生产成本——辅助生产成本”

14. 下列项目中，在“应付职工薪酬——福利费”中核算的有（　　）。

A. 医务经费　　B. 管理人员工资　　C. 幼儿园经费　　D. 职工困难补助

15. 发生下列各项费用时，可以直接借记“生产成本——基本生产成本”账户的有（　　）。

A. 车间照明用电费　　B. 构成产品实体的原材料费用

C. 车间管理人员工资　　D. 车间生产工人工资

三、判断题

1. 几种产品生产共同耗用的原材料费用，属于间接费用。（　　）

2. 直接用于产品生产的燃料费用，应记入“生产成本——基本生产成本”总账和所属明细账借方的“燃料及动力”成本项目。（　　）

3. “材料成本差异”科目的借方反映材料成本的节约差异，贷方反映材料成本的超支差异。（　　）

4. “预提费用”账户仅有贷方期末余额，因此它是负债类账户。（　　）

5. 月末车间已领未用的材料，如果下月生产还需要，应办理“假退料”手续，不能计入本月份的生产费用由本月产品成本负担。（　　）

6. 产品生产用的低值易耗品摊销额应记入“生产成本——基本生产成本”账户。（　　）

7. 生产部门发生的要素费用全部应计入产品成本。（　　）

8. 生产车间的折旧费用全部计入当期损益。（　　）

9. 生产车间一般耗用的材料全部按实际成本计入当期产品成本。（　　）

10. 生产车间一般耗用的材料费用，发生时直接计入制造费用。（　　）

11. 企业发放给生产职工的非货币性福利，按照成本确认为当期成本。（　　）

12. 职工的奖金是指支付给职工的超额劳动报酬和增收节支的劳动报酬。（　　）

13. 企业因职工提供服务而承担的全部义务都属于职工薪酬的范畴。（　　）

14. 在计算计件工资时，只考虑职工生产的合格品数量，不考虑废品数量。（　　）

15. 生产车间职工的工资计入产品成本，其社会保险费全部计入当期损益。（　　）

四、计算分析题

1. 某企业本月生产甲、乙两种产品，共同耗用A材料，其实际成本为20 000元。甲、乙两种产品的原材料费用定额为：甲产品每件10元，乙产品每件5元。该月的实际产量为：甲产品500件，乙产品1 000件。

要求：采用定额费用比例分配法计算分配本月实际耗用的A材料费用并编制会计分录。

2. 某企业基本生产车间生产A、B、C三种产品，本月发生的生产工人的计时工资为31 800元，A产品完工1 000件，B产品完工400件，C产品完工450件，单件产品工时定额为：A产品2.5小时，B产品2小时，C产品1.5小时。

要求：采用定额工时比例分配 A、B、C 三种产品应负担的生产工人工资。

3. 某企业有一台机器设备，其原始价值为 100 000 元，预计净残值率为 5%，预计折旧年限 10 年。

要求：采用直线法计算该设备的月折旧率和月折旧额。

4. 某企业某工人加工 A、B 两种产品，甲产品工时定额为 30 分钟，乙产品工时定额为 24 分钟。该工人的小时工资率为 15 元，该月加工 A 产品 200 件，B 产品 260 件。

要求：

（1）计算 A、B 两种产品的计件工资单价。

（2）按产品产量和计件单价计算其计件工资。

（3）按完成产品的定额工时和小时工资率计算其计件工资。

5. 某企业生产甲、乙、丙三种产品，实际小时为甲产品 2 400 小时，乙产品 3 000 小时，丙产品 4 000 小时。根据工资结算凭证汇总的工资费用为：基本生产车间生产产品的生产工人工资为 564 000 元，车间管理人员工资为 50 000 元，企业管理部门人员工资为 20 000 元，专设销售机构人员工资为 15 000 元。

要求：

（1）按实际小时分配生产工人工资。

（2）编制分配工资费用的会计分录。

第三章　辅助生产费用的核算

学习目的与要求

1. 理解辅助生产、辅助生产费用的概念。
2. 掌握辅助生产费用核算的特点。
3. 掌握辅助生产费用的归集。
4. 掌握辅助生产费用的分配方法。

第一节　辅助生产费用核算概述

一、辅助生产及辅助生产费用

（一）企业的辅助生产

企业的辅助生产车间是指为基本生产和经营管理服务而进行产品生产和劳务供应的部门。

企业通常设置专门的辅助生产车间来组织辅助产品的生产和劳务供应，辅助生产车间生产的产品和提供的劳务有时也对外销售。

（二）辅助生产费用

辅助生产费用是指辅助生产车间为生产产品或提供劳务而发生的原材料费用、动力费用、人工费用以及辅助生产车间的制造费用。

辅助生产成本是指辅助生产车间为生产一定种类和一定数量的产品或劳务所耗费的辅助生产费用之和。

（三）辅助生产费用核算的任务

一是正确计算辅助生产成本，为制定辅助生产费用计划提供依据。

二是考核辅助生产费用计划的执行情况，促使企业不断降低辅助生产费用，从而降低产品成本。

二、辅助生产费用的特点

辅助生产费用的特点包括：

（1）辅助生产部门是为企业的基本生产车间、行政管理部门提供产品或劳务的生产车间，提供的产品和劳务仅限于企业内部，很少对外提供产品和劳务。

（2）辅助生产部门以其生产的产品或提供的劳务为对象归集发生的各项费用，期末汇总计算出所生产产品或提供劳务的总成本和单位成本。

（3）辅助生产车间不直接创造价值，因而当月归集的产品或劳务成本需要在受益的车间或部门之间进行分配，构成企业生产的产品成本，或者直接计入当期损益。

（4）辅助生产成本是产品成本的重要组成部分，对产品成本水平有直接影响，因而辅助生产成本必须单独进行归集与核算，并正确地分配计入各受益对象中。

三、辅助生产费用核算

辅助生产费用的核算包括辅助生产费用的归集和分配两个方面。

（一）辅助生产费用的归集

辅助生产费用按照辅助生产车间以及产品和劳务类别归集的过程，也是辅助生产产品和劳务成本计算的过程。辅助生产费用的归集是为辅助生产费用的分配作准备，因为只有先归集起来，才能进行分配。

（二）辅助生产费用的分配

辅助生产费用的分配是指按照一定的标准和方法，将辅助生产费用分配到各受益单位或产品的过程。

企业本月发生的辅助生产成本归集之后，要按照本月提供产品或劳务的受益部门进行分配。分配的及时性和准确性，影响到基本生产车间生产的产品成本、经营管理费用以及经营成果核算的及时性和准确性。因此，辅助生产费用分配的核算是辅助生产费用核算的关键。

第二节　辅助生产车间费用归集的核算

一、辅助生产车间费用归集

辅助生产车间费用的归集，是通过“生产成本——辅助生产成本”账户进行的。该账户同“生产成本——基本生产成本”账户一样，一般应按车间和产品以及劳务设立明细账，账中按照成本项目设立专栏或专行进行明细核算。

（一）单品种辅助生产车间费用的归集

如果辅助生产车间只生产一种产品或提供一种劳务，则称为“单品种辅助生产”，如供电、供水、供气、供风、运输等。

对于只提供一种劳务、作业或只生产一种产品的单品种辅助生产车间，可按车间分别设置辅助生产明细账户，并根据对费用项目的管理要求在明细账内开设专栏。

（二）多品种辅助生产车间费用的归集

如果辅助生产车间同时生产多种产品或提供多种劳务，则称为“多品种辅助生产”，如从事模具、工具、修理用备件的制造，以及机器设备的修理等。

对于生产多种产品的辅助生产车间，按产品的品种设置辅助生产明细账户，在明细账内按规定的项目（一般包括直接材料、直接人工、制造费用）开设专栏。

辅助生产发生的制造费用应该与基本生产发生的制造费用一样，先通过“制造费用”账户进行单独归集，然后转入“辅助生产成本”账户，计入辅助生产产品或劳务的成本。

二、辅助生产费用归集的程序

辅助生产车间的主要任务是向基本生产车间和管理部门提供产品或劳务。但其生产特点不同，有的提供可以入库的产品，如自制材料、工具、模具等；有的提供不能入库的产品，如供电车间、供水车间、供气车间、修理车间、运输车间等提供的产品和劳务。无论辅助生产特点如何，从归集程序上有其共性。

辅助生产费用主要是通过“生产成本——辅助生产成本”账户进行核算，并按辅助生产车间以及产品或劳务的种类设置明细账。根据是否单独反映辅助生产车间发生的制造费用，辅助生产费用的归集可概括为以下两种程序：

（一）辅助生产车间的制造费用通过“制造费用”账户单独核算

辅助生产费用先通过“制造费用”账户单独归集，然后转入“生产成本——辅助生产成本”账户，计入辅助生产产品或劳务的成本。

辅助生产车间发生的除直接材料、直接人工等以外的间接费用，应先记入“制造费用——××辅助生产车间”账户，月末按照一定的分配标准分配转入“生产成本——辅助生产成本”账户。账务处理：发生辅助生产费用时，借记“制造费用——××辅助生产车间”，贷记有关账户；分配结转时，借记“生产成本——辅助生产成本（××辅助生产车间）”，贷记“制造费用——××辅助生产车间”。

这种方法适用于辅助生产车间规模较大，发生制造费用较多，或进行对外提供产品和劳务的企业。

在这种方式下，“辅助生产成本”明细账以及“制造费用——辅助生产车间”明细账的设置方式举例说明如下。

【例3-1】某企业本年4月修理车间发生的费用根据各种要素费用分配表的结果登记的“辅助生产成本”明细账以及“制造费用——辅助生产车间”明细账分别如表3-1、表3-2所示。

表3-1　制造费用明细账

车间名称：修理车间　　　　　　　　　　　　　　　　　　　　单位：元

20××年		凭证号数	摘要	职工薪酬	机物料消耗	水电费	折旧费	劳动保护费	办公费	其他费用	合计	转出	余额
月	日												
4	30		根据付款凭证汇总表					280	240	170	690		
			根据分配表		140						140		

续表

20××年		凭证号数	摘要	职工薪酬	机物料消耗	水电费	折旧费	劳动保护费	办公费	其他费用	合计	转出	余额
月	日												
			根据分配表			160					160		
			根据分配表	800							800		
			根据分配表				200				200		
			待分配费用小计	800	140	160	200	280	240	170	1 990		1 990
			根据分配表									1 990	
			合计	800	140	160	200	280	240	170	1 990	1 990	0

表 3-2　辅助生产成本明细账

车间名称：修理车间　　　　单位：元

20××年		凭证号数	摘要	直接材料	燃料及动力	直接人工	制造费用	合计	转出	余额
月	日									
4	30		根据分配表	500				500		
			根据分配表		300			300		
			根据分配表			700		700		
			待分配费用小计	500	300	700		1 500		1 500
			根据分配表				1 990	1 990		
			根据分配表						3 490	
			合计	500	300	700	1 990	3 490	3 490	0

（二）辅助生产车间的制造费用不通过“制造费用”账户单独核算

企业应当设置“生产成本——辅助生产成本”账户单独归集和核算辅助生产车间发生的各项费用，包括为基本生产车间和行政管理部门提供产品或服务过程中耗费的材料费用、动力费用、人工费用、折旧费用等各项费用，并在月末采用一定的方法分配至各种产品成本或当期损益中。即辅助生产车间发生的各项费用，应当在发生时直接记入“生产成本——辅助生产成本”账户及所属明细账。其账务处理：发生辅助生产费用时，借记“生产成本——辅助生产成本（××辅助生产车间）”，贷记有关账户。

这种方法适用于辅助生产车间规模较小、发生的制造费用较少、辅助生产车间不对外销售产品和提供劳务的企业。

这种方法核算比较简单，相比单独设置“制造费用——辅助生产车间”账户的方法，省去了从“制造费用——辅助生产车间”结转到“生产成本——辅助生产成本”账户的环节，其缺点是不能单独反映辅助生产车间的制造费用。

为了简化核算工作，辅助生产车间的制造费用可以不通过“制造费用——辅助生产车间”账户单独归集，而是直接记入“生产成本——辅助生产成本（××辅助生产车间）”账户，将产品的成本项目和制造费用的费用项目结合起来，设置“辅助生产成本明细账”。

这种方式下，辅助生产费用不通过“制造费用——辅助生产车间”明细账归集，而是直接记入“辅助生产成本”明细账。其“辅助生产成本”明细账的设置方式举例说明如下。

【例 3-2】某企业设有机修辅助生产车间，本年6月机修车间发生的费用根据各种要素费用分配表的结果登记的“辅助生产成本”明细账如表3-3所示。

表 3-3 辅助生产成本明细账

车间名称：机修车间　　单位：元

20××年		摘要	直接材料	燃料及动力	直接人工	折旧费	办公费	保险费	其他费用	合计
月	日									
6	30	分配材料费用	7 800							7 800
6	30	分配动力费用		2 400						2 400
6	30	分配直接人工			7 500					7 500
6	30	分配折旧费用				480				480
6	30	分配办公费用					1 500			1 500
6	30	分配保险费用						750		750
6	30	分配其他费用							650	650
6	30	本月合计	7 800	2 400	7 500	480	1 500	750	650	21 000
6	30	月末分配转出	7 800	2 400	7 500	480	1 500	750	650	21 000

第三节 辅助生产费用分配的核算

一、辅助生产车间费用分配的特点

辅助生产车间费用的分配就是将辅助生产车间的各辅助生产成本明细账上所归集的费用，采用一定的方法按各受益对象耗用的数量计入各产品基本生产成本或期间费用的过程。

辅助生产车间费用的分配是通过编制“辅助生产车间费用分配表”进行的。

二、辅助生产车间费用分配的方法

辅助生产车间费用的分配方法有：直接分配法、交互分配法、顺序分配法、计划成本分配法、代数分配法。

（一）直接分配法

1. 概念

直接分配法是指在不考虑各辅助车间之间相互提供劳务的情况，直接对外分配辅助生产车间费用的一种分配方法。

2. 计算公式

$$某辅助生产车间费用分配率=\frac{辅助生产费用总额}{提供的劳务总量-其他辅助车间的受益数量}$$

辅助车间以外的受益部门应分配的辅助生产费用=受益数量×辅助生产车间费用分配率

3. 账务处理

分配辅助生产费用时：

借：生产成本——基本生产成本——××产品

借：制造费用——××生产车间

借：管理费用

借：销售费用

　　贷：生产成本——辅助生产成本——××辅助生产车间

　　贷：生产成本——辅助生产成本——××辅助生产车间

4. 直接分配法的适用范围

适用于企业各辅助车间相互提供劳务不多的情况。

5. 直接分配法的优缺点

优点：计算方法简便。

缺点：准确程度不高。

【例 3-3】 某制造企业设有供水和供电两个辅助生产车间，主要为本企业基本生产车间和行政管理部门等服务，供水车间本月发生费用 8 170 元，供电车间本月发生费用 18 040 元。采用直接分配法分配辅助生产费用。各辅助车间提供的劳务数量如表 3-4 所示。

表 3-4　辅助生产车间供应劳务数量汇总表

20××年×月

受益单位	耗水（立方米）	耗电（度）
基本生产——A 产品		41 200
基本生产车间	82 000	32 000
辅助生产车间——供电车间	40 000	
辅助生产车间——供水车间		12 000
厂部管理部门	32 000	4 800

续表

受益单位	耗水（立方米）	耗电（度）
专设销售机构	11 200	2 000
合　计	165 200	92 000

根据上述资料，采用直接分配法计算各辅助生产车间的费用分配率如下：

$$供电车间费用分配率=\frac{18\ 040}{92\ 000-12\ 000}=0.225\ 5$$

$$供水车间费用分配率=\frac{8\ 170}{165\ 200-40\ 000}=0.065\ 3$$

辅助生产车间以外的其他部门应负担辅助生产费用分配如下：

A 产品应负担的电费=41 200×0.2255=9 290.60（元）

基本生产车间应负担的水费和电费=82 000×0.065 3+32 000×0.225 5=12 570.60（元）

厂部管理部门应负担的水费和电费=32 000×0.065 3+4 800×0.225 5=3 172（元）

专设销售机构应负担的水费和电费=11 200×0.065 3+2 000×0.225 5=1 176.80（元）

编制“辅助生产费用分配表”如表 3-5 所示。

表 3-5　辅助生产费用分配表（直接分配法）

20××年×月　　金额单位：元

项　目		供水车间	供电车间	合　计
待分配辅助生产费用		8 170	18 040	26 210
供应辅助生产部门以外的劳务量		125 200	80 000	
费用分配率（单位成本）		0.065 3	0.225 5	
基本生产——A 产品	耗用数量		41 200	
	应分配金额		9 290.60	9 290.60
基本生产车间	耗用数量	82 000	32 000	
	应分配金额	5 354.60	7 216	12 570.60
厂部管理部门	耗用数量	32 000	4 800	
	应分配金额	2 089.60	1 082.40	3 172
专设销售机构	耗用数量	11 200	2 000	
	应分配金额	725.80	451	1 176.80
合　计		8 170	18 040	26 210

根据“辅助生产费用分配表”编制会计分录如下：

借：生产成本——基本生产成本——A 产品　　9 290.60

借：制造费用——基本生产车间　　12 570.60

借：管理费用　　3 172.00

借：销售费用　　1 176.80

贷：生产成本——辅助生产成本——供水车间　8 170.00

贷：生产成本——辅助生产成本——供电车间　18 040.00

（二）交互分配法

1. 概念

交互分配法又称“一次分配法”，是辅助生产车间之间先进行一次交互分配，然后再将各辅助生产车间交互分配后的生产成本在辅助车间以外的各受益单位之间进行分配的方法。

2. 在交互分配法下，必须考虑辅助生产车间内部相互提供的劳务。

3. 计算公式

（1）对内分配

$$某辅助生产车间费用分配率=\frac{该辅助生产车间费用总额}{该辅助生产车间本月提供的劳务总量}$$

某辅助车间应分配其他辅助生产车间的费用=受益数量×辅助生产车间费用分配率

会计分录：

借：生产成本——辅助生产成本——××辅助生产车间

——××辅助生产车间

贷：生产成本——辅助生产成本——××辅助生产车间

——××辅助生产车间

（2）对外分配

$$某辅助生产车间费用对外分配率=\frac{该辅助生产车间对外分配费用总额}{该辅助生产车间对外提供的劳务数量}$$

辅助车间以外的受益部门应分配的辅助生产费用=受益数量×辅助生产车间费用对外分配率

注：辅助生产车间对外分配费用总额=该辅助生产车间的费用+应承担其他辅助生产车间的费用-分配给其他辅助生产车间的费用

会计分录：

借：生产成本——基本生产成本——××产品

借：制造费用——××生产车间

借：管理费用

借：销售费用

贷：生产成本——辅助生产成本——××辅助生产车间

贷：生产成本——辅助生产成本——××辅助生产车间

4. 适用范围

适用于劳务生产种类较多、规模较大且无现代化计算工具的企业。

5. 优缺点

优点：核算工作简化。

缺点：计算结果不准确。

【例 3-4】依据例 3-1 的资料，采用交互分配法分配辅助生产费用。编制“辅助生产费用分配表”如表 3-6 所示。

表 3-6 辅助生产费用分配表（交互分配法）

20××年×月 金额单位：元

项目		供水车间			供电车间			合计（元）
		数量（立方米）	单位成本（分配率）	分配金额（元）	数量（度）	单位成本（分配率）	分配金额（元）	
待分配辅助生产费用		165 200	0.049 5	8 170	92 000	0.196 1	18 040	26 210
交互分配	供水车间			+2 353.20	-12 000		-2 353.20	
	供电车间	-40 000		-1 980			+1 980	
对外分配生产费用		125 200	0.068 2	8 543.20	80 000	0.220 8	17 666.80	26 210
对外分配	A 产品				41 200		9 096.96	9 096.96
	基本生产车间	82 000		5 592.40	32 000		7 065.60	12 658
	厂部管理部门	32 000		2 182.40	4 800		1 059.84	3 242.24
	专设销售机构	11 200		768.40	2 000		444.40	1 212.80
合　计		125 200		8 543.20	80 000		17 666.80	26 210

根据“辅助生产费用分配表”编制会计分录如下：

（1）对内分配（交互分配）时：

借：生产成本——辅助生产成本——供水车间　　2 353.20
　　　　　　　　　　　　　　——供电车间　　1 980.00
　　贷：生产成本——辅助生产成本——供电车间　　2 353.20
　　　　　　　　　　　　　　　　——供水车间　　1 980.00

（2）对外分配时：

借：生产成本——基本生产成本——A 产品　　9 096.96
借：制造费用——基本生产车间　　12 658.00
借：管理费用　　3 242.24
借：销售费用　　1 212.80
　　贷：生产成本——辅助生产成本——供水车间　　8 543.20
　　贷：生产成本——辅助生产成本——供电车间　　17 666.80

（三）计划成本分配法

1. 概念

计划成本分配法是指按事先制定的劳务单位计划成本计算分配给受益部门，实际成本与计划成本分配的差额计入管理费用的一种分配方法。

2. 计算公式

（1）按计划成本分配：

某受益部门应分配的费用＝受益数量×计划单位成本

会计分录：

借：生产成本——基本生产成本——××产品

借：生产成本——辅助生产成本——××辅助生产车间

——××辅助生产车间

借：制造费用——××生产车间

借：管理费用

借：销售费用

贷：生产成本——辅助生产成本——××辅助生产车间

——××辅助生产车间

（2）计算成本差异：

辅助生产车间的成本差异=该辅助车间的实际成本-按计划成本分配金额

注：某辅助车间的实际成本=发生数+应分配其他辅助生产车间的计划成本

会计分录：

结转辅助生产成本超支或节约额：

借或贷：管理费用

贷或借：生产成本——辅助生产成本——××辅助生产车间

3. 适用范围

适用于各辅助生产车间劳务或产品的计划单位成本健全和合理的企业。

4. 优缺点

优点：（1）不需要计算辅助生产车间劳务产品的单位成本，减少了费用分配的工作量；（2）有利于实行厂内经济责任制。

缺点：辅助性生产车间的计划单位成本必须正确。

【例 3-5】 依据例 3-1 的资料，假设每立方米水的计划单位成本为 0.06 元，每度电的计划单位成本为 0.24 元。采用计划成本分配法分配辅助生产费用。编制“辅助生产费用分配表”，如表 3-7 所示。

表 3-7 辅助生产费用分配表（计划成本分配法）

20××年×月　　　　金额单位：元

<table>
<tr><td colspan="3">辅助生产车间名称</td><td>供水车间</td><td>供电车间</td><td>金额合计</td></tr>
<tr><td colspan="3">待分配辅助生产费用</td><td>8 170</td><td>18 040</td><td>26 210</td></tr>
<tr><td colspan="3">劳务供应数量</td><td>165 200</td><td>92 000</td><td></td></tr>
<tr><td colspan="3">计划单位成本</td><td>0. 06</td><td>0. 24</td><td></td></tr>
<tr><td rowspan="5">辅助生产车间</td><td rowspan="2">供水车间</td><td>耗用数量</td><td></td><td>12 000</td><td></td></tr>
<tr><td>分配金额</td><td></td><td>2 880</td><td>2 880</td></tr>
<tr><td rowspan="2">供电车间</td><td>耗用数量</td><td>40 000</td><td></td><td></td></tr>
<tr><td>分配金额</td><td>2 400</td><td></td><td>2 400</td></tr>
<tr><td colspan="2">分配金额合计</td><td>2 400</td><td>2 880</td><td>5 280</td></tr>
</table>

续表

辅助生产车间名称		供水车间	供电车间	金额合计
A 产品	耗用数量		41 200	
	分配金额		9 888	9 888
基本生产车间	耗用数量	82 000	32 000	
	分配金额	4 920	7 680	12 600
厂部管理部门	耗用数量	32 000	4 800	
	分配金额	1 920	1 152	3 072
专设销售机构	耗用数量	11 200	2 000	
	分配金额	672	480	1 152
按计划成本分配金额合计		9 912	22 080	31 992
辅助生产实际成本		11 050	20 440	31 490
辅助生产成本超支或节约额		1 138	-1 640	-502

注：11 050=8 170+2 880

20 440=18 040+2 400

根据“辅助生产费用分配表”编制会计分录如下：

（1）按计划成本分配：

借：生产成本——基本生产成本——A 产品　　9 888.00

借：生产成本——辅助生产成本——供水车间　　2 880.00

——供电车间　　2 400.00

借：制造费用——基本生产车间　　12 600.00

借：管理费用　　3 072.00

借：销售费用　　1 152.00

贷：生产成本——辅助生产成本——供电车间　　22 440.00

——供水车间　　11 050.00

（2）结转供水车间的超支额：

借：管理费用　　1 138.00

贷：生产成本——辅助生产成本——供水车间　　1 138.00

（3）结转供电车间的节约额：

借：生产成本——辅助生产成本——供电车间　　1 640.00

贷：管理费用　　1 640.00

（四）代数分配法

1. 概念

代数分配法是指通过设立联立方程式计算辅助生产车间费用的单位成本，再根据受益数量计算分配辅助生产车间费用的一种方法。

2. 适用范围

适用于辅助生产车间较多，有现代化计算工具的企业。

3. 优缺点

优点：计算结果最准确。

缺点：计算工作复杂。

【例 3-6】依据例 3-1 的资料，采用代数分配法分配辅助生产费用。

假设 x=每立方米水的成本，y=每度电的成本，列联立方程如下：

$$8\ 170+12\ 000y=165\ 200x$$

$$18\ 040+4\ 000x=92\ 000y$$

解得：

$$x=0.0658$$

$$y=0.22475$$

用代数分配法编制辅助生产费用分配表，如表 3-8 所示。

表 3-8 辅助生产费用分配表（代数分配法）

20××年×月　　　　金额单位：元

辅助生产车间名称			供水车间	供电车间	金额合计
待分配辅助生产费用			8 170	18 040	26 210
劳务供应数量			165 200	92 000	
实际单位成本（费用分配率）			0.065 8	0.224 75	
辅助生产车间	供水车间	耗用数量		12 000	
		分配金额		2 697	2 697
	供电车间	耗用数量	40 000		
		分配金额	2 632		2 632
	分配金额合计		2 632	2 697	
A 产品	耗用数量			41 200	
	分配金额			9 259.70	9 259.70
基本生产车间	耗用数量		82 000	32 000	
	分配金额		5 395.60	7 192	12 587.60
厂部管理部门	耗用数量		32 000	4 800	
	分配金额		2 105.60	1078.80	3 184.40
专设销售机构	耗用数量		11 200	2 000	
	分配金额		736.96	449.50	1 186.46
分配金额合计			10 870.16	20 677.00	31 547.16

根据“辅助生产费用分配表”编制会计分录如下：

借：生产成本——辅助生产成本——供水车间　　　2 632.00

——供电车间　　2 697.00
借：生产成本——基本生产成本——A 产品　　9 259.70
借：制造费用——基本生产车间　　12 587.60
借：管理费用　　3 184.40
借：销售费用　　1 186.46
　　贷：生产成本——辅助生产成本——供电车间　　20 677.00
　　——供水车间　　10 870.16

(五) 顺序分配法

1. 概念

顺序分配法是指先将各辅助生产车间按相互提供的生产或劳务的受益程度进行排列，受益少的辅助生产车间排列在前，受益多的辅助生产车间排列在后，把排列在前的辅助生产车间的费用一次性分配给排列在后的辅助生产车间和辅助生产车间以外的部门。

2. 适用范围

适用于辅助生产车间交互服务的费用有明显顺序，并且这一顺序在一定期间内比较固定的企业。

3. 优缺点

优点：

(1) 计算简便。

(2) 各种辅助生产成本只计算分配一次。

缺点：

(1) 计算结果不准确。

(2) 确定分配顺序有一定的主观性。

(3) 不利于调动排列在前的辅助生产车间降低耗用的积极性。

【例 3-7】 某制造企业设有供水和供电两个辅助生产车间，主要为本企业基本生产车间和行政管理部门等服务，供水车间本月发生费用 6 000 元，供电车间本月发生费用 7 500 元。采用直接分配法分配辅助生产费用。各辅助车间提供的劳务数量如表 3-9 所示。

表 3-9　辅助生产车间供应劳务数量汇总表

20××年×月

受益单位		供电车间（度）	供水车间（立方米）
基本生产车间	甲产品	4 000	600
	乙产品	6 000	800
	一般耗用	2 080	1 600
辅助生产车间——供电车间			1 000
辅助生产车间——供水车间		120	
厂部管理部门		2 800	2 000
合　　计		15 000	6 000

假定供电车间排列在前，供水车间排列在后。要求：采用顺序分配法分配辅助生产车间费用。

计算结果如下：

（1）计算各个辅助生产车间费用分配率：

$$供电车间电费分配率=\frac{7500}{15000}=0.5$$

供水车间本月耗用的电费 = 120×0.5 = 60（元）

$$供水车间水费分配率=\frac{6000+60}{6000-1000}=1.32$$

（2）根据各个辅助生产车间费用分配率，分别对外分配本月归集的辅助生产费用，编制辅助生产费用分配表如表 3-10 所示。

表 3-10　辅助生产费用分配表　　金额单位：元

项目			供电车间	供水车间	金额合计
待分配辅助生产费用			7 500	6 000	13 500
分配转入成本				60	60
待分配劳务数量			15 000	5 000	—
分配率			0.5	1.212	—
基本生产成本	甲产品	耗用数量	4 000	600	—
		分配金额	2 000	727.20	2 727.20
	乙产品	耗用数量	6 000	800	—
		分配金额	3 000	969.60	3 969.60
辅助生产成本	供水车间	耗用数量	120		—
		分配金额	60		60
	供电车间	耗用数量		1 000	—
		分配金额		—	—
制造费用	耗用数量	2 080	1 600	—	
	分配金额	1 040	1 939.20	2 979.20	
管理费用	耗用数量	2 800	2 000	—	
	分配金额	1 400	2 424	3 824	
	金额合计		7 500	6 060	13 560

（3）根据“辅助生产费用分配表”编制会计分录：

借：生产成本——基本生产成本——甲产品　　2 727.20

　　　　　　——基本生产成本——乙产品　　3 969.60

借：生产成本——辅助生产成本——供水车间　　60.00

借：制造费用　　2 727.20

借：管理费用　　3 969.60
　　贷：生产成本——辅助生产成本——供电车间　　7 500.00
　　　　　　　——辅助生产成本——供水车间　　6 060.00

复习思考题

一、单项选择题

1. 辅助生产车间发生的制造费用（　　）。

A. 必须通过“制造费用”总账账户核算

B. 不必通过“制造费用”总账账户核算

C. 根据具体情况，可记入“制造费用”总账账户，也可直接记入“辅助生产成本”账户

D. 首先记入“生产成本——辅助生产成本”账户

2. 辅助生产费用分配方法中，计算结果最准确的是（　　）。

A. 直接分配法　　B. 交互分配法　　C. 代数分配法　　D. 计划成本分配法

3. 采用辅助生产费用分配的交互分配法，对外分配的费用总额是（　　）。

A. 交互分配前的费用

B. 交互分配前的费用加上交互分配转入的费用

C. 交互分配前的费用减去交互分配转出的费用

D. 交互分配前的费用再加上交互分配转入的费用，减去交互分配转出的费用

4. 在各辅助生产车间相互提供劳务很少的情况下，适宜采用的辅助生产费用分配方法是（　　）。

A. 直接分配法　　B. 交互分配法　　C. 计划成本分配法　D. 代数分配法

5. 下列方法中，属于辅助生产费用分配方法的是（　　）。

A. 定额成本法　　B. 计划成本分配法

C. 生产工时比例分配法　　D. 机器工时比例分配法

6. 下列关于辅助生产车间与辅助生产费用的说法中，正确的是（　　）。

A. 辅助生产费用发生时直接计入受益部门

B. 辅助生产车间只对基本生产车间提供产品和劳务

C. 辅助生产费用月末要在受益车间之间进行分配

D. 辅助生产车间主要对其他企业提供产品或劳务

7. 计划成本分配法下，辅助生产成本差异一般全部记入（　　）账户。

A. “制造费用”　　B. “管理费用”

C. “营业外支出”　　D. “生产成本——基本生产成本”

8. 下列关于辅助生产费用的代数分配法的说法中，错误的是（　　）。

A. 分配结果最准确

B. 同时对内、对外分配，而且分配的单位成本相同

C. 只有企业辅助生产车间数量较少时，才能使用该方法

D. 方程组的个数取决于企业辅助生产车间的个数

9. 下列关于辅助生产费用的计划成本分配法的说法中，正确的是（　　）。

A. 计算结果较准确，但是工作量大

B. 同时按照计划成本对内和对外分配

C. 两次分配，先对内分配，后对外分配

D. 计划成本与实际成本的差异分配计入各受益部门

10. 辅助生产费用直接分配法的特点是将辅助生产费用（　　）。

A. 直接计入辅助生产提供的劳务成本

B. 直接分配给所有受益的车间、部门

C. 直接记入“生产成本——辅助生产成本”账户

D. 直接分配给辅助生产以外的受益单位

二、多项选择题

1. 下列方法中属于辅助生产费用分配方法的有（　　）。

A. 直接分配法　　B. 交互分配法

C. 计划成本分配法　　D. 代数分配法、顺序分配法

2. 辅助生产车间发生的制造费用在（　　）条件下可以直接记入“生产成本——辅助生产成本”账户借方。

A. 辅助生产车间的规模较小

B. 辅助生产车间提供劳务或产品单一

C. 辅助生产车间对外提供劳务或商品较少

D. 辅助生产车间不对外提供劳务或商品

3. 在辅助生产费用分配的各方法中，可以同时对内和对外分配的方法有（　　）。

A. 直接分配法　　B. 交互分配法

C. 计划成本分配法　　D. 代数分配法

4. 在辅助生产车间之间相互提供劳务较多的企业中，可以采用的分配方法有（　　）。

A. 直接分配法　　B. 交互分配法

C. 计划成本分配法　　D. 代数分配法

5. 采用计划成本分配法分配辅助生产费用的优点有（　　）。

A. 计算结果准确　　B. 计算分配及时

C. 计算过程简单　　D. 便于考核和分析各受益单位经济责任

6. 下列关于辅助生产费用的交互分配法的说法中，正确的有（　　）。

A. 计算较为复杂，计算结果较为准确

B. 同时在辅助生产车间之间和之外进行分配

C. 只将辅助生产费用对辅助生产车间以外的部门、单位进行分配

D. 先在辅助生产车间之间分配，后在辅助生产车间之外分配

7. 采用代数分配法分配辅助生产费用，其优点有（　　）。

A. 能够提供正确的分配计算结果　　B. 能够简化费用的分配计算工作

C. 适用于实现电算化的企业　　D. 便于分析考核各受益单位的成本

8. 辅助生产费用分配转出时，可以（　　）。

A. 借记“制造费用”　　B. 借记“管理费用”
C. 贷记“生产成本——辅助生产成本”　　D. 借记“财务费用”

9. 辅助生产车间不设“制造费用”账户核算，是因为（　　）。
A. 辅助生产车间数量很少
B. 制造费用很少
C. 辅助生产车间不对外提供劳务或商品
D. 辅助生产规模很小

10. 辅助生产车间发生的固定资产折旧费，可能借记的账户有（　　）。
A. “制造费用”　　B. “生产成本——辅助生产成本”
C. “生产成本——基本生产成本”　　D. “管理费用”

三、判断题

1. 采用顺序分配法分配辅助生产费用时，排列在前的辅助生产车间不承担排列在后的辅助生产车间的费用。（　　）

2. 辅助生产费用的归集和分配，是通过“生产成本——辅助生产成本”账户进行的，辅助生产车间发生的各项费用应记入该账户的借方进行归集。（　　）

3. 交互分配法考虑了辅助生产车间相互提供劳务的因素，因而分配的结果完全符合实际。（　　）

4. 辅助生产车间发生的制造费用都应通过“制造费用”账户进行核算。（　　）

5. 在辅助生产费用的分配方法中，交互分配法的计算分配结果最准确。（　　）

6. 企业的辅助生产部门只对生产部门提供产品或劳务，因而辅助生产部门发生的费用全部计入产品成本。（　　）

7. 如果企业辅助生产车间的数量多，则不能采用代数分配法。（　　）

8. 在辅助生产费用分配的方法中，按直接分配法最简单。（　　）

9. 顺序分配法分配辅助生产费用时，耗用其他辅助生产车间产品或劳务少的辅助生产车间先分配。（　　）

10. 辅助生产车间对基本生产车间提供的产品或服务，直接计入制造费用。（　　）

四、计算题

1. 某工业企业设有一车间、二车间两个基本生产车间。一车间生产A、B两种产品，二车间生产C产品，另设有修理和供电两个辅助生产车间。该企业辅助生产车间的制造费用不通过“制造费用”账户核算。本月修理车间发生生产费用20 823元，提供修理工时7 020小时，其中：供电车间耗用79小时，一车间一般耗用3 100小时，二车间一般耗用3 700小时，企业管理部门耗用141小时。本月供电车间发生生产费用54 848元，提供153 060度电，其中：修理车间用电15 940度，A产品用电49 000度，B产品用电48 500度，一车间一般耗用2 000度，C产品用电33 060度，二车间一般耗用2 500度，企业管理部门用电2 060度。

要求：采用直接分配法分配计算辅助生产费用并编制会计分录。(分配率保留四位)

2. 某企业设有修理和运输两个辅助生产车间，修理车间本月发生费用30 000元，提供修理劳务20 000小时，其中：运输车间1 000小时，基本生产车间16 000小时，企业行政管理部门3 000小时。运输车间本月发生费用40 000元，提供运输40 000公里，其中：修理车间1 500公里，基本生产车间30 000公里，企业行政管理部门8 500公里。辅助生产车间不设置“制造费用”账户。

要求：采用交互分配法分配计算辅助生产费用并编制会计分录。(分配率保留四位)

3. 某企业设有修理和运输两个辅助生产车间，修理车间本月发生费用48 000元，提供修理工时20 000小时，其中：运输车间3 000小时，基本生产车间16 000小时，行政管理部门1 000小时。运输车间本月发生费用50 000元，提供运输40 000公里，其中：修理车间3 500公里，基本生产车间30 000公里，行政管理部门6 500公里。计划单位成本：修理每小时2.5元，运输每公里1.2元。

要求：

(1) 计算按计划成本分配数额。

(2) 计算修理车间和运输车间的实际成本数额。

(3) 计算辅助生产成本差异。

(4) 编制有关会计分录。

第四章　制造费用的核算

第一节　制造费用归集的核算

学习目的与要求

1. 掌握制造费用的核算内容。
2. 掌握制造费用的归集。
3. 掌握制造费用的分配方法。

企业在产品生产过程中，除了产品直接消耗的原材料、辅助材料、燃料和动力等费用以及发生的直接人工费用外，还会发生各种制造费用。在生产多种产品的基本生产车间，归集的制造费用都是间接计入费用，应采用适当的分配方法，分配计入该车间生产的各种产品的生产成本。因此，制造费用归集和分配的核算对于正确计算各种产品的生产成本非常重要。辅助生产车间发生的制造费用已进行归集和分配，制造费用的核算主要是基本生产的制造费用的归集和分配。

一、制造费用的含义

制造费用是指企业内部各生产单位（分厂、车间）为生产产品或提供劳务而发生的，不直接计入产品成本的各项费用。制造费用在产品成本中占有一定比重，构成比较复杂，企业计入产品成本的费用中除直接材料、燃料和动力、直接人工之外的费用，一般包括在制造费用中。

制造费用包括的内容比较复杂，具体可划分为以下三类：

（一）间接用于产品生产的费用

主要有机物料消耗，辅助生产工人、工程技术人员、车间辅助人员、清洁工、维修工、搬运工等的职工薪酬，车间房屋及建筑物的折旧费用、修理费、保险费，车间生产照明费、取暖费、运输费、劳动保护费、季节性停工和生产用固定资产修理期间的停工损失等。

（二）直接用于产品生产，但管理上不要求单独核算，因而没有专设成本项目的费用

主要有机器设备的折旧费、修理费、租赁费、生产工具摊销、设计制图费、试验检验费等。

（三）生产单位（车间、分厂）组织管理生产而发生的费用

主要有车间管理人员工资及福利费，车间房屋和设备折旧费、修理费、租赁费、保险费，车间管理用工具摊销，车间管理用的照明费、水费、取暖费、差旅费、办公费等。

二、制造费用核算的任务

制造费用管理与核算是企业成本管理的一项重要内容，其核算的主要任务有：

（1）根据成本管理要求，分车间和部门，按照费用的性质或用途划分费用项目，并按车间和费用项目编制制造费用计划，加强制造费用的审核和控制。

（2）按车间、部门和制造费用项目归集制造费用，并结合产品生产的特点，选择适当的方法分配制造费用，正确计算产品成本。

（3）定期将制造费用的实际发生数与计划数对比，确定差异，分项目考核，寻求降低消耗、节约开支的途径，不断地降低制造费用，从而降低产品成本。

三、制造费用核算的账户

为了总括反映和监督各生产部门在一定时期内为组织和管理生产所发生的各项制造费用，需要设置“制造费用”账户，按生产单位设置明细账进行核算。制造费用发生时，记入“制造费用”账户的借方，月末分配结转时，记入“制造费用”账户的贷方。该账户月末一般无余额。

根据企业管理的需要，为了分析制造费用超支的原因，寻求降低制造费用的途径，“制造费用”应按生产单位分设明细账，并在账内按照费用项目分设专栏或专户分别反映各生产单位各项制造费用的发生情况。

制造费用明细账的格式如表 4-1 所示。

表 4-1　制造费用明细账

生产车间名称：　　　　　　　　　　　　　　　　　　　　单位：元

20××年		凭证号数	摘要	借方											贷方	余额
月	日			职工薪酬	折旧费	办公费	水电费	差旅费	机物料消耗	低值易耗品摊销	保险费	取暖费	其他费用	小计		
			合计													
			本月分配转出													

四、制造费用的归集

由于制造费用多为间接费用，当其发生时通常无法直接判定其归属的成本计算对象，因而不能直接计入相应的产品成本，而需要按照其发生的地点先归集，待期末时再采用一定的分配方法在各成本计算对象中分配，然后才能转入相应产品的生产成本。

制造费用的归集是通过“制造费用”账户进行的，该账户应按不同的生产车间设立明细账，账内再按费用项目设立专栏，分别反映各生产车间各项制造费用的支出情况。通常，制造费用中设立的明细费用项目主要有：机物料消耗、职工薪酬、折旧费、低值易耗品摊销、水电费、取暖费、劳动保护费、设计制图费、试验检验费、办公费、季节性和修理期间停工损失等。

基本生产车间发生的制造费用的归集按其记账依据不同可分为两种情况：

第一种情况：一般费用发生时，根据付款凭证或据以编制的其他费用分配表，借记“制造费用——××基本生产车间”账户，贷记“银行存款”或其他有关账户。

第二种情况：机物料消耗、外购动力费用、职工薪酬、折旧费等，在月末应根据转账凭证及汇总编制的各种费用分配表，借记“制造费用——××基本生产车间”账户，贷记“原材料”“应付职工薪酬”“累计折旧”等账户。

辅助生产车间发生的制造费用已计入辅助生产成本后进行分配（第三章已讲述），分配后再进行基本生产车间制造费用的归集和分配。

【例 4-1】某企业基本生产一车间本年 5 月发生职工薪酬费用 183 500 元。月末根据职工薪酬费用分配表，编制会计分录：

借：制造费用——基本生产一车间——职工薪酬　　183 500.00

　贷：应付职工薪酬——工资　　183 500.00

【例 4-2】某企业基本生产一车间本年 5 月固定资产折旧费用 3 500 元。月末根据固定资产折旧费用分配表，编制会计分录：

借：制造费用——基本生产一车间——折旧费　　3 500.00

　贷：累计折旧　　3 500.00

【例 4-3】某企业基本生产一车间本年 5 月用现金支票购买办用品 5 000 元。根据付款的原始凭证，编制会计分录：

借：制造费用——基本生产一车间——办公费　　5 000.00

　贷：银行存款　　5 000.00

【例 4-4】某企业基本生产一车间本年 5 月分配水电费 9 000 元。

借：制造费用——基本生产一车间——水电费　　9 000.00

　贷：生产成本——辅助生产成本　　9 000.00

【例 4-5】某企业基本生产一车间本年 5 月用银行存款支付租赁费用 6 000 元。根据付款的原始凭证，编制会计分录：

借：制造费用——基本生产一车间——租赁费　　6 000.00

　贷：银行存款　　6 000.00

【例 4-6】某企业基本生产一车间本年 5 月耗用辅助生产材料 16 000 元。月末根据材料费用分配表，编制会计分录：

借：制造费用——基本生产一车间——材料费　　16 000.00

　贷：原材料　　16 000.00

【例 4-7】某企业基本生产一车间本年 5 月用银行存款支付固定资产保险费用 4 000 元。根据付款的原始凭证，编制会计分录：

借：制造费用——基本生产一车间——保险费　　4 000.00

　　贷：银行存款　　4 000.00

【例 4-8】某企业基本生产一车间本年 5 月用银行存款支付其他费用 8 600 元。根据付款的原始凭证，编制会计分录：

借：制造费用——基本生产一车间——其他费用　　8 600.00

　　贷：银行存款　　8 600.00

【例 4-9】某企业基本生产一车间本年 5 月摊销生产工具费用 4 500 元。根据低值易耗品摊销分配表，编制会计分录：

借：制造费用——基本生产一车间——低值易耗品摊销　　4 500.00

　　贷：银行存款　　4 500.00

【例 4-10】某企业月末将本月基本生产一车间发生的制造费用 240 100 元结转。

借：生产成本——基本生产成本　　240 100.00

　　贷：制造费用——基本生产一车间　　240 100.00

该企业根据以上经济业务，及时逐笔登记“制造费用明细账”如表 4-2 所示。

表 4-2　制造费用明细账

生产车间名称：基本生产一车间　　单位：元

20××年		凭证号数	摘要	借方										贷方	余额
月	日			职工薪酬	折旧费	办公费	水电费	租赁费	材料费	保险费	其他费用	低值易耗品摊销	小计		
			分配工资费用	183 500											
			分配折旧费用		3 500										
			支付办公费			5 000									
			分配水电费				9 000								
			支付租赁费					6 000							
			分配材料费用						16 000						
			支付保险费							4 000					
			支付其他费用								8 600				
			低值易耗品摊销									4 500			
			合计	183 500	3 500	5 000	9 000	6 000	16 000	4 000	8 600	4 500	240 100		
			本月分配转出											240 100	0

第二节　制造费用分配的核算

一、制造费用的分配程序

每月月末，应将本月制造费用明细账中所归集的制造费用总额按一定的分配标准，分配计入有关的成本计算对象的成本。制造费用的分配有以下几种情况：

(一) 基本生产车间制造费用的分配

生产一种产品的生产车间，制造费用应直接计入该种产品的生产成本。

生产多种产品的生产车间，制造费用都是间接计入费用，应采用适当的分配方法，分配计入该车间各种产品的生产成本。

(二) 辅助生产制造费用的分配

辅助生产车间单独核算制造费用，在生产一种产品或提供一种劳务的辅助生产车间，应将归集在“制造费用——××辅助生产车间”账户的制造费用作为直接计入费用，直接计入该种产品或劳务的成本；在生产多种产品或提供多种劳务的辅助生产车间，归集在“制造费用——××辅助生产车间”账户的制造费用为间接计入费用，应采用适当的分配方法，分配计入各辅助生产车间产品或劳务成本。

二、制造费用的分配方法

这一部分主要讲述基本生产车间制造费用的分配方法。通过制造费用的归集，企业在某一会计期间发生的制造费用都已归集到制造费用总账及其明细账中，每月月末，为了正确计算产品生产成本，必须将制造费用合理地分配到有关产品的生产成本。在只生产一种产品的生产车间，制造费用可以直接计入该种产品的生产成本；在生产多种产品的生产车间，制造费用则采用适当的分配方法计入各种产品的生产成本，即记入“生产成本——基本生产成本”总账及其明细账的制造费用项目。制造费用的分配方法主要有生产工时比例分配法、生产工人工资比例分配法、机器工时比例分配法、年度计划分配率分配法。

(一) 生产工时比例分配法

生产工时比例分配法是指按照各种产品所耗用的实际生产工时的比例分配制造费用的一种方法。其计算公式如下：

$$制造费用分配率=\frac{制造费用总额}{各种产品生产工时总数}$$

某种产品应分配的制造费用=该种产品的生产工时×制造费用分配率

【例 4-11】 某企业基本生产车间同时生产 A、B 两种产品，本月共发生制造费用 60 000 元，A 产品生产工时为 30 000 小时，B 产品生产工时为 20 000 小时。其计算分配结果如下：

$$制造费用分配率=\frac{60\ 000}{30\ 000+20\ 000}=1.2$$

A 产品应分配的制造费用 = 30 000×1. 2 = 36 000（元）

B 产品应分配的制造费用 = 20 000×1. 2 = 24 000（元）

按照生产工时比例分配法编制制造费用分配表，如表 4-3 所示。

表 4-3　制造费用分配表

车间名称：基本生产车间　　　　　　　　20××年×月

应借账户		生产工时	分配率	分配金额（元）
生产成本——基本生产成本	A 产品	30 000		36 000
	B 产品	20 000	1. 2	24 000
合　计		50 000		60 000

根据制造费用分配表编制会计分录如下：

借：生产成本——基本生产成本（A 产品）　　36 000. 00

　　　　　　——基本生产成本（B 产品）　　24 000. 00

　贷：制造费用——基本生产车间　　60 000. 00

采用生产工时比例分配法分配制造费用，一般使用各种产品实际耗用的生产工时进行分配，能够较为合理地将实际劳动生产率的高低与产品成本中制造费用水平联系起来，如果产品的工时定额比较准确，也可以按定额工时的比例进行分配。

生产工时比例分配法是较为常用的一种分配方法，其优点在于计算方法简便，而且工时资料相对易于取得，生产工时记录和核算工作比较健全的企业都可以采用这种分配方法。

（二）生产工人工资比例分配法

生产工人工资比例分配法是以各种产品的生产工人工资的比例分配制造费用的一种方法。其计算公式如下：

$$制造费用分配率=\frac{制造费用总额}{各种产品生产工人工资总额}$$

某种产品应分配的制造费用 = 该种产品生产工人工资×制造费用分配率

【例 4-12】某企业基本生产车间生产甲、乙两种产品，本月共发生制造费用 140 000 元，A 产品生产工人工资为 50 000 元，B 产品生产工人工资为 20 000 元。其计算分配结果如下：

$$制造费用分配率=\frac{140\ 000}{50\ 000+20\ 000}=2$$

甲产品应分配的制造费用 = 50 000×2 = 100 000（元）

乙产品应分配的制造费用 = 20 000×2 = 40 000（元）

按照生产工人工资比例分配法编制制造费用分配表，如表 4-4 所示。

表 4-4 制造费用分配表

车间名称：基本生产车间　　　　　　20××年×月

应借账户		生产工人工资	分配率	分配金额（元）
生产成本——基本生产成本	甲产品	50 000	2	100 000
	乙产品	20 000		40 000
合计		70 000		140 000

根据制造费用分配表编制会计分录如下：

借：生产成本——基本生产成本（甲产品）　　100 000. 00

　　　　　　——基本生产成本（乙产品）　　40 000. 00

　贷：制造费用——基本生产车间　　140 000. 00

采用生产工人工资比例分配法，由于工资费用资料比较容易取得，因此核算工作比较简便，主要适用于各种产品机械化程度大致相同的情况，否则费用分配的合理性会受到影响。

（三）机器工时比例分配法

机器工时比例分配法是以各种产品所耗用的机器设备运转时间的比例分配制造费用的一种方法。其计算公式如下：

$$制造费用分配率=\frac{制造费用总额}{各种产品耗用的机器工时之和}$$

某种产品应分配的制造费用=该种产品耗用的机器工时×制造费用分配率

【例 4-13】 某企业基本生产车间同时生产 A、B 两种产品，本月共发生制造费用 120 000 元，A产品耗用机器工时为 35 000 小时，B 产品耗用机器工时为 25 000 小时。其计算分配结果如下：

$$制造费用分配率=\frac{120\ 000}{35\ 000+25\ 000}=2$$

A 产品应分配的制造费用=35 000×2=70 000（元）

B 产品应分配的制造费用=25 000×2=50 000（元）

按照机器工时比例分配法编制制造费用分配表，如表 4-5 所示。

表 4-5 制造费用分配表

车间名称：基本生产车间　　　　　　20××年×月

应借账户		生产工时	分配率	分配金额（元）
生产成本——基本生产成本	A 产品	35 000	2	70 000
	B 产品	25 000		50 000
合　　计		60 000		120 000

根据制造费用分配表编制会计分录如下：

借：生产成本——基本生产成本（A 产品）　　70 000. 00

　　　　　　——基本生产成本（B 产品）　　50 000. 00

贷：制造费用——基本生产车间　　120 000.00

对于机械化、自动化程度较高的生产部门或生产车间，制造费用可以按机器工时的比例进行分配，可以使制造费用中的机器设备折旧费用、修理费用得到较为合理的分配。因为机械化、自动化程度低的产品，一般要比机械化、自动化程度高的产品耗用的机器工时多，而制造费用中机器设备的折旧费、修理费占有相当大的比重，这就使得机械化、自动化程度低的产品负担了过多的机器设备折旧费和修理费，导致分配结果不合理。因此，制造费用以与设备运转时间密切相关的机器工时为标准进行分配比较合理。但采用这种方法，必须正确组织各种产品所耗用机器工时的记录工作，以保证分配的准确性。

（四）按年度计划分配率分配法

按年度计划分配率分配法是按照年度开始前确定的全年适用的计划分配率分配制造费用的一种方法。其中的年度计划分配率是根据企业正常经营条件下的年度制造费用预算数和计划产量的定额标准数计算出来的。

采用这种分配方法，不论每月实际发生的制造费用是多少，每月各种产品成本中的制造费用都按年度计划确定的计划分配率分配。年度各月末制造费用总账及相关明细账一般有月末余额，并且可能是借方余额，也可能是贷方余额，这一数值表示从当年年初累计至该月末的制造费用实际发生额与计划分配额之间的差异，借方余额为超支差异，贷方余额为节约差异。年末余额就是全年制造费用的实际发生额与按计划分配的制造费用之间的差异，该差异一般在年末按已分配的比例进行再一次分配，调整计入 12 月份各产品的生产成本中，若实际数大于计划分配数，借记“生产成本——基本生产成本（××产品）”账户，贷记“制造费用——××基本生产车间”账户。若实际数小于计划数，作相反会计分录。

【例 4-14】 某企业基本生产车间计划投产 A、B 两种产品，A 产品的全年计划产量为 4 500 件，单件定额工时为 2 小时；B 产品的全年计划产量为 3 000 件，单件定额工时为 2 小时。全年制造费用为 210 000 元，假定 1 月份 A 产品的实际产量为 800 件，B 产品的实际产量为 600 件，实际制造费用为 40 000 元。截至 11 月末，A 产品的累计产量达到 2 600 件，B 产品的累计产量达到 2 800 件，制造费用的累计发生额为 185 000 元。12 月份，A 产品的实际产量为 900 件，B 产品的实际产量为 950 件，实际制造费用发生额为 40 000 元。要求：采用按年度计划分配率法分配制造费用并编制有关会计分录。

根据上述资料，制造费用的分配过程和结果如下：

$$\text{年度制造费用分配率}=\frac{210\ 000}{4\ 500\times2+3\ 000\times2}=14$$

1 月份 A 产品应分配的制造费用 $=800\times2\times14=22\ 400$（元）

1 月份 B 产品应分配的制造费用 $=600\times2\times14=16\ 800$（元）

会计分录：

借：生产成本——基本生产成本（A 产品）　　22 400.00

　　　　　　——基本生产成本（B 产品）　　16 800.00

　贷：制造费用——××基本生产车间　　39 200.00

“制造费用”账户月末余额为借方余额 800 元（40 000−39 200）。

截至11月末：

A产品累计制造费用分配额 = 2 600×2×14 = 72 800（元）

B产品累计制造费用分配额 = 2 800×2×14 = 78 400（元）

累计制造费用分配额 = 72 800+78 400 = 151 200（元）

12月份A产品分配制造费用 = 900×2×14 = 25 200（元）

12月份B产品分配制造费用 = 950×2×14 = 26 600（元）

对制造费用分配差额进行调整：

全年制造费用累计发生额 = 185 000+40 000 = 225 000（元）

全年制造费用累计分配额 =（72 800+78 400）+（25 200+26 600）= 203 000（元）

全年制造费用分配差额 = 225 000−203 000 = 22 000（元）

$$差额分配率 = \frac{22\ 000}{203\ 000} = 0.108\ 4$$

A产品应分配的差额 =（72 800+25 200）×0.108 4 = 10 623.20

B产品应分配的差额 = 22 000−10 623.20 = 11 376.80

12月份制造费用分配的会计分录：

借：生产成本——基本生产成本（A产品）　25 200.00

　　　　　　——基本生产成本（B产品）　26 600.00

　贷：制造费用——××基本生产车间　51 800.00

分配差额的会计分录：

借：生产成本——基本生产成本（A产品）　10 623.20

　　　　　　——基本生产成本（B产品）　11 376.80

　贷：制造费用——××基本生产车间　22 000.00

采用按年度计划分配率分配法分配制造费用，因年度内各个月份都只按计划分配率和实际产量的定额分配制造费用，对实际发生的制造费用和计划分配额之间的差额不需要进行处理，因此简化了核算程序，并且能计算产品成本。因此，按年度计划分配率分配法特别适用于季节性生产的企业。但采用这种分配方法需要有较高的计划管理水平，否则，年度制造费用的计划数脱离实际数太多，会影响产品成本计算的正确性。

企业无论采用哪一种制造费用分配方法，都应根据分配计算结果编制“制造费用分配表”，据以进行制造费用的核算。除采用按年度计划分配率分配法外，经过分配的“制造费用”期末都没有余额。

企业可根据自身实际情况选择适当的制造费用分配方法，而且在条件没有变化的情况下，不应随意改变制造费用的分配方法，如需变更，应在会计报表附注中予以说明。

（五）联合分配法

1. 概念

联合分配法是将生产车间发生的制造费用，根据耗费的特点划分为若干不同的类别，不同的类别采用不同的分配方法进行分配制造费用。

2. 基本原理

为组织生产活动而发生的制造费用，可以考虑按照生产工人工时或者生产工人工资比例法进行分配，而机器设备的折旧费、修理费以及机物料消耗等则可以考虑按照机器工时比例法进行分配等。

3. 优缺点

优点：

（1）有助于提高分配结果的准确性。

（2）有助于产品成本的分析和管理。

缺点：

（1）分配制造费用的工作量较大。

（2）要求企业生产耗费的原始记录具体、清晰，以便于制造费用的科学分类。

【例 4-15】 某企业基本生产二车间本年 6 月生产 A、B 两种产品，其制造费用与重量、工时相关，其中，与重量相关的制造费用 4 590 元，与工时相关的制造费用 7 280 元，A 产品重量与工时分别为 80 千克和 60 小时，B 产品重量与工时分别为 90 千克和 80 小时。要求：采用联合分配法分配制造费用。

计算结果如表 4-6 所示。

表 4-6 制造费用分配表

车间名称：基本生产二车间　　　　20××年×月

产品	重量（千克）	费用（元）	工时（小时）	费用（元）	费用合计
A 产品	80	2 160	60	3 120	5 280
B 产品	90	2 430	80	4 160	6 590
合计	170	4 590	140	7 280	11 870

（1）按重量分配的制造费用：

$$制造费用分配率=\frac{4590}{80+90}=27$$

A 产品应分配的制造费用 = 80×27 = 2 160（元）

A 产品应分配的制造费用 = 90×27 = 2 430（元）

（2）按工时分配的制造费用：

$$制造费用分配率=\frac{7280}{60+80}=52$$

A 产品应分配的制造费用 = 60×52 = 3 120（元）

A 产品应分配的制造费用 = 80×52 = 4 160（元）

根据制造费用分配表编制会计分录如下：

借：生产成本——基本生产成本（A 产品）　　5 280.00

　　　　　　——基本生产成本（B 产品）　　6 590.00

　　贷：制造费用——基本生产二车间　　11 870.00

（六）累计分配法

1. 概念

累计分配法是将制造费用累计到产品完工时再进行分配的方法。

2. 基本原理

如果月末某种产品没有完工，则其产品成本计算表并不分配相应的制造费用，而是在该种产品完工时，才根据制造费用的累计数，选用适当的分配标准，分配计入完工产品成本。分配标准的选择，可以是产品生产工时、机器工时、生产工人工资等。

3. 计算公式

$$制造费用分配率=\frac{制造费用期初余额+本月制造费用发生额}{各种产品的累计分配标准数量总和}$$

某种完工产品应分配的制造费用=该种完工产品的累计分配标准数量×制造费用分配率

4. 适用范围

适用于投产批次较多，月末未完工批次也较多的产品成本计算。

【例 4-16】 某企业基本生产三车间本年6月份共生产601#、602#、603#、604#、605#五批产品，其中601#、602#两批产品系以前月份投产，已经耗用的工时分别为600小时、500小时，本月份又分别耗用工时200小时、120小时；另外603#、604#、605#三批产品均为本月投产，本月份耗用的工时分别为400小时、300小时、200小时。制造费用月初余额为46 000元，本月制造费用发生额为23 600元。月末601#、602#两批产品全部完工，603#、604#、605#三批产品均未完工。要求：采用累计分配法分配制造费用。

计算结果如下：

$$制造费用分配率=\frac{46\ 000+23\ 600}{(600+200)+(500+120)+400+300+200}=30$$

601#产品应分配的制造费用=（600+200）×30=24 000（元）

602#产品应分配的制造费用=（500+120）×30=18 600（元）

根据制造费用分配表编制会计分录如下：

借：生产成本——基本生产成本（601#产品）　　24 000.00

　　　　　　——基本生产成本（602#产品）　　18 600.00

　贷：制造费用——基本生产三车间　　42 600.00

复习思考题

一、单项选择题

1. 下列项目中属于制造费用的是（　　）。

A. 车间生产工人薪酬　　B. 车间管理人员薪酬

C. 企业管理人员薪酬　　D. 车间固定资产的修理费

2. 下列制造费用分配方法中，“制造费用”账户可能出现余额的是（　　）。

A. 生产工时比例分配法　　B. 生产工人工资比例分配法

C. 机器工时比例分配法　　D. 按年度计划分配率分配法

3. 按年度计划分配率分配法分配制造费用，如果“制造费用”账户年末有贷方余额，应按余额（　　）。

A. 用红字借记“生产成本——基本生产成本”账户，贷记“制造费用”账户

B. 用红字借记“制造费用”账户，贷记“生产成本——辅助生产成本”账户

C. 用红字借记“制造费用”账户，贷记“生产成本——基本生产成本”账户

D. 结转下年

4. 基本生产车间机器设备的折旧费应记入（　　）账户的借方。

A. “累计折旧”　　B. “管理费用”

C. “制造费用”　　D. “生产成本——基本生产成本”

5. 按年度计划分配率分配法分配制造费用，适用于（　　）。

A. 制造费用数额较大的企业　　B. 季节性生产企业

C. 基本生产车间规模较小的企业　　D. 制造费用数额较小的企业

6. 机器工时比例分配法适用于（　　）。

A. 季节性生产的车间　　B. 制造费用较多的车间

C. 机械化程度大致相同的各种产品　　D. 机械化程度较高的车间

7. 能够将劳动生产率和产品负担的费用水平联系起来，使分配结果比较合理的制造费用分配方法是（　　）

A. 生产工时比例分配法　　B. 按年度计划分配率分配法

C. 生产工人工资比例分配法　　D. 机器工时比例分配法

8. 日常核算中，制造费用月末分配后一般无余额，如果有余额，可能是因为（　　）。

A. 企业属于大量大批多步骤生产类型

B. 企业属于单件小批生产类型

C. 企业采用按年度计划分配率分配法分配制造费用

D. 企业采用直接人工比例分配法分配制造费用

9. 日常核算中，制造费用分配后一般无余额，如果有余额，则该余额（　　）。

A. 一般在借方　　B. 一般在贷方

C. 是计算错误导致的　　D. 可能在借方，也可能在贷方

10. 如果基本生产车间与辅助生产车间均设有制造费用明细账，则对于（1）“生产成本——辅助生产成本”、(2)“制造费用——辅助生产车间”、(3)“制造费用——基本生产车间”三个明细账，分配的先后顺序一般是（　　）。

A.（1）（2）（3）　　B.（2）（3）（1）

C.（3）（1）（2）　　D.（2）（1）（3）

二、多项选择题

1. 制造费用的借方反映的内容可能包括（　　）。

A. 生产消耗的间接材料费用

B. 生产消耗的间接人工费用

C. 转入各具体产品的制造费用

D. 生产过程中发生意外事故所造成的停工损失

2. 生产企业发生的下列费用中，一般在发生时计入制造费用的有（　　）。

A. 车间管理人员薪酬　　B. 车间办公经费支出

C. 车间折旧费　　D. 车间生产产品所耗用的辅助材料

3. 制造费用的分配方法有（　　）。

A. 生产工时比例分配法　　B. 按年度计划分配率分配法

C. 生产工人工资比例分配法　　D. 机器工时比例分配法

4. 按年度计划分配率分配法分配制造费用，“制造费用”账户月末（　　）。

A. 可能有月末余额　　B. 无月末余额

C. 可能有借方余额　　D. 可能有贷方余额

5. 分配制造费用时，可能借记的账户有（　　）。

A. “销售费用”　　B. “管理费用”

C. “生产成本——基本生产成本”　　D. “生产成本——辅助生产成本”

6. 基本生产车间发生下列费用，应借记“制造费用”的有（　　）。

A. 折旧费、修理费　　B. 机物料消耗

C. 融资租赁费　　D. 修理期间停工损失

7. 下列项目中，属于制造费用的有（　　）。

A. 生产车间的保险费　　B. 厂部办公楼折旧

C. 在产品盘亏和毁损　　D. 低值易耗品摊销

8. 下列说法中，正确的有（　　）。

A. 在生产一种产品的车间中，制造费用直接计入产品成本

B. 制造费用应按产品品种开设明细账

C. 制造费用应从该账户贷方转至“生产成本——基本生产成本”账户的借方

D. “制造费用”总账账户下可以不按辅助生产车间开设明细账

9. 关于“制造费用”账户的结构与内容，下列说法中，正确的有（　　）。

A. “制造费用”账户贷方一般反映的是期末应转入“生产成本——基本生产成本”账户的金额

B. 制造费用一般反映生产单位所发生的没有单设成本项目的费用

C. 采用不同的分配方法，计入各产品制造费用的金额可能不相等

D. “制造费用”账户仅仅反映基本生产车间发生的间接费用

10. 下列项目中，属于制造费用的有（　　）。

A. 税金　　B. 试验检验费　　C. 机物料消耗　　D. 低值易耗品摊销

三、判断题

1. 制造费用需要在月末按一定方法分配给各完工产品负担。（　　）

2. 一定时期发生的制造费用越多，当期利润就越少。（　　）

3. 对于季节性比较强的生产企业，采用按年度计划分配率分配法分配制造费用，各期产品负担的制造费用水平相对会比较均匀。（　　）

4. 制造费用的多少与直接人工的多少几乎成正比例关系，因此采用生产工时比例分配法分配制造费用是比较合理的。（　　）

5. 企业分配制造费用，均可采用按年度计划分配率法分配制造费用。（　　）

6. 企业无论采用哪一种制造费用分配方法，都应根据分配计算结果编制“制造费用分配表”，据以进行制造费用的核算。（　　）

7. 对于机械化、自动化程度较高的生产部门或生产车间，制造费用可以按机器工时的比例进行分配。（　　）

8. 生产工时记录和核算工作比较健全的企业，可以采用生产工时比例分配法分配制造费用。（　　）

9. 各种产品机械化程度大致相同的情况，可以采用生产工人工资比例分配法分配制造费用。（　　）

10. 生产工时比例分配法适用于季节性生产的企业。（　　）

四、计算题

1. 某企业基本生产车间生产 A、B、C 三种产品。本月已归集在“制造费用——基本生产车间”账户借方的制造费用为 88 000 元，A 产品生产工时为 5 000 小时，B 产品生产工时为 3 000 小时，C 产品生产工时为 2 000 小时。

要求：按生产工时比例分配法分配制造费用并编制会计分录。

2. 某企业基本生产车间生产 A、B 两种，有关资料如下：

（1）年度制造费用的计划数为 840 000 元，全年产品的计划产量为：A 产品 4 000 件、B 产品 3 000 件。产品工时定额为：A 产品 30 小时、B 产品 100 小时。该车间 1 月份实际发生的制造费用为 70 500 元，1 月份的实际产量为：A 产品 500 件、B 产品 200 件。

（2）该车间 1~12 月已分配制造费用为 841 000 元，其中：A 产品已分配 240 000 元，B 产品已分配 601 000 元，全年实际发生的制造费用 845 000 元。

要求：

（1）计算制造费用年度计划分配率。

（2）计算并结转 1 月份应分配转出的制造费用并编制会计分录。

（3）调整全年制造费用差额并编制会计分录。

第五章　废品损失和停工损失的核算

学习目的与要求

1. 掌握废品及废品损失的概念。
2. 掌握“废品损失”账户的结构和内容。
3. 掌握废品损失的核算。
4. 了解停工损失的核算。

第一节　废品损失的核算

企业在生产过程中可能会发生各种各样的损失，称为“生产损失”，包括废品损失和停工损失。管理上要求单独反映和控制废品损失和停工损失的企业，在进行成本核算时，还应进行废品损失和停工损失的核算。

一、废品损失的内容

（一）废品

1. 废品

废品是指不符合规定的技术标准，不能按照原定用途使用，或者需要加工修理才能使用的在产品、半成品或产成品。

2. 废品的分类

（1）废品按产生的原因分为料废和工废。

料废是指由于材料质量、规格、性能等不符合要求而产生的废品。工废是指在产品生产过程中，由于加工工艺技术、工人操作技术水平等方面的缺陷所产生的废品。

分清废品是由于料废还是工废造成的，有利于查明废品产生的责任，贯彻经济责任制。

（2）废品按废品的废损程度和在经济上是否具有修复价值分为可修复废品和不可修复废品。

可修复废品是指技术上可以修复，而且在重新加工修理过程中所支付的费用在经济上合算的废品。可修复废品经过修复后，可恢复到规定的要求，可与合格品一样使用，而且所费的修复费用在经济上合算。其修复废品发生的修复费用要记入“废品损失”成本项目，列入总成本，由全部产品负担。

不可修复废品是指技术上不可修复的，或者虽然能修复但在经济上不合算的废品。不可修复废品的费用扣除回收残值，其余的部分应作为“废品损失”，由合格品负担。

分清可修复废品和不可修复废品，可以明确废品损失的内容，以便进行废品损失的核算。

次品是指产品虽有缺陷，但仍可按用途使用的不合格品。严格地讲，次品也是废品，尽管可以降价出售。

企业在现有的生产条件下，由于技术和生产水平的限制，废品是不可避免的，因此，正常的废品损失与停工损失应包括在社会必要劳动时间之中。对一个企业来说，应当承认废品是为了获得合格品而连带发生的体现为资金耗费的物化劳动和生产者必要活劳动的耗费。这种耗费应计入合格品的成本，由全部合格品承担，但超过正常范围的废品损失与停工损失则应作为超额的费用支出，或者由过失人赔偿；由于自然灾害而造成的损失，应作为营业外支出。

（二）废品损失

废品损失是指由于生产原因而造成的废品所形成的损失。

废品损失包括在生产过程中发现的和入库后发现的不可修复废品的生产成本以及可修复费用，扣除回收的废品残料价值和过失人赔款以后的损失。

废品损失包括的内容：

(1) 不可修复废品的报废损失，即不可修复废品生产成本扣除回收残料价值和赔款后的净损失。

(2) 可修复废品的修复费用，即可修复废品在返修过程中所发生的修理费用（耗用的材料、人工等）。

下列情况不属于废品损失：

(1) 经过质量检验部门鉴定不需要返修、可以降价出售的次品，应与合格品同样计算成本。其售价低于合格品所发生的损失，不作为废品损失处理，在计算销售损益中体现。

(2) 产成品入库后，由于保管不善等原因而损坏变质的损失，不是生产过程中的问题，不作为废品损失处理，应记入“待处理财产损溢”账户，报经批准后转作管理费用。

(3) 实行包退、包修、包换“三包”的企业，发生的“三包”修理费（材料、工资、差旅费等）、退修或调换产品的运杂费、退回报废产品的净损失（实际成本减去残值后的净损失）、在产品出售后发现的废品所发生的一切损失，不包括在废品损失内。

二、废品损失的核算

对于生产过程中产生的废品，企业应当填写“废品通知单”，详细填列废品的名称、产生废品的原因、工序、责任人、处理意见等。“废品通知单”是进行废品损失核算的原始凭证。

为了单独核算废品损失，应增设“废品损失”账户，在成本项目中应增设“废品损失”项目。

“废品损失”账户是为了归集和分配废品损失而设立的。该账户按车间设置明细账，账内按产品品种分设专户，并按成本项目分设专栏或专行，进行明细核算。

不可修复废品的生产成本和可修复废品的修复费用，都应在“废品损失”账户的借方进行归集。其中，不可修复废品的生产成本，应根据“不可修复废品损失计算表”，借记“废品损失”账户，贷记“生产成本——基本生产成本（××产品）”账户；可修复废品的修复费用，应根据各种费用分配表，借记“废品损失”账户，贷记“原材料”“应付职工薪酬”“制造费用”等账户。在单独核算废品损失的企业，编制各种费用分配表时，应该为修复废品而发生的费用加填借记“废品损失”账户行次。废品残料的回收价值和应收的赔款，应从“废品损失”账户的贷方转出，即借记“原材料”“其他应付款”等账户，贷记“废品损失”账户。“废品损失”账户借方发生额大于贷方发生额的差额，就是废品损失，分配转由本月同种产品的成本负担，应借记“生产成本——基本生产成本（××产品）”账户，贷记“废品损失”账户。通过归集和分配，“废品损失”账户月末没有余额。

（一）不可修复废品损失的核算

进行不可修复废品损失的核算，应先计算截至报废时已经发生的废品生产成本，扣除残值和应收赔款，再计算废品损失。不可修复废品的生产成本的计算方法有两种：按废品所耗实际成本计算和按废品所耗定额成本计算。

1. 按废品所耗实际成本计算

计算原理：原材料费用按合格品与废品的数量进行分配，直接人工费用和制造费用按合格品与废品的生产工时进行分配。计算出废品的实际生产成本，从“生产成本——基本生产成本（××产品）”账户的贷方转入“废品损失”账户的借方。

计算公式为：

$$\text{废品应负担的直接材料}=\frac{\text{直接材料费用总额}}{\text{合格品约当产量}+\text{废品约当产量}}\times\text{废品约当量}$$

$$\text{废品应负担的直接人工费用}=\frac{\text{直接人工费用总额}}{\text{合格品工时}+\text{废品工时}}\times\text{废品工时}$$

$$\text{废品应负担的制造费用}=\frac{\text{制造费用总额}}{\text{合格品工时}+\text{废品工时}}\times\text{废品工时}$$

约当量：折合成相当于完工产品的数量，具体折合应根据完工程度（投料程度、加工程度）进行折算。

如果废品是在完工以后发现的，这时单位废品负担的各项生产费用应与单位合格品完全相同，可按合格品产量和废品的数量比例分配各项生产费用，计算废品的实际成本。按废品所耗实际成本计算和分配废品损失，符合实际，但核算工作量较大。

【例5-1】某企业基本车间生产甲产品100件，生产过程中发现1件为不可修复废品。甲产品成本明细账归集的生产费用为：直接材料120 000元，直接人工4 800元，制造费用24 000元，合计148 800元。原材料于生产开始时一次投入。生产工时为：合格品1 500小时，废品100小时，合计1 600小时。废品回收的残料计价200元，应向过失人索赔100元。其计算结果如表5-1所示。

表 5-1 不可修复废品损失计算表（按实际成本计算）

车间名称：××基本生产车间

产品名称：甲产品

废品数量：1 件

20××年×月　　　　金额单位：元

项目	数量（件）	直接材料	生产工时	直接人工	制造费用	成本合计
合格品和废品生产费用	100	120 000	1 600	4 800	24 000	148 800
费用分配率		1 200		3	15	
废品生产成本	1	1 200		400	1 500	3 100
减：残料价值		200				200
减：应收赔款				100		100
废品净损失		1 000		300	1 500	2 800

根据“不可修复废品成本计算表”进行账务处理：

（1）将不可修复废品生产成本转出：

借：废品损失——甲产品　　3 100.00

　　贷：生产成本——基本生产成本（甲产品）——直接材料　　1 200.00

　　　　——直接人工　　400.00

　　　　——制造费用　　1 500.00

（2）回收废品残料价值：

借：原材料　　200.00

　　贷：废品损失——甲产品　　200.00

（3）应向责任人索赔款项：

借：其他应收款——××责任人　　100.00

　　贷：废品损失——甲产品　　100.00

（4）结转分配废品净损失：

借：生产成本——基本生产成本（甲产品）　　2 800.00

　　贷：废品损失——甲产品　　2 800.00

2. 按废品所耗定额成本计算

计算原理是根据废品的数量、各项消耗定额以及计划单价计算废品的生产成本。

计算公式为：

废品的定额原材料费用=废品数量×原材料费用定额

废品的定额直接人工费用=废品的定额工时×每小时直接人工费用定额

废品的定额制造费用=废品的定额工时×每小时制造费用定额

不可修复废品的生产成本=废品的定额原材料费用+废品的定额直接人工费用+废品的定额制造费用

按废品所耗定额成本计算废品的定额成本，由于费用定额事先确定，不仅计算工作简便，而且还可以使计入产品成本的废品损失数额不受废品实际费用水平高低的影响。从而有利于废品损失和产品成本的分析和考核。但采用这种方法计算废品生产成本，必须要有准确的消耗定额和费用定额资料。

【例 5-2】某企业生产甲种产品 120 件，其中有不可修复产品 8 件，按其所耗定额费用计算废品的生产成本。其原材料费用定额为 50 元，已完成的定额工时共计 280 工时，其中不可修复废品 20 工时，每小时直接人工费用定额为 4 元，每小时制造费用定额为 7 元。回收废品残料计价 80 元。其计算结果如表 5-2 所示。

表 5-2 不可修复废品损失计算表（按定额成本计算）

车间名称：××基本生产车间
产品名称：甲产品
废品数量：8 件

20××年×月　　金额单位：元

项目	直接材料	定额工时	直接人工	制造费用	成本合计
每件或每小时费用定额	50		4	7	
废品定额成本	400	20	80	140	620
减：残料价值	80				80
废品净损失	320		80	140	540

根据“不可修复废品成本计算表”进行账务处理：

（1）结转不可修复废品生产成本：

借：废品损失——甲产品　620.00
　　贷：生产成本——基本生产成本（甲产品）——直接材料　400.00
　　　　——直接人工　80.00
　　　　——制造费用　140.00

（2）回收废品残料价值：

借：原材料　540.00
　　贷：废品损失——甲产品　540.00

（3）结转分配废品净损失：

借：生产成本——基本生产成本（甲产品）　456.00
　　贷：废品损失——甲产品　456.00

（二）可修复废品损失的核算

可修复废品损失是指在修复过程中发生的各种费用，而可修复废品返修以前发生的生产费用不属于废品损失。

1. 单独核算废品损失

可修复废品返修后发生的各种费用，应根据各种费用分配表，记入“废品损失”账户的借方，其回收的残料价值和应收的赔款，应从“废品损失”账户的贷方转入“原材料”和“其他应收款”账户的借方。废品返修费用减去残料和赔款后的废品净损失，也从“废品损失”账户的贷方转入“生产成本——基本生产成本（××产品）”账户的借方，在所属有关的产品成本明细账中，记入“废品损失”账户。

2. 不单独核算废品损失

不单独核算废品损失的企业，不设“废品损失”账户，在产品成本项目中也不设废品损失项目，不论是可修复或不可修复的废品，已发生的生产费用也不需要从基本生产成本中转出，只是在回收残料或应收过失人赔款时冲减该产品的生产成本，借记“原材料”“其他应收款”等账户，贷记“生产成本——基本生产成本（××产品）”账户，并从其所属产品成本明细账的有关成本项目中扣除。残料价值一般冲减“直接材料”成本项目，应收过失人赔款冲减“直接人工”成本项目。辅助生产一般不单独核算废品损失。

第二节　停工损失的核算

一、停工损失的内容

停工损失是指生产车间在停工期间发生的各项费用，包括停工期间应支付给职工的薪酬以及应分配的制造费用等。应由过失单位或保险公司赔偿的部分，应当从停工损失中扣除。

企业发生停工损失的原因很多，包括正常停工和非正常停工。正常停工是指计划规定的停工，如计划减产停工、季节性停工、因设备定期检修而进行的停工等；非正常停工是指非计划范围内的停工，如产品滞销、停电、原材料供应不足、机器设备出现故障、发生非常灾害停工等。

在停工时，车间应填写停工报告单，并在考勤记录中进行登记。会计部门和车间核算人员应对停工报告单所列停工范围、时数及其原因和过失单位等事项审核。只有经过审核的停工报告单，才能作为停工损失核算的依据。

二、停工损失的核算

（一）单独核算停工损失

为了单独核算停工损失，企业应当设置“停工损失”账户，按成本项目设置专栏进行明细核算。

停工期间发生的各项费用登记在“停工损失”账户的借方，然后从其贷方转入“生产成本——基本生产成本”账户的借方，并按一定比例（一般比照制造费用的分配方法）分配计入产品成本中，应由过失责任单位或个人赔偿的款项，由“停工损失”账户贷方转入“其他应收款”账户的借方。

以下情况发生的停工费用不作为“停工损失”处理：

（1）由于非常灾害引起的停工损失费用，按规定转作“营业外支出”的非常损失项目处理。

（2）由于计划减产造成企业主要车间连续停产 1 个月以上，或全厂连续停产 10 天以上的停工损失，应按规定转作“营业外支出”。

（3）季节性生产企业在停工期间的费用，不作为停工损失，应采用待摊、预提的方法，由开工期间的产品生产成本负担。

企业发生停工损失时，应当根据“材料费用分配表”“职工薪酬分配表”等各种费用分配表中反映的停工损失金额进行会计处理。

(1) 停工期间发生的、应计入停工损失的各项费用：

借：停工损失

　　贷：原材料

　　贷：应付职工薪酬

　　贷：制造费用

(2) 应由过失人赔偿的停工损失：

借：其他应收款

　　贷：停工损失

(3) 由于自然灾害等引起的非生产停工损失，计入营业外支出：

借：营业外支出

　　贷：停工损失

(4) 应计入产品成本的停工损失，若停工车间生产多种产品，则应采用适当的分配方法，分配计入该车间各种产品成本明细账的“停工损失”成本项目：

借：生产成本——基本生产成本（××产品）

　　贷：停工损失

（二）不单独核算停工损失

不单独核算停工损失的企业，不设置“停工损失”账户和停工损失成本项目，而是通过“制造费用”或“营业外支出”账户核算停工损失。

停工期间发生的属于停工损失的各种费用，直接记入“制造费用”和“营业外支出”等账户。

发生季节性的停工损失，借记“制造费用”账户，贷记“应付职工薪酬”“银行存款”等账户。

发生其他非正常原因的停工损失，借记“营业外支出”账户，贷记“应付职工薪酬”“银行存款”等账户。

不单独核算停工损失的核算方法简便，但对于停工损失的分析和控制会产生一定的不利影响。

复习思考题

一、单项选择题

1. 下列各项中，不应计入废品损失的是（　　）。

A. 不可修复废品的生产成本　　B. 可修复废品的生产成本

C. 用于修复废品的人工费用　　D. 用于修复废品的材料费用

2. 结转不可修复废品的成本，应借记“废品损失”账户，贷记（　　）账户。

A. “生产成本——基本生产成本”　　B. “库存商品”

C. “制造费用” D. “原材料”

3. “废品损失”账户核算的内容之一是（　　）。

A. 产品销售后的修理费用

B. 生产过程中发现的不可修复废品的生产成本

C. 出售不合格产品的降价损失

D. 库存产品因水灾而变质的损失

4. “废品损失”账户月末（　　）。

A. 如果有余额，余额一定在贷方 B. 如果有余额，余额一定在借方

C. 一定没有余额 D. 可能有借方或贷方余额

5. “废品损失”账户应按（　　）设立明细账。

A. 产品品种 B. 废品种类 C. 车间 D. 责任人

6. 可修复废品的废品损失是指（　　）。

A. 返修前发生的原材料费用

B. 返修前发生的制造费用

C. 返修后发生的修理费用

D. 返修前发生的生产费用加上返修后发生的修理费用

7. 生产车间固定资产修理期间发生的停工损失应记入（　　）账户。

A. “产品成本” B. “营业外支出”

C. “管理费用” D. “废品损失”

8. 企业分配转出废品净损失时，应借记的账户是（　　）。

A. “营业外支出” B. “废品损失”

C. “生产成本——基本生产成本” D. “制造费用”

9. 产品销售过程中发生的“三包”损失应记入（　　）账户。

A. “废品损失” B. “管理费用”

C. “制造费用” D. “销售费用”

10. 季节性停工企业在停工期间所发生的各项费用应记入（　　）账户。

A. “停工损失” B. “管理费用”

C. “制造费用” D. “营业外支出”

二、多项选择题

1. 企业生产损失包括（　　）。

A. 废品损失 B. 产品盘亏损失

C. 停工损失 D. 产品“三包”损失

2. 废品按其产生的原因分为（　　）。

A. 工废 B. 料废 C. 可修复废品 D. 不可修复废品

3. 发生不可修复废品损失对企业产生的影响可能有（　　）。

A. 产品总成本可能降低 B. 产品总成本可能提高

C. 产品单位成本提高 D. 产品产量降低

4. 废品损失应当包括（　　）。

A. 不可修复废品的损失
B. 可修复废品的损失
C. 出售不合格品的降价损失
D. 产品出售后的修理费用

5. “废品损失”账户借方应反映的项目有（ ）。

A. 可修复废品的生产成本
B. 不可修复废品的生产成本
C. 可修复废品的工资费用
D. 不可修复废品的动力费用

6. 可修复废品必须同时具备的条件有（ ）。

A. 经过修复可以使用
B. 经过修复仍不能使用
C. 所花费的修复费用在经济上合算
D. 可以修复，但在经济上不合算

7. 核算废品损失过程中，可能贷记的账户有（ ）。

A. “生产成本——基本生产成本”
B. “废品损失”
C. “应付职工薪酬”
D. “制造费用”

8. 废品是指不符合规定的技术标准，不能按原定用途使用，或者需要加工修理才能使用的（ ）。

A. 原材料 B. 在产品 C. 半成品 D. 产成品

9. 下列项目中，不属于废品损失的项目有（ ）。

A. 降价出售不合格品的降价损失
B. 产品入库后由于保管不善发生的损失
C. 产品出售后由于包退发生的损失
D. 产品出售后由于包修发生的损失

10. 不可修复废品的净损失包括（ ）。

A. 不可修复废品的生产成本
B. 不可修复废品的残值
C. 不可修复废品的应收赔款
D. 不可修复废品的修复费用

三、判断题

1. 由于自然灾害等原因发生的停工损失，应记入“营业外支出”账户。（ ）
2. 不可修复废品的成本可以按其所耗实际费用计算，也可以按其所耗定额费用计算。（ ）
3. 不可修复废品是指在技术上是不可以修复的废品。（ ）
4. 对于产品“三包”损失，应当作为废品损失进行会计处理。（ ）
5. 可修复废品是指经过修复可以使用，而且在经济上合算的废品。（ ）
6. 经过修理虽然可使用，但是所花费的修复费用在经济上不合算的废品，属于不可修复废品。（ ）
7. 废品损失包括可以降价出售的不合格品的降价损失。（ ）
8. 废品损失包括企业在产品出售后所发生的各种损失。（ ）
9. 可修复废品是指经过修理后可以使用的产品。（ ）
10. 为了单独核算停工损失，企业应当设置“停工损失”账户，按成本项目设置专栏进行明细核算。（ ）

四、计算题

1. 某企业不可修复废品的成本按定额成本计算。本月基本生产车间生产 A 产品 800

件，验收时发现不可修复废品5件。原材料在生产开始时一次投入，单位产品的直接材料费用消耗定额为50元，废品的定额工时为120小时，单位工时的直接人工费用定额为20元，单位工时的制造费用定额为10元，回收残料价值为100元。

要求：

(1) 计算不可修复废品的定额成本及净损失。

(2) 编制结转不可修复废品的成本、回收残料价值、废品净损失的会计分录。

2. 某企业生产乙产品，有关资料如下：

(1) 费用分配表中列示乙产品的可修复费用为：原材料为4 500元，应付生产工人工资为2 400元，制造费用为1 200元。

(2) 不可修复废品成本按定额成本计价，不可修复废品的定额成本资料为：不可修复废品8件，每件原材料费用定额350元，每件定额工时20小时，每小时工资费用15元，每小时制造费用10元。

(3) 可修复废品和不可修复废品的残料价值按计划成本计价，共240元，作为辅助材料入库；应由责任人赔偿300元。

(4) 废品净损失由当月A产品成本负担。

要求：

(1) 计算A产品不可修复废品的生产成本。

(2) 计算A产品不可修复废品和可修复废品的净损失。

(3) 编制有关会计分录。

第六章 生产费用在完工产品与在产品之间分配的核算

学习目的与要求

1. 掌握在产品数量的核算。
2. 掌握在产品清查的核算。
3. 掌握生产费用在完工产品与在产品成本之间的分配方法。
4. 掌握完工产品成本结转的核算。

第一节 在产品数量的核算

经过生产要素费用、辅助生产费用以及其他各项费用的归集和分配，企业生产过程中发生的各项生产费用，都已归集在基本生产成本明细账及其所属的“产品成本计算表”中。成本核算的最终目的是为了计算完工产品成本，因此，需要将在基本生产成本明细账及其所属的“产品成本计算表”中归集的生产费用，采用适当的方法在完工产品与在产品成本之间进行分配，计算出完工产品成本与在产品成本。

一、在产品的概念

在产品，又称“在制品”，是指企业已经投入生产但尚未完工，不能作为商品出售的产品。

狭义的在产品是指正在加工中的产品，广义的在产品是指包括正在加工中的产品和加工告一段落但留存在半成品库和以后各步骤的半成品。

二、在产品和产品成本计算模式

每月末，当产品成本明细账按成本项目归集了产品的本月生产费用以后，如果产品已全部完工，产品成本明细账中归集的生产费用（包括月初在产品生产费用）之和，就是该完工产品的生产成本；如果产品全部未完工，产品成本明细账中归集的生产费用（包括月初在产品生产费用）之和，就是该种在产品的生产成本；如果既有完工产品又有在产品，产品成本明细账中归集的生产费用（包括月初在产品生产费用）之和，应在完工产品与在产品之间采用适当的分配方法进行生产费用的归集和分配，计算出完工产品成本与在产品成本。

月初在产品费用、本月生产费用与完工产品成本、月末在产品成本之间的关系可以用下列公式表述：

月初在产品费用+本月生产费用=本月完工产品成本+月末在产品成本

从公式可以看出，确定完工产品成本的方法为：

(1) 先计算确定月末在产品成本，然后倒算出完工产品成本。

(2) 将公式前两项之和按照一定比例在完工产品和在产品之间进行分配，同时求得完工产品成本和月末在产品成本。

无论采用哪一种方法，各月月末在产品的数量和费用的大小以及数量或费用变化的大小，对于完工产品成本计算都有很大的影响。计算完工产品的生产成本，需要取得在产品增减动态和实际结存的数量资料，因此必须正确组织在产品数量的核算。

三、在产品数量的核算

在产品数量核算是进行在产品成本计算的基础。企业计算在产品成本所依据的期末在产品实际数量，原则上应经过实地盘点确定。但是，在有些企业中，由于在产品品种较多、数量较大，并且每件在产品又要经过许多加工工序，每月末都全面进行一次实地盘点有一定的困难。因此，在产品数量的日常核算，通常是借助于“在产品台账”进行核算。“在产品台账”又称为“在产品收发结存账”，可以分车间、班组并按零部件的名称、类别、批别设置，用以反映和记录车间、班组的在产品收入、发出和结存的情况；还可以结合生产的类型和管理的需要，进一步按照加工工序、工艺流程组织在产品的数量核算。各车间应认真做好在产品的验收、计量和交接工作，根据在产品内部转移凭证、领料凭证、产成品检验凭证和产品交库凭证等进行登记，以随时掌握在产品的增减动态与生产进度，加强生产管理。“在产品台账”可以由车间核算人员登记，也可以由各班组核算员登记，并由车间核算员审核汇总。在产品台账的具体内容和格式如表 6-1 所示。

表 6-1 在产品台账（在产品收发结存账）

车间名称：第一生产车间

在产品名称：甲产品　　20××年×月　　单位：件

月	日	摘要	转入		转出			结存		备注
			凭证号	合格品	凭证号	合格品	废品	完工	未完工	
6	1		6101	150					150	
6	5		6102	180	6201	210		20	100	
6	30			900		1 890	50	1600	240	

四、在产品清查的核算

为了加强在产品数量核算，保护在产品完整，企业应定期对在产品进行清查，在年终时必须对在产品进行全面清查。清查时，应根据盘点结果和账面资料编制“在产品盘存表”，填制在产品的账面数、实存数和盘盈盘亏数，以及盘盈盘亏的原因和处理意见等。对于报废和毁损的在产品，还应登记其残值。财会部门应对盘盈盘亏数的数量、原因及处理意见进行审核，并按规定程序报经有关部门批准后进行相应的账务处理。

在产品发生盘盈时，按计划成本或定额成本借记“生产成本——基本生产成本（××产品）”账户，增加在产品的账面价值，贷记“待处理财产损溢——待处理流动资产损溢”账户；按规定核销时，借记“待处理财产损溢——待处理流动资产损溢”账户，贷记“管理费用”账户。

在产品发生盘亏和毁损时，冲减在产品的账面价值，借记“待处理财产损溢——待处理流动资产损溢”账户，贷记“生产成本——基本生产成本（××产品）”账户。毁损在产品的残值，借记“原材料”“银行存款”等账户，贷记“待处理财产损溢——待处理流动资产损溢”账户。按规定核销时，应由过失单位或过失人员赔偿的部分，借记“其他应收款”，由于自然灾害造成的非常损失并收到保险公司赔款的部分，借记“其他应收款”或“银行存款”，扣除赔款后的非常损失的净损失，借记“营业外支出”账户，其余无法收回的损失，借记“管理费用”账户，贷记“待处理财产损溢——待处理流动资产损溢”账户。

如果在产品发生正常损失，其应负担的增值税进项税也应转出，借记“待处理财产损溢——待处理流动资产损溢”账户，贷记“应交税金——应交增值税（进项税额转出）”账户。

对于库存半成品和辅助生产车间的在产品的数量核算，与基本生产车间的核算方法类似，只是清查的结果分别在“自制半成品”账户和“生产成本——辅助生产成本”账户中核算。

【例 6-1】 某企业基本生产车间在产品清查结果：A 产品的在产品盘盈 10 件，单位定额成本 30 元；B 产品的在产品盘亏 16 件，单位定额成本 40 元，责任人赔偿 200 元；C 产品的在产品毁损 100 件，系自然灾害损失，单位定额成本 10 元，毁损的 C 在产品所用原材料应负担的增值税为 85 元，残料入库价值 150 元，应由保险公司赔偿 600 元，其余损失经批准计入管理费用。根据上述资料进行会计处理如下：

A 产品盘盈的核算：

（1）盘盈时：

借：生产成本——基本生产成本（A 产品）　　300.00

　　贷：待处理财产损溢——待处理流动资产损溢　　300.00

（2）经批准，冲减管理费用时：

借：待处理财产损溢——待处理流动资产损溢　　300.00

　　贷：管理费用　　300.00

B 产品盘亏的核算：

（1）盘亏时：

借：待处理财产损溢——待处理流动资产损溢　　640.00

　　贷：生产成本——基本生产成本（B 产品）　　640.00

（2）经批准处理时：

借：其他应收款——××责任人　200.00

借：管理费用　440.00

　　贷：待处理财产损溢——待处理流动资产损溢　640.00

C 产品毁损的核算：

（1）发生毁损时：

借：待处理财产损溢——待处理流动资产损溢　1085.00

　　贷：生产成本——基本生产成本（C 产品）　1000.00

　　贷：应交税费——应交增值税（进项税额转出）　85.00

（2）残料入库时：

借：原材料——C 材料　150.00

　　贷：待处理财产损溢——待处理流动资产损溢　150.00

（3）应收保险公司赔款时：

借：其他应收款——××保险公司　600.00

　　贷：待处理财产损溢——待处理流动资产损溢　600.00

（4）经批准处理时：

借：管理费用　335.00

　　贷：待处理财产损溢——待处理流动资产损溢　335.00

第二节　生产费用在完工产品与在产品之间分配的方法

月初在产品、本月生产费用、完工产品成本和月末在产品成本之间的关系可以用下列公式表述：

月初在产品费用+本月生产费用=本月完工产品成本+月末在产品成本

企业要根据在产品数量的多少、各月在产品数量变化的大小、各成本项目所占比重大小以及定额管理工作水平等条件，具体确定生产费用在完工产品和在产品之间的分配方法。实际工作中，完工产品与在产品之间生产费用的分配常用的方法有七种：不计算在产品成本法、在产品按固定成本计价法、在产品按所耗原材料费用计价法、约当产量比例法、在产品按完工产品成本计算法、在产品按定额成本计价法、定额比例法、在产品还原为原材料估价扣除法。

一、不计算在产品成本法

（一）概念

不计算在产品成本法又称“在产品不计价法”，是指当月发生的生产费用全部由当月完工产品负担，不计算月末在产品成本的方法。

（二）计算原理

月末在产品不计算成本，本月发生的生产费用全部由完工产品成本负担。

（三）适用范围

适用于月末在产品数量很少的企业，如自来水生产企业、发电企业、采矿企业等。

【例 6–2】某企业基本生产车间生产的 A 产品每月末在产品数量较少，不计算在产品成本。本月发生的生产费用总额为 283 000 元，其中：原材料 210 000 元，燃料及动力 12 000元，工资及福利费 35 000 元，制造费用 26 000 元。本月完工 500 件，月末在产品 2 件。采用不计算在产品成本法，本月发生的生产费用全部由完工产品负担。计算结果如表 6–2 所示。

表 6–2　产品成本计算表（不计算在产品成本法）

产品名称：A 产品　　　　20××年×月　　　　单位：元

项目	成本项目				
	直接材料	燃料及动力	直接人工	制造费用	合 计
月初在产品成本	0	0	0	0	0
本月生产费用	210 000	12 000	35 000	26 000	283 000
生产费用合计	210 000	12 000	35 000	26 000	283 000
完工产品成本	210 000	12 000	35 000	26 000	283 000
完工产品单位成本	420	24	70	52	566
月末在产品成本	0	0	0	0	0

根据“完工产品入库单”编制会计分录：

借：库存商品——A 产品　　　　283 000. 00

　　贷：生产成本——基本生产成本（A 产品）　　　　283 000. 00

二、在产品成本按固定成本计价法

（一）概念

在产品成本按固定成本计价法，又称“固定成本法”，是指月末在产品按年初固定成本计价的方法。

（二）计算原理

年末，根据实际盘点的在产品数量，计算 12 月末在产品成本，在次年的 1~11 月份，不论在产品数量是否发生变化，都固定地以上年 12 月末的在产品成本作为各月在产品成本。例如，冶炼或化工等企业的产品，由于高炉和化学反应装置的容积固定，可以采用这种方法计算在产品成本。其计算公式如下：

（1）在 1~11 月份按下列公式计算：

本期完工产品成本=期初在产品成本（年初固定数额）+本期生产费用−期末在产品成本（年初固定数额）= 本期生产费用

（2）在 12 月份按下列公式计算：

本期完工产品成本=期初在产品成本（年初固定数额）+本期生产费用−期末在产品成

本（实际数）= 本期生产费用

（三）适用范围

适用于各月末在产品结存数量较少，或者虽然在产品结存数量较多，但各月末在产品数量稳定、变动不大的产品。

【例 6-3】 某企业基本生产车间生产甲产品，月初在产品成本年初固定数为 27 200 元，其中：原材料 15 000 元，燃料及动力 1 200 元，工资及福利费 5 000 元，制造费用 6 000 元。本月发生生产费用 283 000 元，其中：原材料 210 000 元，燃料及动力 12 000 元，工资及福利费 35 000 元，制造费用 26 000 元。本月完工 500 件，月末在产品 3 件。采用在产品按年初固定成本计价法。计算结果如表 6-3 所示。

表 6-3　产品成本计算表（在产品按年初固定成本计价法）

产品名称：甲产品　　　　20××年×月　　　　单位：元

项目	成本项目				
	直接材料	燃料及动力	直接人工	制造费用	合 计
月初在产品成本	15 000	1 200	5 000	6 000	27 200
本月生产费用	210 000	12 000	35 000	26 000	283 000
生产费用合计	225 000	13 200	40 000	32 000	310 200
完工产品成本	225 000	13 200	40 000	32 000	310 200
完工产品单位成本	450	26. 40	80	64	620. 40
月末在产品成本	15 000	1 200	5 000	6 000	27 200

根据“完工产品入库单”编制会计分录：

借：库存商品——甲产品　　　　310 200. 00

　　贷：生产成本——基本生产成本（甲产品）　　　　310 200. 00

三、在产品按所耗原材料费用计价法

（一）概念

在产品按所耗原材料费用计价法是指月末在产品只计算所耗原材料费用，不计算直接人工等加工费用，产品的加工费用全部由完工产品负担的一种生产费用分配方法。

（二）计算公式

各月末在产品数量较大、在产品数量变化也较大的产品，需要对月末在产品成本进行具体计算。这样有利于对在产品资金的控制，同时，由于原材料费用在在产品成本中的比重较大，而直接人工费用和制造费用在在产品成本中的比重较小，在产品成本中的加工费用以及月初、月末在产品加工费用的差额不大。因此，为了简化成本核算，在产品可以不计算直接人工费用和制造费用，只计算原材料费用。计算公式为：

$$直接材料费用分配率=\frac{直接材料费用总额}{完工产品数量+月末在产品数量}$$

月末在产品成本=月末在产品数量×直接材料费用分配率

完工产品成本=完工产品数量×直接材料费用分配率+直接人工+制造费用

或完工产品成本=月初在产品成本+本月生产费用-月末在产品成本

（三）适用范围

适用于各月末在产品数量多、各月末在产品数量变化较大并且原材料费用在产品成本中所占比重较大的产品，如纺织、造纸、酿酒等生产企业的产品。

【例6-4】 某企业生产乙产品，月末只计算原材料费用。该产品月初在产品原材料费用为8 400元，本月发生原材料费用69 600元，直接人工费用5 000元，制造费用8 000元。完工产品450件，月末在产品50件。该产品的原材料费用在生产开始时一次性投入，原材料费用按完工产品和月末在产品的数量比例分配。采用在产品按所耗原材料费用计价法分配生产费用。计算结果如表6-4所示。

表6-4 产品成本计算表（在产品按所耗原材料费用计价法）

产品名称：乙产品　　20××年×月　　单位：元

项目	成本项目			
	原材料	直接人工	制造费用	合计
月初在产品成本	8 400	3 000	5 000	16 400
本月生产费用	69 600	6 000	6 250	81 850
生产费用合计	78 000	9 000	11 250	98 250
单位原材料成本	156	—	—	—
完工产品成本	70 200	9 000	11 250	90 450
完工产品单位成本	156	20	25	201
月末在产品成本	7 800	—	—	7 800

根据“完工产品入库单”编制会计分录：

借：库存商品——乙产品　　90 450.00

　　贷：生产成本——基本生产成本（乙产品）　　90 450.00

四、约当产量比例法

（一）概念

约当产量是指月末在产品数量按完工程度折算为相当于完工产品的产量。

约当产量法是指按照完工产品的数量和在产品的约当产量比例计算分配率，分配各项费用，计算完工产品成本和月末在产品成本的一种生产费用分配方法。

（二）适用范围

适用于月末在产品数量较大、各月末在产品数量变化也较大、产品成本中原材料费用和直接人工及制造费用所占比重相差不大的产品。

（三）计算原理

第一步：计算在产品约当产量。计算公式为：

在产品约当产量=在产品数量×在产品完工程度（或在产品投料程度）

在计算在产品约当产量时，由于月末在产品的投料程度和加工程度会不一致，直接材料、直接人工和制造费用的投入程度也会不同。因此，应区分产品成本项目计算月末在产品的约当产量，根据不同的约当产量分配不同成本项目的费用。

1. 直接材料成本项目应根据月末在产品所耗直接材料的投料程度折算约当产量。因为月末在产品的材料成本与在产品的投料程度密切相关，而与在产品的完工程度没有直接关系。

在产品投料程度的确定：在产品投料程度是指在产品已投入的直接材料费用（通常是各工序材料的消耗定额）占完工产品应投入的直接材料费用（通常是完工产品材料的消耗定额）的百分比。

由于企业各种产品生产工艺过程不同，直接材料投入的方式也不同。在生产过程中，原材料的投入方式有三种：一是原材料在生产开始时一次投入，二是原材料分工序一次性投入，三是原材料分工序陆续投入。

（1）原材料在生产开始时一次投入，在产品的投料程度为100%。

如果原材料在生产开始时一次投入，则在产品和完工产品所耗材料数量相同，在产品的投料程度为100%，在产品的约当产量就等于在产品的实际数量，在分配原材料费用时，直接按完工产品和在产品数量比例进行分配。

【例6-5】某企业生产甲产品，月末在产品为500件，原材料在生产开始时一次投入。其在产品的约当产量计算为：

在产品投料程度为100%

在产品约当产量=500×100%=500（件）

（2）原材料分工序一次性投入。

$$\text{某工序在产品投料程度}=\frac{\text{前面各工序累计原材料费用定额}+\text{本工序原材料费用定额}}{\text{完工产品原材料费用定额}}\times 100\%$$

【例6-6】某企业生产甲产品分三道工序制成，原材料在每道工序开始时一次性投入。原材料消耗定额1 200千克，其中：第一道工序原材料600千克，第二道工序原材料300千克，第三道工序原材料300千克。月末在产品数量：第一道工序500件，第二道工序300件，第三道工序450件。月末在产品的投料程度及约当产量计算如表6-5所示。

表6-5　在产品投料程度及约当产量计算表

产品名称：甲产品　　　　　　20××年×月

工序	本工序原材料消耗定额（千克）	在产品投料程度	月末在产品数量（件）	直接材料项目在产品的约当产量（件）
1	600	$\frac{600}{1200}\times 100\%=50\%$	500	250
2	300	$\frac{600+300}{1\,200}\times 100\%=75\%$	300	225

续表

工序	本工序原材料消耗定额（千克）	在产品投料程度	月末在产品数量（件）	直接材料项目在产品的约当产量（件）
3	300	$\frac{600+300+300}{1\ 200}\times100\%=100\%$	450	450
合计	1 200	—	1 250	925

（3）原材料分工序陆续投入，月末在产品的投料程度按下列公式计算：

$$\text{某工序在产品投料程度}=\frac{\text{前面各工序累计原材料费用定额}+\text{本工序原材料费用定额}\times50\%}{\text{完工产品原材料费用定额}}\times100\%$$

公式中本工序原材料费用定额乘以 50%，是因为该工序中各件在产品的投料程度不同，为简化计算，在本工序一律按投料 50% 计算。而在产品从上一道工序转入下一道工序，前面的工序已经完成，因此前面工序的投料程度按 100% 计算。

【例 6–7】 某企业生产乙产品分四道工序制成，原材料在每道工序随加工程度逐步投入。原材料消耗定额 1 400 千克，其中：第一道工序原材料 700 千克，第二道工序原材料 300 千克，第三道工序原材料 300 千克，第四道工序原材料 100 千克。月末在产品数量：第一道工序 600 件，第二道工序 350 件，第三道工序 500 件，第四道工序 700 件。月末在产品的投料程度及约当产量计算如表 6–6 所示。

表 6–6 在产品投料程度及约当产量计算表

产品名称：乙产品　　　　20××年×月

工序	本工序原材料消耗定额（千克）	在产品投料程度	月末在产品数量（件）	直接材料项目在产品的约当产量（件）
1	700	$\frac{700\times50\%}{1\ 400}\times100\%=25\%$	600	150
2	300	$\frac{700+300\times50\%}{1\ 400}\times100\%=60.71\%$	350	212.49
3	300	$\frac{700+300+300\times50\%}{1\ 400}\times100\%=82.14\%$	500	410.70
4	100	$\frac{700+300+300+100\times50\%}{1\ 400}\times100\%=96.43\%$	700	675.01
合计	1 400	—	3 600	1 448.20

2. 直接人工和制造费用项目一般可以按同一个加工程度计算在产品的约当产量。测定在产品加工程度的方法一般有两种：

（1）平均计算完工率，即一律按 50% 作为各工序在产品的完工程度。这是在各工序的在产品数量和单位产品在各工序的加工量都相差不多的情况下，后面各工序在产品多加工的程度可以抵补前面各工序少加工的程度。这样，全部在产品完工程度可按 50% 平均计算。

（2）各工序分别测算完工率。采用这种方法，根据各工序累计的实耗工时或定额工时占完工产品的实耗工时或定额工时比例来确定各工序在产品的完工程度。其计算公式为：

$$某工序在产品完工程度=\frac{前面各工序累计工时定额+本工序工时定额\times 50\%}{完工产品工时定额}\times 100\%$$

公式中本工序工时定额乘以50%，是因为该工序中各件在产品的完工程度不同，为简化计算，在本工序一律按完工率50%计算。而在产品从上一道工序转入下一道工序时，前面的工序已经完成，因此前面工序的完工程度按100%计算。

【例6–8】某企业生产甲产品，分三道工序加工制成，单位工时定额为25小时，其中：第一道工序8小时，第二道工序10小时，第三道工序7小时。月末在产品数量：第一道工序30件，第二道工序40件，第三道工序60件。月末在产品的加工程度及约当产量计算如表6–7所示。

表6–7 在产品加工程度及约当产量计算表

产品名称：甲产品　　　　20××年×月

工序	本工序工时定额（小时）	在产品加工程度	月末在产品数量（件）	直接材料项目在产品的约当产量（件）
1	8	$\frac{8\times 50\%}{25}\times 100\%=16\%$	30	4.80
2	10	$\frac{8+10\times 50\%}{25}\times 100\%=48\%$	40	19.20
3	7	$\frac{8+10+7\times 50\%}{25}\times 100\%=86\%$	60	51.60
合计	25	—	130	75.80

第二步，计算费用分配率。计算公式为：

$$某项费用分配率=\frac{该项费用月初余额+该项费用本月发生额}{完工产品产量+月末在产品约当产量}$$

第三步，计算完工产品成本和月末在产品成本。

原材料费用项目应根据月末在产品所耗直接材料的投料程度折算约当产量，直接人工费用和制造费用项目应按在产品加工程度计算在产品的约当产量。如果企业单独设置“燃料及动力”成本项目，燃料及动力应按在产品加工程度计算在产品的约当产量。计算公式为：

完工产品应分配该项费用=完工产品数量×费用分配率

月末在产品应分配该项费用=月末在产品约当产量×费用分配率

或月末在产品应分配该项费用=该项费用总额–完工产品应分配的该项费用

完工产品成本=完工产品应分配的各项费用总和

月末在产品成本=应分配的各项费用总和

【例6–9】某企业生产甲产品，月初在产品成本71 425元，其中：直接材料40 100元，燃料及动力13 165元，直接人工11 210元，制造费用6 950元。本月生产费用473 780元，其中：直接材料335 200元，燃料及动力41 060元，直接人工费用61 090元，制造费用36 430元。甲产品分三道工序加工制成，原材料在生产开始时一次投入，本月完工甲产品800件。各工序在产品产量、原材料消耗定额和工时定额资料如表6–8所示。该企业采用约当产量比例法计算完工产品和在产品成本的结果如表6-9至表6-11所示。

表 6-8　甲产品在产品产量和定额资料

工序	1	2	3	合计
原材料消耗定额（千克）	150	250	100	500
工时定额（小时）	130	150	120	400
在产品产量（件）	500	300	200	1 000

表 6-9　甲产品在产品投料程度和约当产量计算表

工序	各工序原材料定额（千克）	在产品投料程度	在产品数量（件）	在产品约当产量（件）
1	150	$\frac{150}{500}\times100\%=30\%$	500	150
2	250	$\frac{150+250}{500}\times100\%=80\%$	300	240
3	100	$\frac{150+250+100}{500}\times100\%=100\%$	200	200
合计	500	—	1 000	590

表 6-10　甲产品在产品完工程度和约当产量计算表

工序	各工序工时定额（小时）	在产品投料程度	在产品数量（件）	在产品约当产量（件）
1	130	$\frac{130\times50\%}{400}\times100\%=16.25\%$	500	81.25
2	150	$\frac{130+150\times50\%}{400}\times100\%=51.25\%$	300	153.75
3	120	$\frac{130+150+120\times50\%}{400}\times100\%=85\%$	200	170
合计	400	—	1 000	405

表 6-11　甲产品成本计算表

产品名称：甲产品　　　　20××年×月　　　　金额单位：元

日期	凭证	摘要	直接材料	燃料及动力	直接人工	制造费用	合计
略	略	月初在产品成本	40 100	13 165	11 210	6 950	71 425
		本月生产费用	335 200	41 060	61 090	36 430	473 780
		生产费用合计	375 300	54 225	72 300	43 380	545 205

续表

日期	凭证	摘要		直接材料	燃料及动力	直接人工	制造费用	合计
		产品产量（件）	完工产品产量	800	800	800	800	—
			在产品约当产量	590	405	405	405	—
			产量合计	1 390	1 205	1 205	1 205	—
		单位成本		270	45	60	36	411
		完工产品成本		216 000	36 000	48 000	28 800	328 800
		月末在产品成本		159 300	18 225	24 300	14 580	216 405

根据“完工产品入库单”编制会计分录：

借：库存商品——甲产品　　328 800.00

　贷：生产成本——基本生产成本（甲产品）　　328 800.00

【例 6-10】 仍用例 6-9 资料，假定原材料在每道工序随着生产进度陆续投入，其他条件不变。其计算结果如表 6-12、表 6-13 所示。

表 6-12　甲产品在产品投料程度和约当产量计算表

工序	各工序原材料定额（千克）	在产品投料程度	在产品数量（件）	在产品约当产量（件）
1	150	$\frac{150\times50\%}{500}\times100\%=15\%$	500	75
2	250	$\frac{150+250\times50\%}{500}\times100\%=55\%$	300	165
3	100	$\frac{150+250+100\times50\%}{500}\times100\%=90\%$	200	180
合计	500	—	1 000	420

表 6-13　甲产品成本计算表

产品名称：甲产品　　20××年×月　　金额单位：元

日期	凭证	摘要		直接材料	燃料及动力	直接人工	制造费用	合计
略	略	月初在产品成本		40 100	13 165	11 210	6 950	71 425
		本月生产费用		335 200	41 060	61 090	36 430	473 780
		生产费用合计		375 300	54 225	72 300	43 380	545 205
		产品产量（件）	完工产品产量	800	800	800	800	—
			在产品约当产量	420	405	405	405	—
			产量合计	1 220	1 205	1 205	1 205	—

续表

日期	凭证	摘要	直接材料	燃料及动力	直接人工	制造费用	合计
		单位成本	307.62	45	60	36	448.62
		完工产品成本	246 096	36 000	48 000	28 800	358 896
		月末在产品成本	129 204	18 225	24 300	14 580	186 309

根据“完工产品入库单”编制会计分录：

借：库存商品——甲产品　　358 896.00

　贷：生产成本——基本生产成本（甲产品）　　358 896.00

五、在产品按完工产品成本计算法

（一）概念

在产品按完工产品成本计算法是指将在产品视同完工产品计算、分配生产费用的一种方法。

（二）计算原理

月末在产品已接近完工，为了简化成本计算工作，可以将在产品视同完工产品，按完工产品与在产品的数量分配生产费用。

（三）适用范围

适用于月末在产品已接近完工，或产品已经加工完毕但尚未验收或包装入库的产品。

【例 6-11】某企业乙产品月初在产品费用为：原材料费用 12 000 元，直接人工费用 2 000元，制造费用 1 000 元。本月生产费用为：原材料费用 28 000 元，直接人工费用 6 000元，制造费用 4 600 元。本月完工产品 600 件，月末在产品 200 件。月末在产品已接近完工，在产品按完工产品成本计算法计算。其计算结果如表 6-14 所示。

表 6-14　乙产品成本计算表

产品名称：乙产品　　20××年×月　　单位：元

项目	原材料	直接人工	制造费用	合计
月初在产品成本	12 000	2 000	1 000	15 000
本月生产费用	28 000	6 000	4 600	38 600
生产费用合计	40 000	8 000	5 600	53 600
单位成本	$\frac{40\ 000}{600+200}=50$	$\frac{8\ 000}{600+200}=10$	$\frac{5\ 600}{600+200}=7$	—
完工产品成本	30 000	6 000	4 200	40 200
月末在产品成本	10 000	2 000	1 400	13 400

根据“完工产品入库单”编制会计分录：

借：库存商品——乙产品　　40 200.00

　贷：生产成本——基本生产成本（乙产品）　　40 200.00

六、在产品按定额成本计价法

（一）概念

在产品按定额成本计价法是指按照预先制定的定额成本，月末在产品成本按其数量和单位定额成本计算的一种生产费用分配方法。

（二）适用范围

适用于定额管理基础比较好，各项消耗定额或费用定额比较准确、稳定，而且各月在产品数量变化不大的产品。

（三）计算原理

产品的月初在产品费用加本月生产费用，减月末在产品的定额成本，其余额作为完工产品成本。每月生产费用脱离定额的差异，全部由完工产品负担。其计算公式如下：

月末在产品直接材料定额成本=月末在产品数量×材料消耗定额×材料计划单价

月末在产品直接人工定额成本=月末在产品数量×工时定额×计划小时直接人工费用率

月末在产品制造费用定额成本=月末在产品数量×工时定额×计划小时制造费用率

月末在产品成本（或月末在产品定额成本）=月末在产品直接材料定额成本+月末在产品直接人工定额成本+月末在产品制造费用定额成本

完工产品成本=月初在产品成本+本月生产费用–月末在产品成本

运用这种方法的关键在于计算确定月末在产品的定额成本，而月末在产品定额成本的计算一般是按成本项目进行的。其中原材料费用可根据在产品数量和单位、在产品原材料消耗定额计算，其他成本项目可根据在产品工时定额和每工时的费用定额计算。

【例 6–12】 某企业生产乙产品，原材料在生产开始时一次性投入，原材料定额费用为 50 元，在产品工时定额为 20 小时，直接人工费用单位工时定额为 2 元，制造费用单位工时定额为 1 元，完工产品数量为 450 件，月末在产品数量为 100 件。月初在产品定额成本为 16 500 元，其中：直接材料 7 500 元，直接人工 6 000 元，制造费用 3 000 元。本月发生生产费用 57 500 元，其中：直接材料 20 000 元，直接人工 25 000 元，制造费用 12 500 元。月末在产品按定额成本计价法计算。生产费用在完工产品和在产品之间分配计算结果如表 6–15 所示。

表 6–15　乙产品成本计算表

产品名称：乙产品
完工产品：450 件
月末在产品：100 件　　　　20××年×月　　　　单位：元

项　目	直接材料	直接人工	制造费用	合计
月初在产品定额成本	7 500	6 000	3 000	16 500
本月生产费用	20 000	25 000	12 500	57 500
生产费用合计	27 500	31 000	15 500	74 000
单位在产品定额成本	50	40	20	110

续表

项　目	直接材料	直接人工	制造费用	合计
完工产品成本	22 500	27 000	13 500	63 000
完工产品单位成本	50	60	30	140
月末在产品定额成本	5 000	4 000	2 000	11 000

根据“完工产品入库单”编制会计分录：

借：库存商品——乙产品　　63 000.00

　贷：生产成本——基本生产成本（乙产品）　　63 000.00

七、定额比例法

（一）概念

定额比例法是指产品的生产费用按完工产品和月末在产品的定额消耗量或定额费用的比例，分配计算完工产品成本和月末在产品成本的一种生产费用分配方法。

（二）适用范围

适用于定额管理基础较好，各项消耗定额或费用定额比较准确、稳定，各月月末在产品数量变动较大的产品。

（三）计算原理

定额比例法是按成本项目计算，其中直接材料费用按照直接材料消耗定额或直接材料定额费用比例分配，直接人工费用和制造费用按定额工时的比例分配。其计算公式如下：

$$\text{直接材料费用分配率}=\frac{\text{月初在产品直接材料费用}+\text{本月发生的直接材料费用}}{\text{完工产品直接材料定额费用}+\text{月末在产品直接材料定额费用}}$$

完工产品应分配的直接材料费用=完工产品直接材料定额费用×直接材料费用分配率

月末在产品应分配的直接材料费用=月末在产品直接材料定额费用×直接材料费用分配率

$$\text{直接人工（制造费用）分配率}=\frac{\text{月初在产品直接人工（制造费用）成本}+\text{本月发生的直接人工（制造费用）费用}}{\text{完工产品定额工时}+\text{月末在产品定额工时}}$$

完工产品应分配的直接人工（制造费用）费用=完工产品定额工时×直接人工（制造费用）分配率

月末在产品应分配的直接人工（制造费用）费用=月末在产品定额工时×直接人工（制造费用）分配率

完工产品成本=完工产品应分配的直接材料费用+完工产品应分配的直接人工费用+完工产品应分配的制造费用

月末在产品成本=月末在产品应分配的直接材料费用+月末在产品应分配的直接人工费用+月末在产品应分配的制造费用

【例6-13】某企业生产甲产品，有关资料为：月初在产品成本13 000元，其中：直接材料费用6 000元，直接人工费用3 000元，制造费用4 000元。本月发生生产费用162

800元，其中：直接材料73 200元，直接人工40 400元，制造费用49 200元。单位完工产品定额为：直接材料50元，直接人工20小时，制造费用20小时。单位月末在产品定额为：直接材料30元，直接人工10小时，制造费用10小时。完工产品600件，月末在产品200件。采用定额比例法计算完工产品成本和在产品成本。计算结果如表6-16所示。

表6-16　乙产品成本计算表

产品名称：乙产品

完工产品：600件

月末在产品：200件　　20××年×月　　金额单位：元

项目	月初在产品成本	本月生产费用	生产费用合计	费用分配率	本月完工产品		月末在产品	
					定额费用或工时（元或小时）	实际费用	定额费用或工时（元或小时）	实际费用
	1	2	3=1+2	4=3/(5+7)	5	6=5×4	7	8=7×4
直接材料	6 000	73 200	79 200	2. 2	30 000	66 000	6 000	13 200
直接人工	3 000	40 400	43 400	3. 1	12 000	37 200	2 000	6 200
制造费用	4 000	49 200	53 200	3. 8	12 000	45 600	2 000	7 600
合计	13 000	162 800	175 800	—	—	148 800	—	27 000

完工产品定额费用=600×50=30 000（元）

月末在产品定额费用=200×30=6 000（元）

完工产品定额工时=600×20=12 000（小时）

月末在产品定额工时=200×10=2 000（小时）

根据“完工产品入库单”编制会计分录：

借：库存商品——乙产品　　148 800. 00

　　贷：生产成本——基本生产成本（乙产品）　　148 800. 00

八、在产品还原为原材料估价扣除法

（一）概念

在产品还原为原材料估价扣除法是指将各工序在产品按制成率或含量向前还原为原材料数量，再乘以原材料单价，求出在产品的原材料费用，将其从原材料费用总额中减去，剩下的就是产成品的原材料成本。

（二）适用范围

适用于产品在第一工序投料后，加工过程中其形状、重量或含量会发生变化的生产企业。如纺纱厂的前纺车间，将原棉纺成粗纱，要经过清花（得花卷）、梳棉（得生条）、并条（得熟条）、粗纱（得粗纱）四道工序。在每一工序中，会产生回花、下脚，1千克原棉纱不出1千克粗纱。因此，要将各工序盘存的在产品还原为耗用的混棉数量，乘以混棉单价，即为在产品耗用的混棉成本。

（三）计算公式

$$第一道工序的制成率=\frac{第一道工序产出半成品数量}{投入原材料数量}$$

$$第二道工序的制成率=\frac{第二道工序产出半成品数量}{第二道工序投入上道工序的半成品数量}$$

$$第三道工序的制成率=\frac{第三道工序产出半成品数量}{第三道工序投入上道工序的半成品数量}$$

第二道工序累计制成率=第一道工序制成率×第二道工序制成率

第三道工序累计制成率=第二道工序制成率×第三道工序制成率

【例6-14】某纺织厂前纺车间本月在产品盘存数为：花卷4 410千克，生条4 500千克，熟条4 800千克，粗纱4 850千克。各工序的计划累计制成率为：清花工序98%，梳绵工序96%，并条工序92%，粗纺工序90%。混棉单价为14元。月末在产品按累计制成率还原为原材料数量计算如表6-17所示。要求：计算在产品耗用混棉成本。

表6-17　月末在产品混棉用量计算表

工序	在产品名称	月末盘存数（千克）	年计划累计制成率	折合成混棉数量（千克）
		（1）	（2）	（3）=（1）÷（2）
清花	花卷	4 410	98%	4 500
梳棉	生条	4 224	96%	4 400
并条	熟条	4 600	92%	5 000
粗纺	粗纱	4 320	90%	4 800
合计		17 554	—	18 700

在产品耗用混棉成本=18 700×14=261 800（元）

同理，轮胎厂所耗用材料（橡胶）在完工产品与在产品之间分配的方法，一般是将半成品月末盘存数乘以半成品含胶数量，就是在产品还原为橡胶数量，再乘以橡胶单价，即为在产品应负担的原材料成本。

【例6-15】某轮胎厂本月投入原材料（橡胶）256 000元，月初在产品原材料成本45 000元，该厂采用在产品还原为原材料扣除法分配原材料费用，月末在产品原材料成本计算如表6-18所示。要求：计算产成品原材料成本。

表6-18　月末在产品原材料成本计算表

半成品名称		胶号	盘存数量	单位含胶量（千克）	耗胶量（千克）	橡胶单价（元）	在产品成本（元）
帘布	内层维帘布	011	4大卷（每卷500平方米）	0.8	1 600	12	19 200
	外层维帘布	012	3大卷（每卷500平方米）	1	1 500	11	16 500
	缓冲维帘布	013	4大卷（每卷800平方米）	1.5	4 800	12	57 600

续表

半成品名称		胶号	盘存数量	单位含胶量（千克）	耗胶量（千克）	橡胶单价（元）	在产品成本（元）
胎面	900-20		150 条	15	2 250	12	27 000
	750-20		100 条	9	900	13	11 700
钢丝夹			2 500	0.15	375	11	4 125
合计			—	—	11 425	—	136 125

产成品原材料成本=45 000+256 000−136 125=164 875（元）

注：内层维帘布的耗胶量=500×0.8×4=1 600（千克）

外层维帘布的耗胶量=500×1×3=1 500（千克）

缓冲维帘布的耗胶量=800×1.5×4=4 800（千克）

第三节　完工产品成本结转的核算

企业的完工产品包括产成品、自制材料、工具及模具等。

生产费用在完工产品和在产品之间进行分配后，应将完工产品成本从有关产品的“成本计算表”中转出，并根据转出的完工产品成本编制“完工产品成本汇总计算表”。完工产品经产成品仓库验收入库后，应借记“库存商品——××产品”“原材料”“周转材料”等账户，贷记“生产成本——基本生产成本（××产品）”账户。“生产成本——基本生产成本”总账账户的月末余额就是基本生产在产品的成本，也就是占用在基本生产过程中的生产资金，应与所属各种产成品成本明细账中月末在产品成本之和核对相符。

复习思考题

一、单项选择题

1. 某种产品月末在产品数量较大，各月末在产品数量也较大，产品成本各成本项目占产品成本比重相差不大，应选用的分配方法是（　　）。

A. 在产品按年初固定数计价法　　B. 在产品成本按所耗直接材料费用计价法

C. 约当产量法　　D. 定额比例法

2. 某种产品定额管理工作较好，消耗定额相对比较稳定，各月末在产品结存数量比较稳定，为了简化成本计算工作，其生产费用在完工产品与在产品之间进行分配，应采用（　　）。

A. 定额计价法　　B. 固定成本法　　C. 定额比例法　　D. 约当产量法

3. 采用约当产量法计算在产品成本时，影响在产品成本准确性的关键因素是（　　）。

A. 在产品数量　　B. 在产品完工程度

C. 完工产品的数量　　D. 废品的数量

4. 某种产品经两道工序加工而成。其原材料分两道工序在每道工序开始时一次投入；

第一道工序原材料消耗定额为 30 千克，第二道工序原材料消耗定额为 20 千克。第二道工序在产品投料程度为（　　）。

A. 100%　　B. 60%　　C. 80%　　D. 30%

5. 在产品成本按年初固定数计算法，适用于（　　）的产品。

A. 各月末在产品数量很大

B. 各月末在产品数量较大，但各月之间变化不大

C. 各月末在产品数量变化较大

D. 各月末在产品成本水平相差不大

6. 如果产品的消耗定额准确、稳定，各月末在产品数量变化不大，产品成本中原材料费用所占比重较大，为了简化成本计算，月末在产品可以（　　）。

A. 按定额原材料费用计价　　B. 按定额成本计价

C. 按所耗原材料费用计价　　D. 按定额加工费用计价

7. 约当产量法适用于（　　）的产品。

A. 月末在产品数量较大　　B. 各月之间在产品数量变化较大

C. 产品成本中各项费用比重相差不多　　D. 以上三项条件同时具备

8. 某企业甲产品生产经过两道工序加工完成，各工序的工时定额分别为 30 小时和 40 小时，则第二道工序的完工率为（　　）。

A. 68%　　B. 69%　　C. 70%　　D. 71%

9. 企业结转完工产品的生产成本，在贷记“生产成本——基本生产成本”会计科目的同时，应当借记的会计科目是（　　）。

A. “主营业务成本”　　B. “原材料”

C. “低值易耗品”　　D. “库存商品”

10. 企业对在产品进行清查后，对于报经批准的在产品盘盈，应当按重置成本记入的会计科目是（　　）。

A. “生产成本——基本生产成本”　　B. “生产成本——辅助生产成本”

C. “管理费用”　　D. “制造费用”

二、多项选择题

1. 企业在选择在产品成本计算方法时，应考虑的条件主要有（　　）。

A. 在产品数量的多少　　B. 各月在产品数量变化的大小

C. 各项费用比重的大小　　D. 定额管理基础的好坏

2. 采用约当产量法计算完工产品和在产品成本时，应具备的条件有（　　）。

A. 月末在产品数量较多　　B. 月末在产品数量较少

C. 各月末在产品数量变化较大　　D. 各成本项目比重相差不大

3. 完工产品和月末在产品成本计算模式主要有（　　）。

A. 先计算完工产品成本，再计算在产品成本

B. 先计算在产品成本，再计算完工产品成本

C. 先计算在产品成本，再计算月末在产品成本

D. 将生产费用在完工产品和在产品之间分配，同时计算成本

4. 采用定额比例法分配计算完工产品和在产品成本时，所使用的定额主要有（　　）。

A. 产品产量定额　　B. 材料定额费用

C. 定额工时消耗量　　D. 材料定额消耗量

5. 生产费用在完工产品和月末在产品之间分配的方法有（　　）。

A. 定额比例法　　B. 按定额成本计价法

C. 约当产量法　　D. 不计算在产品成本法

6. 约当产量法适用于分配（　　）。

A. 直接材料　　B. 直接人工　　C. 制造费用　　D. 燃料及动力

7. 采用约当产量法，必须正确计算在产品的约当产量，而在产品约当产量计算正确与否取决于产品完工程度的测定，测定在产品完工程度的方法有（　　）。

A. 按50%平均计算各工序完工率　　B. 分工序分别计算完工率

C. 按定额比例法计算　　D. 按定额工时计算

8. 采用约当产量法分配完工产品和在产品费用，适用于（　　）产品。

A. 月末在产品数量不大

B. 月末在产品数量较大

C. 产品成本中各项费用所占比重相差不多

D. 各月在产品数量变动较大

9. 下列哪些划分完工产品成本与在产品成本的方法，能使某种产品本月发生的生产费用就是完工产品的成本？（　　）

A. 不计算在产品成本法　　B. 按年初固定数计算法

C. 在产品只计算原材料法　　D. 约当产量法

10. 广义的在产品包括（　　）。

A. 未验收入库的产成品　　B. 等待返修及正在返修的可修复废品

C. 仍需继续加工的半成品　　D. 正在车间加工中的在产品

三、判断题

1. 经批准核销在产品盘盈时，应冲减制造费用。（　　）

2. 狭义的在产品包括车间或生产步骤已完工的半成品在内。（　　）

3. 因自然灾害造成的在产品毁损，扣除保险公司赔款和残料回收价值后的净损失计入营业外支出。（　　）

4. 采用在产品按年初固定数计价法时，除年末外，某种产品每月发生的生产费用就是该月完工产品的成本。（　　）

5. 采用在产品按所耗原材料费用计价法时，月末在产品只计算所耗原材料费用，而不计算其所耗的直接人工费用和制造费用，直接人工费用和制造费用全部计入完工产品成本。（　　）

6. 约当产量法只适用于除直接材料费用以外的各项费用分配。（　　）

7. 当企业的各项消耗定额或费用定额比较准确、稳定，而且各月末在产品数量变化较大时，可采用定额比例法计算在产品成本。（　　）

8. 企业结转完工产品成本，应当在借记“库存商品”科目的同时，贷记“生产成本

——基本生产成本”科目。 ( )

9. 为了正确计算产品成本，企业不应当采用简化的方法计算月末在产品成本。

( )

10. 在产品按所耗原材料费用计价计算时，应按完工产品与在产品的数量比例平均分配直接材料费用。 ( )

四、计算题

1. 某企业生产乙产品，原材料在生产开始时一次投入，产品成本中的原材料费用所占比重较大，月末在产品按其所耗原材料费用计价。月初原材料费用为 4 000 元，本月发生原材料费用 30 000 元，直接人工费用 3 000 元，制造费用 2 000 元，本月完工产品 300 件，月末在产品 100 件。

要求：采用在产品按所耗原材料费用计价法计算完工产品成本和月末在产品成本。

2. 某企业生产甲产品，由三道工序制成，各工序的原材料消耗定额为：第一道工序 200 千克，第二道工序 120 千克，第三道工序 80 千克。各工序在产品的数量为：第一道工序 300 件，第二道工序 400 件，第三道工序 500 件。

要求：

(1) 假定原材料是在生产开始时一次投入，计算各工序在产品完工率和约当产量。

(2) 假定原材料是随着生产进度陆续投入，计算各工序在产品完工率和约当产量。

3. 某企业生产 A 产品，分三道工序制成，A 产品单件工时定额为 40 小时，其中：第一道工序 8 小时，第二道工序 16 小时，第三道工序 16 小时。各工序内均按 50% 的完工程度计算。本月完工 400 件，月末在产品 240 件，其中：第一道工序 40 件，第二道工序 80 件，第三道工序 120 件。月初和本月发生费用为：直接材料 64 000 元，直接人工费用 13 300 元，制造费用 10 640 元。原材料是在生产开始时一次投入。该企业采用约当产量法计算分配生产费用。

要求：

(1) 计算各工序在产品完工率。

(2) 计算月末在产品的约当产量。

(3) 计算完工产品成本和月末在产品成本。

4. 某企业本月生产 A 产品，月初在产品定额成本为 5 200 元，本月发生生产费用 45 000元，原材料是在生产开始时一次投入。在产品单件定额成本为：单件材料定额成本 40 元，单件定额工时 40 小时。每小时直接人工费用 5 元，制造费用 2 元。本月完工 200 件，月末在产品 60 件。

要求：采用在产品按定额成本计价法计算完工产品成本和月末在产品成本。

5. 某企业生产甲产品，原材料在生产开始时一次投入，月末在产品完工程度均为 50%，完工产品单位定额耗用量为 30 千克，定额工时为 20 小时，本月共发生直接材料费用 42 000 元，直接人工费用 13 000 元，制造费用 9 750 元。本月完工 300 件，月末在产品 50 件。

要求：采用定额比例法计算完工产品成本和月末在产品成本。

第七章　产品成本计算的品种法

学习目的与要求

1. 了解企业的生产类型及特点。
2. 理解生产类型的特点及成本管理的要求对成本计算方法的影响。
3. 掌握品种法的成本计算程序、方法及具体应用。

第一节　产品成本计算方法概述

成本计算是指按照成本计算对象分配和归集生产费用并计算其总成本和单位成本的过程。

以不同的成本计算对象为主要标志，形成了企业产品成本计算的各种计算方法。

一、产品成本计算的基本方法

为了适应各类型生产的特点和不同的管理要求，在产品成本计算工作中存在着不同的成本计算对象，因此，产品成本计算的基本方法有三种：品种法、分批法、分步法。

品种法是以产品品种为成本计算对象的产品成本计算方法。这种方法一般适用于单步骤的大量大批生产，如采掘、发电等，也可适用于管理上不需分步骤计算成本的多步骤的大量大批生产，如水泥厂等。

分批法是以产品批别为成本计算对象的产品成本计算方法。这种方法一般适用于小批单件的单步骤生产或管理上不要求分步骤计算成本的多步骤生产，如重型机械制造、船舶制造、修理作业等。

分步法是以产品生产步骤为成本计算对象的产品成本计算方法。这种方法一般适用于大量大批且管理上要求分步骤计算成本的生产，如纺织、冶金等。

以不同成本计算对象为主要标志的三种成本方法是产品成本计算的基本方法，是计算产品实际成本必不可少的方法。

在工业企业中，确定不同的成本计算对象，采用不同的成本计算方法，主要是为了适应企业的生产特点和管理要求，以正确提供产品成本资料为成本管理服务。不论什么类型的企业，不论采用哪种成本计算方法，最终都必须提供按产品品种为对象的产品成本资料，因此，品种法是成本计算基本方法中最基本的一种方法。

二、产品成本计算的辅助方法

产品成本计算的辅助方法有两种：分类法、定额法。

分类法是一种简便的成本计算方法，是按产品类别归集生产费用，再按一定标准在类内各产品之间进行分配，计算产品成本的一种方法。这种方法一般适用于产品品种、规格繁多的工业企业，如灯泡厂、钉厂等。

定额法是在定额管理基础较好的工业企业，为配合和加强定额管理，加强成本控制，更有效地发挥成本核算、成本管理的作用，应用的一种将符合定额的生产费用和脱离定额差异分别核算以保证完成成本计划和定额的一种产品成本计算方法。

在实际工作中，产品成本计算方法都不是独立的成本计算方法，在进行成本计算时，必须结合使用三种基本成本计算方法中的一种进行。定额法是为了解决成本计算或成本管理过程中的某一方面的需要而采用的。例如产品成本计算定额，就是在定额管理工作比较好的企业中为了更有效地控制生产费用的发生、降低产品成本、进行成本分析和考核而采用的方法。分类法是为了简化成本计算的手续，在产品的型号、规格繁多或生产联产品的企业所采用的方法。

分类法和定额法与企业生产类型的特点没有直接联系，不涉及成本计算对象。这两种方法的应用或者是为了简化成本计算，或者是为了加强成本管理，只要具备条件，任何类型生产企业都能运用。因此，从计算产品实际成本的角度看，这两种方法并非必不可少，所以其被称为“辅助方法”。

三、企业的生产类型及特点

企业的生产类型及其不同生产类型的特点，对企业选择成本计算方法有着重要的影响。企业的生产类型，可按生产工艺过程的特点和生产组织的特点进行划分。

（一）企业的生产按工艺过程的特点划分

企业的生产按生产工艺过程的特点分为简单生产和复杂生产两种类型。

1. 简单生产

简单生产是指生产工艺过程不能间断，不能分散在不同工作地点进行的生产。属于简单生产的企业，其产品的生产周期一般比较短，通常没有自制半成品或其他中间产品，而且其工艺过程的特点决定了产品只能由一个企业独立完成，而不能由几个企业协作进行生产。因此，这种类型的生产一般也称为“单步骤生产”，如发电、采掘等企业。

2. 复杂生产

复杂生产是指生产工艺过程中间由可以间断的若干生产步骤所组成的生产，它既可以在一个企业或车间独立进行，也可以由几个企业或车间在不同的生产工作地点协作进行生产。属于复杂生产的企业，其产品的生产周期一般较长，因此复杂生产也称为“多步骤生产”。

复杂生产按其产品生产过程的加工方式的不同，又可分为连续式复杂生产和装配式复杂生产。

连续式复杂生产是指从原材料投入生产以后，需经过许多相互联系的加工步骤才能最后生产出产成品，前一个步骤生产出来的半成品是后一个加工步骤的对象，直到最后一个加工步骤才能生产出产成品。这种连续式复杂生产的典型企业如钢铁、纺织等企业。

（二）企业的生产按生产组织的特点划分

企业的生产，按生产组织的特点划分为大量生产、成批生产和单件生产。

1. 大量生产

大量生产是指不断地重复生产一种或几种产品的生产，这种类型生产的主要特点是企业生产的产品品种较少，各种产品的产量较大，一般是采用专业设备重复或不定期重复生产，专业化程度不高，通常采用通用设备进行加工。如造船、重型机械等企业就是单件生产的典型企业。

2. 成批生产

成批生产是指按照事先规定的产品批别和数量进行的生产。在进行这种生产的企业或车间里，通常产品品种较多、产量较大，生产具有重复性，如服装、机械的生产。

3. 单件生产

单件生产类似小批生产，是指根据订货单位的要求，生产个别的、性质特殊的产品生产，如船舶、重型机器、新产品试制等的生产。

四、生产类型的特点及成本管理的要求对成本计算方法的影响

（一）生产类型的特点对成本计算方法的影响

生产类型的特点对产品成本计算方法的影响主要表现在以下三个方面：

1. 成本计算对象

成本计算对象是指企业为了计算产品成本而确定的归集和分配生产费用的各个对象，即成本费用的承担者。企业在进行成本计算时，首先应确定成本计算对象，按照确定的成本计算对象设置“基本生产成本明细账”或“产品成本计算表”，据以归集和分配每一成本计算对象所发生的生产费用。

成本计算对象应根据生产的特点来确定，如大量大批简单生产的生产企业，产量较大，生产过程不能间断，所以，它是以产品品种作为成本计算对象。在大量大批复杂生产的企业，由于其生产过程是可以间断的，因而不仅可以计算出每种产品和它所经过的生产步骤的成本，而且还可以计算出各个步骤半成品的成本，因此，其成本计算对象就是每种产品和其所经过的生产步骤的成本。在单件小批生产企业，一般是按客户的订单或批别来组织生产，在进行成本计算时，要求计算每一订单产品或每批产品的成本，其成本计算对象是每一订单或每批产品的成本。

因此，每种产品、产品生产经过的生产步骤、每一订单或每批产品，就是归集生产费用计算产品成本的承担者，也就是成本计算对象。

2. 成本计算期

成本计算期是指每次计算产品成本的期间。计算产品成本的期间并不完全与产品的生产周期或会计结算期一致。有时产品成本计算期与会计结算期相一致，有时并不一致，而与产品的生产周期一致。影响成本计算期的主要因素是生产类型的特点。

在大量大批生产的企业，月内一般都有大量的完工产品，产品的生产周期较短。由于随时有完工产品，因此不能在产品完工的同时就计算其成本，而是定期地在月末进行计算。这时，产品的成本计算期与会计结算期一致，而与产品的生产周期不一致。在单件小批生产的企业，当每一订单产品或每批产品未完工时，全部是在产品的成本，只有产品全部完工时才能计算完工产品的成本，故其成本计算期是不固定的，与产品的生产周期一致，但与会计结算期不一致。需要指出的是，成本计算期与会计结算期并不能相提并论，尽管在单件小批生产的企业里要在产品完工时才计算完工产品的成本，但企业与成本计算有关的经济业务，如费用的归集与分配都应按月进行，并按月结账，据以考核企业内部各种单位产品成本的发生情况。同时，也可积累资料，待产品完工时，便于及时进行成本计算。

3. 在产品的成本计算

企业生产产品过程中发生的全部生产费用，经过费用要素的归集和分配后，最终都集中在“基本生产成本明细账”或“成本计算表”中。若该种产品期末在产品数量很少或没有在产品，则归集在“基本生产成本明细账”或“成本计算表”中的所有生产费用就是完工产品的总成本。用总成本除以产量，就是在产品成本。

若该种产品期末在产品数量很多，费用额也较大，这时，就将“基本生产成本明细账”和各种“产品成本计算表”中归集的生产费用采用一定的方法在完工产品和在产品之间进行分配。在分配时，所要分配的生产费用是月初在产品加上本月发生的生产费用之和，在完工产品和在产品之间进行分配。

（二）不同生产类型的企业应采用适当的产品成本计算方法

1. 简单生产企业

简单生产企业，由于其生产工艺过程的不可间断，没有必要或不可能分生产步骤来计算产品成本，只能按每种产品的品种作为成本计算对象，计算每种产品的成本。简单生产企业，从其生产组织的特点来看，大多属于大量生产，分不出批次，经常有许多完工产品，因此，不能在产品完工时就计算其成本，只能以会计报告期作为成本计算期，定期在月末进行计算。这样，其产品的生产周期与成本计算期就不一致。

简单生产企业，月末一般没有在产品或在产品数量很少，占用的在产品成本一般也较小或相对稳定，因而一般不需要将生产费用在完工产品和在产品之间进行分配，本月发生的生产费用就是完工产品成本，这种以产品的品种作为成本计算对象的成本计算方法称为“品种法”。

品种法应用于一些简单生产企业时，由于不需要计算在产品成本，从而成本计算方法比较简单，所以又称为“简单法”。但是，这并不意味着采用品种法的企业一律不计算在产品成本，在大量大批复杂生产企业，若规模较小，管理上不需要计算各步骤的半成品成本，这时可采用品种法计算成本。在这类企业，在产品数量较多而且变化较大时，就需要将生产费用在完工产品和在产品之间进行分配。在这种类型企业采用的品种法又称为“典型品种法”。

2. 大量大批复杂生产企业

在大量大批复杂生产企业，由于其生产工艺过程是由若干可以间断的、分散在不同地点的生产步骤所组成，因此，不仅要计算出最终产品的成本，而且还要计算产品所经过的各种加工步骤的成本。在大量大批多步骤生产企业里，经常有大量的完工产品，不能于产品完工时就计算其成本，只能定期在月末计算。成本计算期与会计结算期相一致，而与产品的生产周期不一致。在这种类型的生产企业里，月末在产品数量很多，占用在产品成本额也很大。因此，应采用适当的成本计算方法，将生产费用在完工产品和期末在产品之间进行分配。这种以产品和其所经过的生产步骤作为成本计算对象的成本计算方法，称为“分步法”。

3. 单件小批复杂生产企业

在单件小批生产的企业里，产品生产是按订单或批别组织，这一特点就要求计算每一订单或每批产品的成本。因此，它的成本计算对象就是每批产品（或每一订单）。在单件小批复杂生产企业里，一批（或一件）产品往往同时投产又同时完工，在该批产品完工时，就应计算它的完工产品成本。未完工时，全部都是在产品。它的成本计算期是不定期的，与产品的生产周期相一致。所以一般不需要将生产费用在完工产品和月末在产品之间进行分配。这种以产品的批别作为成本计算对象的成本计算方法，称为“分批法”。

基本成本计算方法的特点如表 7-1 所示。

表 7-1　基本成本计算方法的特点

成本计算方法	成本计算对象	成本计算期	生产费用在完工产品和在产品之间的分配问题
品种法	每种产品	定期于月末计算	一般不需要分配，大量大批复杂生产企业采用该法时需要进行分配
分步法	每种产品及所经过加工步骤成本	定期于月末计算	需要进行分配
分批法	每批产品	不定期计算	一般不需要分配

（三）成本管理的要求对成本计算方法的影响

一个企业究竟采用什么方法计算产品成本，除了受生产类型的特点影响外，还必须根据企业成本管理的要求，来选择适合于本企业的成本计算方法。例如，在大量大批复杂生产企业里，产品需要经过若干个生产步骤，这时可将每种产品及其所经过的加工步骤作为成本计算对象，采用分步法来计算产品成本。但是，如果企业规模较小，成本管理上不要求计算产品所经过加工步骤的成本，只要求计算出每种产品的成本，这时可采用品种法计算产品成本。因此，企业选择什么成本计算方法，除了要考虑生产类型的特点外，还要考虑成本管理的要求。

产品生产特点客观上决定着成本计算对象，即计算谁的成本。但成本计算对象的确定还要考虑管理的要求，因为成本核算是为成本管理服务并提供资料的。

管理要求对成本计算方法的影响主要有：

（1）单步骤生产或管理上不要求分步骤计算成本的多步骤生产，以品种或批别为成本计算对象，采用品种法或分批法。

（2）管理上要求分步骤计算成本的多步骤生产，以生产步骤为成本计算对象，采用分步法。

（3）在产品品种、规格繁多的企业，管理上要求尽快提供成本资料的，可简化成本计算工作，采用分类法计算产品成本。

(4) 在定额管理基础较好的企业，为加强定额管理工作，可采用定额法。

五、各种产品成本计算方法的实际运用

在实际工作中，在同一个企业或同一个车间里，由于其生产的特点和管理的要求并不完全相同，这样，就有可能在同一个企业或同一个车间里同时采用几种成本计算方法进行成本计算。有时在生产一种产品时，会在该产品的各个生产步骤以及各种半成品、各成本项目之间结转，其生产的特点和管理的要求也不一样，这样，在生产同一种产品时，就有可能同时采用几种成本计算方法来计算产品成本。

(一) 同时使用几种成本计算方法计算成本

由于企业内生产的产品种类很多，生产车间也很多，这样就有可能产生几种成本计算方法同时使用的情况。

有的企业不止生产一种产品，这些产品的特点不同，其生产类型也可能不一样，应采用不同的成本计算方法计算产品成本。例如，在重型机械厂，一般采用分批法计算产品成本。但如果其有传统产品，产品已经定型，属大量生产，也可采用品种法或分步法计算成本。

制造业一般都设有基本生产车间和辅助生产车间，生产的特点和管理的要求是不一样的，应采用不同的成本计算方法进行计算。例如，在钢铁企业里，其基本生产车间是炼铁、炼钢和轧钢，属于大量大批复杂生产，根据其生产的特点和管理的要求，可采用分步法计算产品成本。但企业内部的供电、修理等辅助生产车间，则属于大量大批简单生产类型的生产，根据其特点，应采用品种法计算成本。

一个企业可采用不同的成本计算方法，我们所说某类型的企业采用什么成本计算方法，主要是就其基本生产车间而言的，并不是表明该企业就采用一种方法计算成本，而可以是多种成本计算方法同时使用。

(二) 结合使用几种成本计算方法计算成本

由于企业生产产品的特点不同，所经过的生产步骤和管理要求不同，所采用的成本计算方法也就不一样，可同时结合使用几种成本计算方法。例如在小型机械厂，一般应采用分批法计算产品成本，但由于企业设置有不同的生产车间，如铸造车间、加工车间、装配车间等，因而应用不同的成本计算方法。铸造车间应采用品种法计算铸铁件的成本，加工车间、装配车间应采用分批法计算成本，而铸造车间将其铸铁件转入加工车间和装配车间时，则应采用分步法进行结转。这样，在一个企业里，就结合使用了品种法、分步法和分批法等三种成本计算方法。

企业应采用什么方法来计算产品成本，应根据企业生产特点和管理的要求来确定，应灵活掌握，不能硬搬书本上的理论，本着主要产品从细、次要产品从简的原则合理地加以确定。在确定成本计算方法时，应注意成本计算方法与成本计划方法的口径一致，应注意与同行业其他企业的成本计算方法相一致，保持相对稳定，以便正确计算产品的总成本和单位成本，考核企业成本计划的完成情况，进行成本分析和成本考核，不断降低产品成本，提高企业的经济效益。

企业所采用的成本计算方法不是一成不变的，应根据生产的发展和企业管理水平的提高修改成本计算方法，以适应新形势的需要。特别是随着我国经济体制改革的深入发展，企业的生产类型可能发生变动，由过去的单件生产转化为大量大批生产或由过去的简单生产变为复杂生产，成本管理要求提供更多的成本资料，这都需要对原有的成本计算方法进行调整。

第二节　品种法

一、品种法的基本内容

（一）概念

品种法是以产品品种为成本计算对象，归集生产费用，计算产品成本的一种产品成本计算方法。

品种法是产品成本计算基本方法中最基本的方法。品种法既不要求按照产品的批别计算，也不要求按照产品生产步骤计算，只要求按照产品的品种计算产品成本。

按照产品品种计算产品成本，是成本计算最基本的要求。不论什么类型的生产企业，也不论其成本管理的要求如何，最终都必须按照所生产的产品品种计算各种产品的成本。因此，品种法是成本计算最基本的方法。

（二）品种法的适用范围

品种法主要适用于大量大批单步骤生产企业，如发电、采掘、供水等企业。在大量大批单步骤生产企业中，大批量生产不要求分批计算产品成本；生产技术过程不能间断，不能划分为不同的生产步骤，因而不需要分步骤计算产品成本，只能以产品品种作为成本计算对象。

在大量大批多步骤生产企业中，如果生产规模较小，或者按流水线组织生产，或者生产过程是集中封闭式生产，成本管理上不要求分步骤计算产品成本，也可以采用品种法计算产品成本，如小水泥厂、小造纸厂、糖果厂、饼干厂等。

如果企业内部辅助生产车间提供水、电等劳务，属于单步骤的大量生产，其成本计算也可以采用品种法。

应用于大量大批单步骤生产类型企业的品种法，由于产品品种单一，一般不存在在产品，成本计算程序相对来说比较简单，故此品种法又可称为“简单品种法”。企业内部辅助生产车间，如供水、供气等单步骤大量生产也可以采用简单品种法计算成本。应用于不要求按照生产步骤计算成本的某些小型多步骤生产企业的品种法，其成本计算要复杂一些，要按不同品种设置产品成本计算表，还需要计算每种产品的完工产品成本和月末在产品成本，因而它是有别于简单法的品种法，可称为“典型品种法”。

（三）品种法的特点

1. 以产品品种作为成本计算对象

采用品种法进行产品成本计算，需要按照每一种产品设置产品成本明细账，用以归集生产费用。

如果企业只生产一种产品，则以该种产品作为计算对象，并为该种产品开设产品成本明细账或产品成本计算表，按成本项目设置专栏，发生的生产费用全部是直接生产费用，可以直接计入该种产品成本明细账或产品成本计算表。

如果企业生产多种产品，就需要按照每种产品分别设置产品成本明细账或成本计算表，对于生产过程中所发生的生产费用，凡是能分清成本计算对象的，应直接计入该种产品的成本明细账或成本计算表；凡是不能分清应由哪种产品负担的生产费用，应采用适当的分配方法，分配计入各种产品成本明细账或成本计算表。

2. 成本计算定期按月进行

品种法一般是在每月末进行成本计算。由于品种法适用于大量大批单步骤生产类型的企业，或管理上不要求分步骤计算产品成本的多步骤生产类型的企业。这种类型企业的生产特点是连续不断地重复生产一种或几种产品，企业不可能随时计算完工产品成本，也不可能在产品制造完工后再计算其产品成本，只能按月定期地计算产品成本。品种法的成本计算期是固定的，与会计结算期间一致，但与产品的生产周期不一致。

3. 月末计算在产品成本

月末计算产品成本时，如果没有在产品或在产品数量很少，就不需要计算在产品成本，产品成本明细账或成本计算表中所登记的全部生产费用，就是该种产品的完工产品总成本；如果月末在产品数量较多，则需要将产品成本明细账或成本计算表中所归集的生产费用，采用适当的分配方法在完工产品与在产品之间进行分配，计算完工产品成本和月末在产品成本。

二、品种法的成本计算程序

成本计算程序是指对产品生产过程中所发生的各项费用，按照财务会计制度的规定进行审核、归集和分配，计算完工产品成本和月末在产品成本的过程。

成本计算程序是对企业生产过程中发生的各项生产费用进行审核、归集和分配，最终计算出完工产品成本的过程。采用品种法计算产品成本，其产品成本计算程序如下：

（一）按产品品种设置产品成本计算表

产品成本计算表是按照成本计算对象开设的，用以计算各成本计算对象生产成本的成本明细账。采用品种法，按产品品种开设产品成本计算表或产品成本明细账，并按成本项目设置专栏，同时，还应开设辅助生产成本明细账（按生产车间或品种）和制造费用明细账（按生产车间），账内按成本项目或费用项目设置专栏。

（二）归集和分配各项要素费用

对于生产过程中发生的各项要素费用，应根据其发生地点和用途进行归集，通过编制各种要素费用分配表，分配各项要素费用。根据要素费用分配的结果，登记各种要素费用明细账。

（1）根据领用材料的凭证和退料凭证及有关分配标准，编制材料费用分配表，分配材料费用，并登记有关明细账。

（2）根据各车间、部门薪酬结算凭证及应付福利费等计提办法，编制职工薪酬费用分配表，分配职工薪酬费用，并登记有关明细账。

(3) 根据各车间、部门计提固定资产折旧的方法，编制折旧费用分配表，分配折旧费用，并登记有关明细账。

(4) 根据其他费用原始凭证，按发生的部门和用途进行归集，编制其他费用分配表，分配其他费用，并登记有关明细账。

(三) 归集和分配各项跨期费用

对于已经记入“待摊费用”或“长期待摊费用”明细账中的各项费用，属于应由本期产品成本负担的部分，应通过“待摊费用分配表”或“长期待摊费用分配表”摊销应由本期产品成本负担的金额，并将其计入有关的成本明细账中；对于应由本期产品成本负担但尚未发生的各项应付费用，应通过编制“预提费用分配表”，据以编制会计分录，并将其计入有关成本费用明细账中。

(四) 归集和分配辅助生产费用

根据辅助生产明细账归集的本月生产费用总额，选择适当的辅助生产费用分配方法，编制各辅助生产车间的“辅助生产费用分配表”，分配辅助生产费用。根据“辅助生产费用分配表”编制会计分录，分别计入有关产品成本明细账或产品成本计算表、制造费用明细账和期间费用明细账。

辅助生产车间发生的制造费用，如果通过制造费用明细账归集，应在分配辅助生产费用前分别转入各辅助生产明细账，并入该辅助生产车间本期的费用总额。

(五) 归集和分配基本生产车间的制造费用

根据各基本生产车间制造费用明细账所归集的本月制造费用，按照企业确定的制造费用分配方法，分别编制各车间的“制造费用分配表”并分配制造费用。根据“制造费用分配表”编制会计分录，分别计入有关产品成本明细账或产品成本计算表。

(六) 计算结转废品损失

根据各项生产要素费用分配表，归集生产过程中发生的可修复废品的修复费用。对于不可修复废品，在报废前，其成本是与合格品成本一起反映在基本生产成本明细账中，应通过编制“不可修复废品成本计算表”，计算出不可修复废品的成本，并登记废品损失明细账。根据废品损失明细账中归集的全部废品净损失，编制“废品损失分配表”和会计分录，将废品损失计入有关产品成本明细账，由生产的同种合格品负担。

(七) 计算并结转完工产品成本和在产品成本

根据“产品生产成本明细账”或“产品成本计算表”归集的生产费用，采用适当的分配方法分配计算各种完工产品成本和月末在产品成本。各完工产品实际总成本分别除以其实际总产量，即为该种产品本月实际产品单位成本。根据产品成本计算的结果，编制本月“完工产品成本汇总表”，根据“完工产品成本汇总表”编制结转本月完工产品成本的会计分录，并计入有关产品生产成本明细账或产品成本单、库存商品明细账。

三、品种法的成本计算应用举例

【例 7-1】 某企业下设一个基本生产车间和一个辅助生产车间。基本生产车间生产甲、乙两种产品，采用品种法计算产品成本。基本生产成本明细账设置“直接材料”“直接人工”和“制造费用”三个成本项目。辅助生产车间的制造费用不通过“制造费用”科目进行核算。

1. 20××年10月份生产车间发生的经济业务如下：

(1) 基本生产车间领料50 000元，其中：直接用于甲产品的A材料10 000元，直接用于乙产品的B材料15 000元，甲、乙产品共同耗用的C材料20 000元（按甲、乙产品的定额消耗量比例进行分配，甲产品的定额消耗量为4 000千克，乙产品的定额消耗量为1 000千克），车间耗用的消耗性材料5 000元。辅助生产车间领料6 000元。共计56 000元。

(2) 基本生产车间本月报废低值易耗品一批，实际成本为2 000元，残料入库，计价100元，采用五五摊销法进行核算。

(3) 基本生产车间的工人工资为20 000元（按甲、乙产品耗用生产工时比例进行分配，甲产品的生产工时为6 000小时，乙产品的生产工时为2 000小时），管理人员工资4 000元；辅助生产车间的工人工资6 000元，管理人员工资1 500元。共计31 500元。

(4) 按照工资费用的14%计提职工福利费。

(5) 基本生产车间月初在用固定资产原值100 000元，月末在用固定资产原值120 000元；辅助生产车间月初、月末在用固定资产原值均为40 000元；按月折旧率1%计提折旧。

(6) 基本生产车间发生其他支出4 540元，辅助生产车间发生其他支出3 050元。共计7 590元，均通过银行办理转账结算。

2. 辅助生产车间（机修车间）提供劳务9 000小时，其中：为基本生产车间提供8 000小时，为企业管理部门提供1 000小时，辅助生产费用按工时比例进行分配。

3. 基本生产车间的制造费用按生产工时比例在甲、乙产品之间进行分配。

4. 甲产品的原材料在生产开始时一次投入，直接材料费用按产成品和月末在产品数量的比例进行分配，直接人工费用和制造费用采用约当产量比例法进行分配。甲产品本月完工产成品1 000件，月末在产品400件，完工率为40%。月初在产品成本为44 500元，其中：直接材料16 000元，直接人工11 900元，制造费用16 600元。

乙产品各月在产品数量变化不大，生产费用在完工产品与在产品之间的分配采用在产品按固定成本计价法。乙产品本月全部完工，完工数量为560件，月初在产品成本为18 000元，其中：直接材料9 500元，直接人工3 500元，制造费用5 000元。

要求：采用品种法计算产品成本并编制有关会计分录。

计算结果如下：

1. 费用分配情况

(1) 材料费用分配

$$C\text{材料费用分配率}=\frac{20\ 000}{4\ 000+1\ 000}=4$$

甲产品应分配的材料费用＝10 000+4 000×4＝26 000（元）

乙产品应分配的材料费用＝15 000+1 000×4＝19 000（元）

借：生产成本——基本生产成本（甲产品）　　26 000.00

　　　　　　——基本生产成本（乙产品）　　19 000.00

借：制造费用 5 000.00
借：生产成本——辅助生产成本 6 000.00
　　贷：原材料 56 000.00

（2）低值易耗品报废

借：原材料 100.00
借：制造费用 900.00
　　贷：周转材料——低值易耗品（低值易耗品摊销） 1 000.00

同时：

借：周转材料——低值易耗品（低值易耗品摊销） 2 000.00
　　贷：周转材料——低值易耗品（在用） 2 000.00

（3）工资费用分配

$$工资费用分配率=\frac{20\ 000}{6\ 000+2\ 000}=2.5$$

甲产品应分配的工资费用=6 000×2.5=15 000（元）

乙产品应分配的工资费用=2 000×2.5=5 000（元）

借：生产成本——基本生产成本（甲产品） 15 000.00
　　　　　　——基本生产成本（乙产品） 5 000.00
借：制造费用 4 000.00
借：生产成本——辅助生产成本 7 500.00
　　贷：应付职工薪酬——工资 31 500.00

（4）计提职工福利费

借：生产成本——基本生产成本（甲产品） 2 100.00
　　　　　　——基本生产成本（乙产品） 700.00
借：制造费用——基本生产车间 560.00
借：生产成本——辅助生产成本 1 050.00
　　贷：应付职工薪酬——福利费 4 410.00

（5）计提折旧

基本生产车间应提的月折旧额=100 000×1%=1 000（元）

辅助生产车间应提的月折旧额=40 000×1%=400（元）

借：制造费用——基本生产车间 1 000.00
借：生产成本——辅助生产成本 400.00
　　贷：累计折旧 1 400.00

（6）其他支出

借：制造费用——基本生产车间 4 540.00
借：生产成本——辅助生产成本 3 050.00
　　贷：银行存款 7 590.00

2. 辅助生产费用分配

辅助生产费用合计=6 000+7 500+1 050+400+3 050=18 000（元）

$$辅助生产费用分配率=\frac{18\ 000}{8\ 000+1\ 000}=2$$

基本生产车间应分配的辅助生产费用＝8 000×2＝16 000（元）

企业管理部门应分配的辅助生产费用＝1 000×2＝2 000（元）

借：制造费用——基本生产车间　　16 000.00

借：管理费用　　2 000.00

　　贷：生产成本——辅助生产成本　　18 000.00

3. 基本生产车间制造费用分配

基本生产车间制造费用合计＝5 000+900+4 000+560+1 000+4 540+16 000
＝32 000（元）

$$基本生产车间制造费用分配率=\frac{32\ 000}{6\ 000+2\ 000}=4$$

甲产品应分配的制造费用＝6 000×4＝24 000（元）

乙产品应分配的制造费用＝2 000×4＝8 000（元）

借：生产成本——基本生产成本（甲产品）　　24 000.00

　　　　　　——基本生产成本（乙产品）　　8 000.00

　　贷：制造费用——基本生产车间　　32 000.00

4. 计算甲、乙产品成本

甲、乙产品成本计算如表 7-2、表 7-3 所示。

表 7-2　产品成本明细账

产品名称：甲

完工产品数量：1 000 件

月末在产品数量：400 件

月末在产品约当产量：160 件　　20××年 10 月　　金额单位：元

项　目	直接材料	直接人工	制造费用	合计
月初在产品成本	16 000	11 900	16 600	44 500
本月生产费用	26 000	17 100	24 000	67 100
生产费用合计	42 000	29 000	40 600	111 600
完工产品数量（件）	1 000	1 000	1 000	—
月末在产品约当产量	400	160	160	—
分配率	30	25	35	—
完工产品成本	30 000	25 000	35 000	90 000
完工产品单位成本	30	25	35	90
月末在产品成本	12 000	4 000	5 600	21 600

$$直接材料费用分配率=\frac{42\ 000}{1\ 000+400}=30$$

$$直接人工费用分配率=\frac{29\ 000}{1\ 000+160}=25$$

$$制造费用分配率=\frac{40\ 600}{1\ 000+160}=35$$

表 7-3 产品成本明细账

产品名称：乙

完工产品数量：560 件

月末在产品数量：0　　　　20××年 10 月　　　　金额单位：元

项　目	直接材料	直接人工	制造费用	合计
月初在产品成本	9 500	3 500	5 000	18 000
本月生产费用	19 000	5 700	8 000	32 700
生产费用合计	28 500	9 200	13 000	50 700
完工产品数量	560	560	560	—
完工产品成本	19 000	5 700	8 000	32 700
完工产品单位成本	33.92	10.18	14.29	58.39
月末在产品成本	9 500	3 500	5 000	18 000

5. 结转完工产品成本

借：库存商品——甲产品　　90 000.00

　　　　　　——乙产品　　32 700.00

　贷：生产成本——基本生产成本（甲产品）　　90 000.00

　　　　　　　——基本生产成本（乙产品）　　32 700.00

复习思考题

一、单项选择题

1. 下列方法中，最基本的成本计算方法是（　　）。

A. 分批法　　B. 品种法　　C. 分步法　　D. 分类法

2. 品种法适用于的生产组织是（　　）。

A. 大量成批生产　　B. 大量大批生产　　C. 大量小批生产　　D. 单件小批生产

3. 在大量大批多步骤生产的情况下，如果管理上不要求分步骤计算产品成本，其所采用的成本计算方法是（　　）。

A. 品种法　　B. 分批法　　C. 分步法　　D. 分类法

4. 适用于大量大批单步骤生产的产品成本计算方法是（　　）。

A. 品种法　　B. 分类法　　C. 分步法　　D. 分批法

5. 品种法是产品成本计算的（　　）。

A. 主要方法　　B. 重要方法　　C. 最基本的方法　　D. 最简单的方法

6. 区别各种成本计算基本方法的生产标志是（　　）。

A. 成本计算日期　　B. 成本计算对象
C. 间接费用的分配方法　　D. 完工产品与在产品之间分配费用的方法

7. 制造业产品成本的计算最终是通过（　　）账户进行的。
A. “生产成本——基本生产成本”　　B. “制造费用”
C. “库存商品”　　D. “生产成本——辅助生产成本”

8. 下列各项中，不能采用品种法计算产品成本的企业是（　　）。
A. 小型水泥厂　　B. 发电厂　　C. 汽车厂　　D. 糖果厂

9. 下列关于品种法的说法中，正确的是（　　）。
A. 以产品品种作为成本计算对象　　B. 以产品批别作为成本计算对象
C. 不定期计算完工产品成本　　D. 以产品加工步骤作为成本计算对象

10. 如果企业生产多种产品，则其发生的生产费用（　　）。
A. 全部是直接费用　　B. 全部是间接费用
C. 部分是直接费用　　D. 不需要区分直接费用和间接费用

二、多项选择题

1. 关于品种法，下列表述中正确的有（　　）。
A. 以产品的品种作为成本计算对象　　B. 是产品成本计算最基本的方法
C. 大量大批多步骤生产企业不采用　　D. 成本计算期与会计结算期一致

2. 品种法的主要特点有（　　）。
A. 以品种作为成本计算对象　　B. 按月定期计算产品成本
C. 可以用于大量大批生产　　D. 不定期计算完工产品成本

3. 品种法的成本核算程序有（　　）。
A. 要素费用的归集和分配　　B. 辅助生产费用的归集和分配
C. 制造费用的归集和分配　　D. 废品损失的归集和分配

4. 品种法适用的情况有（　　）。
A. 大量大批单步骤生产
B. 大量大批多步骤生产
C. 大量大批多步骤生产，管理上不要求分步骤计算成本
D. 单件生产

5. 成本计算的基本方法有（　　）。
A. 品种法　　B. 分批法　　C. 分步法　　D. 分类法

6. 品种法是产品成本计算最基本的方法，是因为（　　）。
A. 品种法计算成本最简单
B. 任何成本计算方法最终都要计算出各品种成本
C. 品种法的成本计算程序最有代表性
D. 品种法需要按月计算产品成本

7. 下列关于品种法的计算程序正确的表述有（　　）。
A. 如果只生产一种产品，只需为这种产品开设产品成本明细账
B. 如果生产多种产品，要按照产品的品种分别开设产品成本明细账

C. 发生的各项直接费用直接计入各产品成本明细账

D. 发生的间接费用采用适当的分配方法在各种产品之间进行分配

8. 下列企业中，适用于品种法计算产品成本的有（　　）。

A. 发电企业　　B. 汽车制造企业　　C. 采掘企业　　D. 船舶制造企业

9. 成本计算方法应根据（　　）来确定。

A. 生产组织的特点　B. 成本管理要求　C. 生产工艺的特点　D. 生产规模大小

10. 受生产特点和管理的影响，产品成本中有着不同的成本对象，即（　　）。

A. 产品品种　　B. 产品类别　　C. 产品批别　　D. 产品生产步骤

三、判断题

1. 品种法主要适用于简单生产，因此称为“简单法”。（　　）

2. 从成本计算对象和成本计算程序看，品种法是产品成本计算最基本的方法。（　　）

3. 品种法的成本计算期与会计报告期一致，与生产周期不一致。（　　）

4. 采用品种法计算产品成本的企业，应以各种产品的品种作为成本计算对象，并按产品品种设置生产成本明细账。（　　）

5. 品种法是各种产品成本计算方法的基础。（　　）

6. 品种法在大量大批多步骤的生产企业，无论其管理要求如何，均不适用。（　　）

7. 品种法要按月定期计算完工产品成本。（　　）

8. 大量大批多步骤生产与单步骤生产企业，都必须按照品种法计算产品成本。（　　）

9. 品种法主要用于大量大批多步骤生产的企业。（　　）

10. 企业供水、供电等辅助生产车间，通常采用品种法计算产品成本。（　　）

四、计算题

1. 某企业生产A产品，原材料在生产开始时一次投入，在产品按所耗原材料费用计价。本月月初在产品为200件，月初在产品成本为8 000元；本月投产A产品2 000件。产品成本项目包括直接材料、燃料与动力、直接人工和制造费用。本月有关资料如下：

（1）以银行存款支付生产车间办公用品费用4 000元。

（2）以银行存款支付本月水电费9 600元，其中直接用于产品生产9 000元，生产车间一般耗用600元。

（3）摊销年初时一次性支付的一年财产保险费120 000元，支付时已作为待摊费用入账。

（4）本月应付职工薪酬22 800元，其中生产工人18 240元，车间管理人员4 560元。

（5）本月生产车间应计提折旧费20 000元。

（6）本月生产产品耗用原材料80 000元，车间一般耗用4 000元。

（7）结转本月A产品完工入库1 800件，在产品产量为400件，结转完工产品成本。

要求：

（1）编制上述业务的会计分录。

（2）计算完工产品成本和月末在产品成本。

2. 某企业生产A、B两种产品，该企业采用品种法计算产品成本，甲产品月末在产品按定额成本计价，单位产品定额成本为：原材料定额成本45元，直接人工定额成本30元，制造费用定额成本20元。制造费用在各种产品之间按实际工时比例分配。原材料是在生产开始时一次投入。月末在产品完工程度为50%，本月完工A产品60件，月末在产品20件。B产品全部未完工。

要求：根据上述资料，计算完成表7-4至表7-9中的有关项目。

表7-4 材料费用分配表 金额单位：元

分配对象	成本项目	分配计入			直接计入	合计
		分配标准	分配率	分配金额		
甲产品	直接材料	2 800			20 000	
乙产品	直接材料	5 200			—	
合计		8 000		24 000	20 000	
生产车间一般消耗	材料			800	240	1 040
管理部门消耗	材料			400	130	530
合计						

表7-5 职工薪酬分配表 金额单位：元

分配对象	成本项目		分配计入			直接计入	合计
			实际工时（小时）	分配率	分配金额		
基本生产车间	直接人工	A产品	750			—	
	直接人工	B产品	650			—	
	小计		1 400		56 000	—	
	车间管理人员					14 000	
行政管理部门	职工薪酬					32 000	
合计					56 000		

表7-6 其他费用明细表 单位：元

分配对象 \ 费用项目	办公费	差旅费	水电费	折旧费	租赁费	其他	合计
基本生产车间	490	560	260	1 400	480	310	3 500
行政管理部门	720	890	150	550	110	630	3 050
合计	1 210	1 450	410	1 950	590	940	6 550

表 7-7 制造费用明细账 单位：元

摘要	材料	职工薪酬	折旧费	办公费	差旅费	水电费	租赁费	其他	合计
分配材料费用	4 000								4 000
分配职工薪酬		6 500							6 500
分配其他费用			1 400	490	560	260	480	310	3 500
本月合计	3 000	6 500	1 400	490	560	260	480	310	14 000
本月转出	3 000	6 500	1 400	490	560	260	480	310	14 000

表 7-8 制造费用分配表 金额单位：元

项目	分配标准（工时）	分配率	分配金额
甲产品	750		7 500
乙产品	650		6 500
合计	1 400	10	14 000

表 7-9 A 产品成本计算表 单位：元

项目	直接材料	直接人工	制造费用	合计
月初在产品成本	1 500	1 600	1 400	4 500
本月发生生产费用	28 400	30 000	7 500	65 900
生产费用累计	29 900	31 600	8 900	70 400
完工产品成本	29 000	31 000	8 500	68 500
月末在产品成本	900	600	400	1 900

第八章　产品成本计算的分批法

学习目的与要求

1. 理解分批法的含义。
2. 理解分批法的特点和适用范围。
3. 掌握分批法的成本计算程序、方法及具体应用。

第一节　分批法概述

一、分批法的概念及适用范围

（一）分批法

分批法又称“订单法”，是指按照产品批别归集生产费用、计算产品成本的一种产品成本计算方法。

（二）分批法的适用范围

分批法主要适用于单件小批生产类型的企业，如船舶制造、重型机械制造、机车制造、精密仪器制造等。在这种类型的企业中，产品生产一般是根据购货单位的订单安排组织的。分批法也可以用于企业的新产品试制或试验、机器设备的大修理作业及专项工程的成本计算等。

适用于分批法的工厂或车间通常有：

（1）根据购买单位订单生产的企业。根据购买单位的要求，生产特殊规格、规定数量的产品，如船舶、精密仪器、实验室专用的特种仪器等。

（2）产品种类经常变动的小规模制造厂，如生产小五金的工厂。

（3）专门进行修理业务的工厂。修理业务多种多样，需要根据承接的各种修理业务分别计算成本，并向客户收取货款。收取货款要根据修理合同的规定，以生产成本加上约定利润确定，进而计算并向客户报送每一次修理业务的成本。

（4）新产品试制车间。专门试制、开发新产品的车间，要按新产品的种类分别计算成本。

二、分批法的成本计算程序

在分批法下，要按产品生产的批次分别开设产品成本明细账，并按各批次产品归集生产费用，直接费用直接计入各批次产品成本明细账，间接费用则要分配计入各批次产品成本明细账。分批法的成本计算程序如下：

（1）按照产品批别或内部生产订单设置产品成本计算表。财会部门根据生产计划部门下达的“生产通知单”，分别开设各批别或订单产品的成本计算表。

（2）归集和分配各项要素费用。根据各项要素费用发生的原始凭证，编制各种要素费用分配表，据以编制记账凭证，登记各有关成本费用明细账。对于计入基本生产成本明细账的生产费用，还要同时分别计入各批次产品成本计算表的各相应成本项目。

（3）归集和分配辅助生产费用。如果辅助生产按车间分别开设了制造费用明细账，对于直接用于辅助生产产品或提供劳务所发生的直接生产费用，则可以根据原始凭证或各项费用分配表，直接计入各辅助生产的产品成本计算表的各成本项目。对于辅助生产车间为组织和管理生产所发生的各项制造费用，则要先归集到辅助生产车间的制造费用明细账中，月末再采用适当的分配方法分配计入各种辅助生产产品或提供劳务的成本。如果辅助生产车间不单独设置制造费用明细账，则辅助生产车间所发生的各项费用应全部归集到辅助生产成本明细账，月末通过编制“辅助生产费用分配表”，将辅助生产车间发生的生产费用分配计入有关成本明细账。

（4）归集和分配制造费用。月末，根据制造费用明细账中归集的制造费用，根据各订单或批次产品的完工情况，考虑选择适当的分配方法分配制造费用，编制“制造费用分配表”，将基本生产车间发生的制造费用分配计入基本生产成本明细账和各批次产品成本计算表。

（5）生产费用在完工产品和在产品之间分配。按照分批法下生产费用在完工产品和在产品之间分配的特点，将基本生产成本明细账归集的生产费用，在各订单或各批次产品的完工产品和在产品之间进行分配，计算并结转各批次产品的完工产品成本。

第二节　一般分批法

由于产品生产周期长短不同，其间接费用的分配可以采用当月分配法和累计间接计入费用分配法，由此产生了一般分批法和简化分批法。

当月分配法是指将当月发生的各项间接费用，按各批次产品当月的分配标准（如生产工时）分配计入各批次产品成本明细账的一种间接费用分配方法。

累计费用分配法是指将累计发生的各项间接费用，按各批次产品累计的分配标准计入产品成本明细账的完工产品成本，对于未完工产品不分配间接费用的一种间接费用分配方法。

一、一般分批法的成本计算程序

一般分批法又称“典型分批法”，其成本计算程序如下：

(1) 按照产品的批别或订单，设置“产品生产成本明细账”或“产品成本计算表”，并按成本项目设置专栏，归集生产费用。

采用分批法计算产品成本的企业，基本生产成本明细账的设立结转，应与生产计划部门签发的生产通知单编号即产品批号或生产令号的签发时间和完工时间一致，以保证各批产品成本计算的正确性。

(2) 归集与分配生产费用。根据各项费用发生的原始凭证，汇总编制各种费用分配表，并将各批产品直接发生的直接材料和直接人工费用，按批号或工作令号直接汇总计入各批产品的基本生产成本明细账。将发生的间接费用（如燃料及动力、制造费用等）按其用途和发生地点归集于辅助生产成本和制造费用明细账中，月末按照特定的方法在各批产品之间进行分配，再计入各批产品基本生产成本明细账中。

(3) 计算各批完工产品成本。月末，对于已经完工的各批产品，将基本生产成本明细账中所归集的成本项目费用相加，就是完工产品的实际总成本，除以完工产品数量，就是完工产品的单位成本。月末未完工的各批产品其基本生产成本明细账中所归集的生产费用，就是月末在产品成本。月末如果有跨月完工产品，并需交货销售的，则可以按定额成本法或约当产量法等计算完工产品成本和月末在产品成本，待该批产品全部完工时，再计算其实际总成本和单位成本。

二、一般分批法应用举例

【例 8-1】 某企业设有一个基本生产车间，按生产任务通知单分批组织生产，属于小批生产组织类型的企业。根据其自身的生产特点和管理要求，采用一般分批法计算投产各批产品的生产成本。成本计算的有关资料如下：

1. 该企业 20××年 9 月 1 日投产甲产品 100 件，批号为 901#，在 9 月份全部完工；9 月 10 日投产乙产品 150 件，批号 902#，当月完工 40 件；9 月 15 日投产丙产品 200 件，批号为 903#，尚未完工。

2. 本月发生的各项费用如下：

(1) 901#产品耗用原材料 125 000 元，902#产品耗用原材料 167 000 元，903#产品耗用原材料 226 000 元，生产车间一般耗用原材料 8 600 元。

(2) 生产工人工资 19 600 元，车间管理人员工资 2 100 元。

(3) 车间耗用外购的水电费 2 400 元，以银行存款付讫。

(4) 计提车间负担的固定资产折旧费 3 800 元。

(5) 车间负担的其他费用 250 元，以银行存款付讫。

3. 其他有关资料：

(1) 该企业的职工福利费按工资总额的 14% 计提。

（2）原材料采用计划成本计价，差异率为+4%。

（3）生产工人工资按耗用工时比例分配，其中：901#产品工时为18 000小时，902#产品工时为20 000小时，903#产品工时为11 000小时。

（4）制造费用也按耗用工时比例进行分配。

（5）902#产品完工40件按定额成本转出，902#产品定额单位成本为：直接材料1 100元，直接人工75元，制造费用60元。

采用一般分批法，其成本计算程序如下：

（1）设置成本明细账

在成本计算的分批法下，成本计算表应按产品的投产批别设置。

（2）分配各项费用要素

根据资料，编制费用分配表来分配各项费用要素并编制会计分录。

①编制原材料费用分配表（见表8-1）：

表8-1　原材料费用分配表

20××年9月　　　　单位：元

应借账户		成本或费用项目	计划成本	材料差异额	材料实际成本
基本生产成本	901#产品	直接材料	125 000	5 000	130 000
	902#产品	直接材料	167 000	6 680	173 680
	903#产品	直接材料	226 000	9 040	235 040
小　计			518 000	20 720	538 720
制造费用	机物料消耗	材料费	8 600	344	8 944
合　计			526 600	21 064	547 664

根据原材料费用分配表，编制会计分录：

借：生产成本——基本生产成本（901#产品）　125 000.00
　　　　　　——基本生产成本（902#产品）　167 000.00
　　　　　　——基本生产成本（903#产品）　226 000.00
借：制造费用——基本生产车间　8 600.00
　贷：原材料　526 600.00

同时分摊成本差异：

借：生产成本——基本生产成本（901#产品）　5 000.00
　　　　　　——基本生产成本（902#产品）　6 680.00
　　　　　　——基本生产成本（903#产品）　9 040.00
借：制造费用——基本生产车间　344.00
　贷：材料成本差异　21 064.00

②编制工资及职工福利费分配表（见表8-2）：

表 8-2　工资及职工福利费分配表

20××年 9 月　　　　金额单位：元

应借账户		工资				职工福利费（14%）	合　计
		生产工人		其他人员	合 计		
		工时	分配金额（分配率：0.40）				
基本生产成本	901#产品	18 000	7 200		7 200	1 008	8 208
	902#产品	20 000	8 000		8 000	1 120	9 120
	903#产品	11 000	4 400		4 400	616	5 016
	小　计	49 000	19 600		19 600	2744	22 344
制造费用				2 100	2 100	294	2 394
合　　计			19 600	2 100	21 700	3 038	24 738

根据工资分配表，编制会计分录：

借：生产成本——基本生产成本（901#产品）　　7 200.00
　　　　　　——基本生产成本（902#产品）　　8 000.00
　　　　　　——基本生产成本（903#产品）　　4 400.00
借：制造费用——基本生产车间　　2 100.00
　贷：应付职工薪酬——工资　　21 700.00

同时：

借：生产成本——基本生产成本（901#产品）　　1 008.00
　　　　　　——基本生产成本（902#产品）　　1 120.00
　　　　　　——基本生产成本（903#产品）　　616.00
借：制造费用——基本生产车间　　294.00
　贷：应付职工薪酬——福利费　　3 038.00

③折旧费、水电费及其他费用的核算：

A. 支付本月的水电费：

借：制造费用——基本生产车间　　2 400.00
　贷：银行存款　　2 400.00

B. 提取固定资产折旧费：

借：制造费用——基本生产车间　　3 800.00
　贷：累计折旧　　3 800.00

C. 本月发生的其他费用：

借：制造费用——基本生产车间　　250.00
　贷：银行存款　　250.00

（3）归集和分配基本生产车间的制造费用（见表 8-3、表 8-4）

表 8-3　制造费用明细账　　单位：元

20××年 月	日	摘要	材料费	工资	福利费	水电费	折旧费	其他	合计
9	30	消耗材料	8 600						8 600
	30	结转成本差异	344						344
	30	结算工资		2 100					2 100
	30	计提福利费			294				294
	30	支付水电费				2 400			2 400
	30	计提折旧					3 800		3 800
	30	其他费用						250	250
	30	本月合计	8 944	2 100	294	2 400	3 800	250	17 788
	30	分配转出	8 944	2 100	294	2 400	3 800	250	17 788

表 8-4　制造费用分配表

20××年 9 月　　金额单位：元

应借账户		成本项目	实用工时	分配率	应分配金额
基本生产成本	901#产品	制造费用	18 000		6 534
	902#产品	制造费用	20 000		7 260
	903#产品	制造费用	11 000		3 994
合　计			49 000	0.3630	17 788

根据制造费用分配表，编制会计分录：

借：生产成本——基本生产成本（901#产品）　　6 534.00

　　　　　——基本生产成本（902#产品）　　7 260.00

　　　　　——基本生产成本（903#产品）　　3 994.00

　贷：制造费用——基本生产车间　　17 788.00

（4）计算并结转完工产品成本（见表 8-5、表 8-6、表 8-7）

批号：901#　　表 8-5　产品生产成本明细账　　单位：元

20××年 月	日	凭证 种类	号数	摘要	直接材料	直接人工	制造费用	合计
9	30			材料分配	130 000			130 000
	30			工资福利分配		8 208		8 208
	30		略	制造费用分配			6 534	6 534
	30			合计	130 000	8 208	6 534	144 742

续表

20××年		凭证		摘要	直接材料	直接人工	制造费用	合计
月	日	种类	号数					
	30			结转完工产品成本	130 000	8 208	6 534	144 742
	30			单位成本	1 300	82.08	65.34	1 447.42

批号：902#

表 8-6 产品生产成本明细账

单位：元

20××年		凭证		摘要	直接材料	直接人工	制造费用	合计
月	日	种类	号数					
9	30			材料分配	173 680			173 680
	30			工资福利分配		9 120		9 120
	30		略	制造费用分配			7 260	7 260
	30			合计	173 680	9 120	7 260	190 060
	30			结转完工产品成本	44 000	3 000	2 400	49 400
	30			月末在产品成本	129 680	6 120	4 860	140 660

备注：完工产品成本采用定额成本法计算，其中：直接材料 40×1 100=44 000 元；直接人工 40×75=3 000 元；制造费用 40×60=2 400 元。

批号：903#

表 8-7 产品生产成本明细账

单位：元

20××年		凭证		摘要	直接材料	直接人工	制造费用	合计
月	日	种类	号数					
9	30			材料分配	235 040			235 040
	30			工资福利分配		5 016		5 016
	30			制造费用分配			3 994	3 994
	30			合计	235 040	5 016	3 994	244 050

根据成本计算表编制结转 901#、902#完工产品成本的会计分录：

借：库存商品——901#产品　　144 742.00

　　　　　　——902#产品　　49 400.00

　贷：基本生产成本——901#产品　　144 742.00

　　　　　　　　——902#产品　　49 400.00

第三节　简化分批法

在小批单件生产的企业或车间中，同一月份内投产的产品批数很多，并且月末未完工产品的批数也很多，在这种情况下，各种间接计入费用在各批产品之间按月进行分配的核算工作极为繁重。因此，投产批数繁多而且月末未完工批数也较多的企业，可以采用简化的分批法计算产品成本。

一、简化分批法概述

（一）简化分批法的特点

简化分批法又称“不分批计算月末在产品成本的分批法”，其特点是：

（1）必须设置基本生产成本二级账。基本生产成本二级账除按规定的成本项目设置专栏外，还须增设生产工时专栏。基本生产成本二级账的作用：一是按月提供企业或车间全部产品的累计生产费用和实际生产工时或定额生产工时资料，二是帮助企业掌握各批次产品的生产情况。

（2）简化间接费用的分配。每月发生的间接计入费用，不是按月在各批产品之间进行分配，而是先在基本生产二级账中按成本项目累计起来，只有在有完工产品的月份，月末才按各批完工产品的累计生产工时和累计间接计入费用分配率计算完工产品应分摊的间接费用，同时计算完工产品成本和应保留在基本生产成本二级账中的月末在产品成本。没有完工产品的月份，则不分配间接计入费用。全部产品的在产品应分配的间接计入费用，仍以总数反映在基本生产成本二级账中，不进行分配，不分批计算在产品成本。

在有完工产品的月份按下列公式计算：

$$全部产品某项累计间接计入费用分配率=\frac{全部产品该项累计间接计入费用}{全部产品累计生产工时}$$

某批完工产品应分配的某项间接计入费用=该批完工产品累计生产工时×全部产品某项累计间接计入费用分配率

（3）各批别产品生产成本明细账中除完工产品成本外，均不反映间接费用的项目成本，月末在产品只反映直接费用（直接材料）和生产工时。

（二）简化分批法的应用条件

在实际应用简化分批法时，必须具备两个条件：一是各月份间接计入费用水平比较一致；二是同一月份投产批量多，且月末未完工产品也较多。

（三）简化分批法的成本计算程序

（1）按产品批别或订单设置“产品生产成本明细账”或“产品成本计算表”，并登记月初在产品的直接费用和生产工时。

（2）设置基本生产成本二级账，并登记月初在产品的累计项目费用和累计生产工时。

（3）归集当月发生的生产费用和生产工时。在基本生产成本明细账中，只登记直接材料和生产工时，不登记间接费用。在基本生产成本二级账中既要登记各批别产品的累计直接费用和累计生产工时，同时也要登记各批产品共同发生的累计间接费用。

（4）月末，根据全部产品各项目累计间接费用和全部产品累计生产工时，计算全部产品各项累计间接计入费用分配率。

（5）根据各批完工产品的累计生产工时，计算并分摊各批完工产品应分配的各项间接费用，并计算完工产品总成本和单位成本，未完工产品不分摊间接费用。

（6）将各批完工产品成本在基本生产成本二级账和产品成本明细账中进行平行登记，将各批别当月完工产品汇总编制“产品成本汇总表”，据以作为编制完工入库产品记账凭证的原始依据。

（四）简化分批法的优缺点

优点：

简化间接费用分配和登记产品成本明细账的工作。

缺点：

（1）必须单独设置基本生产成本二级账，加大了基本生产成本二级账的登记工作。

（2）各批产品的产品成本明细账中，不能反映月末在产品的真实成本，不利于在产品成本的管理。

（3）由于对直接费用的分配是采用当月累计间接计入费用分配率方法进行的，在各月间接费用水平相差较大时，就会影响成本计算的真实性。

二、简化分批法应用举例

【例 8–2】某企业小批生产多种产品，产品批数较多。为了简化产品成本计算工作，该企业采用简化分批法计算产品成本。该企业 4 月份生产有 401#A 产品、402#B 产品、403#C 产品等订单产品，其中 401#A 产品在本月全部完工，402#B 产品和 403#C 产品在本月全部未完工。其成本和工时总数汇总登记在“生产成本——基本生产成本”二级账中，如表 8–8 所示。401#、402#、403#订单的生产成本如表 8–9、表 8–10、表 8–11 所示。

表 8–8 基本生产成本二级账

20××年 4 月　　　　金额单位：元

月	日	摘　要	直接材料	生产工时	直接人工	制造费用	合计
3	31	累计生产费用和生产工时	58 160	400	1 880	2 160	62 200
4	30	本月发生费用和生产工时	62 880	600	3 120	3 840	69 840
	30	累计生产费用和生产工时	121 040	1 000	5 000	6 000	132 040
	30	累计间接计入费用分配率			5	6	
	30	完工转出成本	47 200	520	2 600	3 120	52 920
4	30	已累计费用和生产工时	73 840	480	2 400	2 880	79 120

累计工资及福利费分配率＝5000/1000＝5（元/工时）

累计制造费用分配率＝6000/1000＝6（元/工时）

基本生产成本二级账月末在产品直接材料费用＝23840+50000＝73840（元）

基本生产成本二级账月末在产品生产工时＝300+180＝480（工时）

表 8-9　产品成本明细账

产品批号：401#

产品名称：A 产品

开工日期：20××年 2 月

完工日期：20××年 4 月　　　　批量：10 台　　　　金额单位：元

月	日	摘要	直接材料	生产工时	直接人工	制造费用	合计
2	28	发生额	27 040	80			
3	31	发生额	17 520	240			
4	30	发生额	2 640	200			
	30	累计数及分配率	47 200	520	5	6	
	30	本月转出完工产品成本	47 200	520	2 600	3 120	52 920
	30	单位成本	4 720		260	312	5 292

表 8-10　产品成本明细账

产品批号：402#

产品名称：B 产品

开工日期：20××年 3 月

完工日期：　　　　批量：5 台　　　　金额单位：元

月	日	摘要	直接材料	生产工时	直接人工	制造费用	合计
3	31	发生额	13 600	80			
4	30	发生额	10 240	220			
	30	月末累计数	23 840	300			

表 8-11　产品成本明细账

产品批号：403#

产品名称：C 产品

开工日期：20××年 2 月

完工日期：　　　　批量：4 台　　　　金额单位：元

月	日	摘要	直接材料	生产工时	直接人工	制造费用	合计
4	30	发生额	50 000	180			
	30	月末累计数	50 000	180			

复习思考题

一、单项选择题

1. 产品成本计算的分批法，适用的生产组织是（　　）。

A. 大量大批生产　　B. 大量小批生产　　C. 单件成批生产　　D. 小批单件生产

2. 在各种产品成本计算方法中，必须设置基本生产成本二级账的是（　　）。

A. 分类法　　B. 定额法　　C. 简化分批法　　D. 平行结转分步法

3. 采用简化分批法，产品完工以前产品成本明细账（　　）。

A. 只登记各种材料费用

B. 登记间接计入费用，不登记直接计入费用

C. 登记直接计入费用，不登记间接计入费用

D. 不登记任何费用

4. 辅助生产的工具模具制造，一般应采用（　　）。

A. 分批法　　B. 分步法　　C. 分类法　　D. 品种法

5. 采用简化的分批法，各批产品、完工产品与在产品之间分配间接计入费用，都是利用（　　）。

A. 累计间接计入费用分配率　　B. 累计生产工时

C. 累计原材料费用分配率　　D. 间接计入费用分配率

6. 在简化分批法下（　　）。

A. 要计算月末在产品成本　　B. 不计算月末在产品的直接材料成本

C. 月末在产品不分配结转间接计入费用　　D. 月末在产品要分配结转间接计入费用

7. 简化分批法又称为（　　）。

A. 累计间接费用分配法　　B. 订单法

C. 一般分批法　　D. 定额法

8. 如果同一时期内，不同客户的订单有相同产品的，交货期也相近，则计算产品成本时可以（　　）。

A. 按品种分别组织生产　　B. 按订单分别组织生产

C. 按产品的组成部分分批组织生产　　D. 将相同产品合为一批组织生产

9. 简化分批法不宜在（　　）时采用。

A. 月末未完工产品批数较多　　B. 投产批量繁多

C. 各月间接费用水平相差较大　　D. 各月间接费用水平相差不大

10. 分批法计算产品成本，其成本计算对象的确定一般是根据（　　）。

A. 内部订单　　B. 产品品种　　C. 客户要求　　D. 生产要求

二、多项选择题

1. 分批法成本计算的特点主要有（　　）。

A. 按产品的批别计算成本　　B. 可以分步骤计算产品成本

C. 间接费用分配计入各批次产品成本　　D. 成本计算期与会计结算期不同

2. 下列各项中，可采用分批法计算产品成本的企业有（　　）。

A. 重型机械制造厂　B. 船舶制造厂　　C. 精密仪器制造厂　D. 造纸厂

3. 分批法适用于（　　）。

A. 单件小批类型的生产　　B. 小批单步骤的生产

C. 大量大批的单步骤生产　　D. 大量大批的多步骤生产

4. 按分批法计算产品成本时，各批生产成本明细账上（　　）。

A. 只登记报告月份发生的费用　　B. 包括报告月份发生的费用

C. 包括报告月份以前累计发生的费用　　D. 既反映完工产品成本，又反映在产品成本

5. 采用简化分批法，下列说法正确的有（　　）。

A. 不分批计算在产品成本

B. 计算全部在产品成本

C. 分批计算、登记完工产品和在产品的直接计入费用

D. 不计算全部在产品成本

6. 采用分批法计算产品成本时，成本计算对象可以按（　　）。

A. 一张订单中的不同品种产品分别确定

B. 一张订单中的同种产品分批确定

C. 一张订单中单件产品的组成部分分别确定

D. 多张订单中的同种产品确定

7. 采用简化分批法设立的基本生产成本二级账，其作用有（　　）。

A. 按月提供企业或车间全部产品的累计生产费用

B. 按月提供企业或车间全部产品的累计生产工时

C. 计算登记完工产品总成本

D. 计算登记月末在产品总成本

8. 采用分批法计算产品成本时，如果批内产品跨月陆续完工，（　　）。

A. 月末需要计算完工产品成本和在产品成本

B. 月末要将生产费用在完工产品和在产品之间进行分配

C. 可以计算先完工的产品成本

D. 月末不需要将生产费用在完工产品和在产品之间进行分配

9. 在简化分批法下，累计间接计入费用分配率是（　　）。

A. 各批产品之间分配间接计入费用的依据

B. 在各批完工产品之间分配该费用的依据

C. 在完工批别和月末在产品批别之间分配间接计入费用的依据

D. 在某批产品的完工产品和月末在产品之间分配间接计入费用的依据

10. 采用分批法计算产品成本时，如果批内产品跨月陆续完工的情况不多，而且完工产品数量占全部批量的比重很小，先完工的产品成本可以（　　）。

A. 按计划单位成本计算

B. 按定额单位成本计算

C. 按最近一期相同产品的实际单位成本计算

D. 不计算全批产品的实际成本

三、判断题

1. 生产组织不同对产品成本计算方法的影响是：品种法适用于小批单件生产，分批法适用于大批大量生产。（　　）

2. 采用简化分批法，其基本生产成本二级账的余额应与各批别产品成本明细账的余额之和核对相符。（　　）

3. 如果各月份的间接费用水平相差悬殊，采用“累计间接费用分配法”会影响到各

月成本计算的准确性。 （　　）

4. 与品种法相比，分批法的成本计算程序比较简单。 （　　）

5. 如果单件产品生产采用分批法计算成本，则不存在将生产费用在完工产品和在产品之间进行分配的问题。 （　　）

6. 分批法是以产品批别作为成本计算对象来计算产品成本的一种方法。 （　　）

7. 分批法的批别可以依据生产计划部门签发的“生产通知单”确定。 （　　）

8. 分批法的成本计算期与产品的生产周期不一致，与会计结算期一致。 （　　）

9. 分批法下如果出现产品跨月陆续完工的情况，当完工产品不多时，可以采用简化的方法计算完工产品成本。 （　　）

10. 投产批数繁多而且月末未完工批数也较多的企业，可以采用简化的分批法计算产品成本。 （　　）

四、计算题

1. 某企业属于小批生产，由于产品批数较多，并且月末有多数批号的产品未完工，为了简化产品成本计算工作，该企业采用简化的分批法计算产品成本。各批产品的原材料是在生产开始时一次投入。该企业本年8月份各批产品生产情况、基本生产成本二级账和各产品基本生产成本明细账有关资料如表8-12至表8-17所示。

要求：采用简化的分批法计算产品成本，并将计算结果填入有关表格。

表8-12　20××年8月份各批次产品生产产量资料

订单号	产品名称	投产量（件）	投产日期	本月完工（件）	月末在产品（件）
808	A产品	400	6月22日	380	20
809	B产品	160	7月6日	100	60
810	C产品	220	7月16日	180	40
811	D产品	80	8月18日		80

表8-13　基本生产成本二级账

（各批全部产品总成本）

20××年		摘　要	直接材料（元）	生产工时（小时）	直接人工（元）	制造费用（元）	成本合计（元）
月	日						
6	30	本月发生	23600	1200	8654	1896	34150
7	31	本月发生	35460	4310	14018	13728	63206
8	31	本月发生	52320	5690	6448	4536	63344
8	31	累计发生费用和生产工时					
8	31	累计间接计入费用分配率					
8	31	本月完工产品转出成本		6520			
8	31	月末在产品成本					

表 8-14 基本生产成本明细账

产品批号：808 投产日期：6 月 22 日 订货单位：××公司

产品名称：A 产品 产品批量：400 件 本月完工：380 件

20××年		摘要	直接材料（元）	生产工时（小时）	直接人工（元）	制造费用（元）	合计（元）
月	日						
6	30	本月发生	23 600	1 200			
7	31	本月发生	8 660	820			
8	31	本月发生	7 340	690			
8	31	累计发生费用和生产工时					
8	31	累计间接计入费用分配率					
8	31	本月完工产品转出成本		2 280			
8	31	月末在产品成本					

表 8-15 基本生产成本明细账

产品批号：809 投产日期：7 月 6 日 订货单位：××公司

产品名称：B 产品 产品批量：160 件 本月完工：100 件

20××年		摘要	直接材料（元）	生产工时（小时）	直接人工（元）	制造费用（元）	合计（元）
月	日						
7	31	本月发生	12 200	1 630			
8	31	本月发生	8 600	1 240			
8	31	累计发生费用和生产工时					
8	31	累计间接计入费用分配率					
8	31	本月完工产品转出成本		2 410			
8	31	月末在产品成本					

表 8-16 基本生产成本明细账

产品批号：810 投产日期：7 月 16 日 订货单位：××公司

产品名称：C 产品 产品批量：220 件 本月完工：180 件

20××年		摘要	直接材料（元）	生产工时（小时）	直接人工（元）	制造费用（元）	合计（元）
月	日						
7	31	本月发生	14 600	1 860			
8	31	本月发生	9 820	1 080			
8	31	累计发生费用和生产工时					
8	31	累计间接计入费用分配率					
8	31	本月完工产品转出成本		1 830			
8	31	月末在产品成本					

表 8-17 基本生产成本明细账

产品批号：811 投产日期：8 月 18 日 订货单位：××公司

产品名称：D 产品 产品批量：80 件 本月完工：

20××年		摘 要	直接材料（元）	生产工时（小时）	直接人工（元）	制造费用（元）	合 计（元）
月	日						
8	31	本月发生	26 560	2 680			
8	31	月末在产品成本					

2. 某企业生产组织属于小批生产，本年生产 A、B、C 三种产品，根据生产订单投产 3 批。本年 4 月份投产 A 产品 7 件，批号 5001，本月（5 月份）尚未完工；本年 3 月份投产 B 产品 5 件，批号 5002，本月全部完工；本年 3 月份投产 C 产品 10 件，批号 5003，本月只完工 1 件。完工产品按定额成本计价，B 产品单位定额成本为：直接材料 12 000 元，直接人工 2 400 元，制造费用 1 680 元。C 产品单位定额成本为：直接材料6 000 元，直接人工 1 200 元，制造费用 840 元。有关资料如表 8-18、表 8-19 所示。

要求：采用一般分批法计算各批次产品成本，并将计算结果填入表 8-20 至表 8-22。

表 8-18 各批产品累计生产费用（月初生产费用） 单位：元

项 目	直接材料	直接人工	制造费用	合 计
5001	28 000	12 250	9 700	49 950
5002	126 400	91 600	65 000	283 000
5003	60 000	45 000	40 000	145 000

表 8-19 本月发生生产费用 单位：元

项 目	直接材料	直接人工	制造费用	合 计
5001	32 000	20 000	18 000	70 000
5002	14 800	8 200	7 500	30 500
5003	24 000	16 000	13 500	53 500

表 8-20 A 产品成本明细账（5001 批号） 单位：元

项 目	直接材料	直接人工	制造费用	合 计
月初在产品成本				
本月发生生产费用				
生产费用累计				
结转完工产品成本	—	—	—	—
月末在产品成本				

表 8-21 B 产品成本明细账（5002 批号） 单位：元

项 目	直接材料	直接人工	制造费用	合 计
月初在产品成本				
本月发生生产费用				
生产费用累计				
结转完工产品成本				
完工产品单位成本				
月末在产品成本	—	—	—	—

表 8-22 C 产品成本明细账（5003 批号） 单位：元

项 目	直接材料	直接人工	制造费用	合 计
月初在产品成本				
本月发生生产费用				
生产费用累计				
结转完工产品成本				
月末在产品成本				

第九章　产品成本计算的分步法

学习目的与要求

1. 理解分步法的含义。
2. 理解分步法的特点和适用范围。
3. 掌握分步法的成本计算程序、方法及具体应用。

第一节　分步法概述

一、分步法的概念及适用范围

（一）分步法

分步法是指按照产品的生产步骤归集生产费用、计算产品成本的一种产品成本计算法。

（二）分步法的适用范围

分步法主要适用于大量大批的多步骤生产，如冶金、纺织、造纸、化工、水泥以及大量大批生产的机械制造等类型的企业。在这些企业中，生产过程是由若干个在技术上可以间断的生产步骤组成，每个生产步骤除了生产出半成品（最后步骤是产成品）外，还有未完工的在产品。已经生产出来的半成品，可能用于下一步骤继续加工或装配，也可能对外销售。根据这一生产特点，不仅要按照产品品种计算产品成本，还要按照产品所经过的生产步骤计算产品成本，以满足企业成本核算和成本管理的要求。

二、分步法成本计算的特点

不同成本计算方法的区别，主要表现在成本计算对象、成本计算期以及生产费用在完工产品和在产品之间的分配方法不同。

分步法成本计算的特点：

1. 成本计算对象为各种产品的生产步骤和产品品种

在大批量多步骤重复生产的情况下，为了加强成本的管理和核算，成本的计算通常按生产步骤归集生产成本，并以产品作为成本计算对象。因此，在计算产品成本时，应按照产品的生产步骤设立产品成本明细账。

如果只生产一种产品，成本计算对象就是该种产成品及其所经过的生产步骤，产品成本明细账应按产品的生产步骤设立；如果生产多种产品，成本计算对象则是各种产成品及其所经过的各生产步骤。

在实际工作中，产品成本计算的分步与产品生产步骤的划分不一定完全一致。在按生产步骤设立车间的企业中，分步计算产品成本也就是分车间计算产品成本。但是，如果企业生产规模很大，车间内又分成几个生产步骤，而管理上又要求分步计算产品成本，则可能将几个车间合并为一个步骤计算产品成本。因此，企业应根据生产特点和成本管理的要求，确定成本计算对象的产品品种及生产步骤。

2. 成本计算期与会计报告期一致

在多步骤生产中，由于生产过程较长并且可以间断，产品往往都是跨月陆续完工，因此，成本计算一般按月进行，成本计算期与会计报告期一致，与生产周期不一致。

3. 生产费用应在完工产品与在产品之间分配

在月末计算完工产品成本时，各步骤一般都存在未完工的在产品，产品各加工步骤所归集的生产费用应采用适当的分配方法，在完工产品与在产品之间进行分配。

4. 各生产步骤之间要进行半成品成本结转

由于产品生产步骤是分步骤进行的，上一步骤生产的半成品是下一步骤的加工对象。因此，各生产步骤之间要进行半成品成本的结转，以计算出各步骤半成品或产成品的生产成本。

三、分步法的成本计算程序

分步法的成本计算程序：

(1) 产品成本明细账按产品的每一生产步骤设立，以归集产品各步骤所发生的生产费用。

(2) 计算各步骤完工半成品（最后步骤为产成品）和月末在产品成本。

(3) 将本步骤计算的完工半成品或产成品成本转入下一步骤或直接转入产品成本。

四、分步法的种类

在产品按生产步骤组织的情况下，由于各企业对于生产步骤成本管理的要求不同，分步法可分为逐步结转分步法和平行结转分步法。

逐步结转分步法是在成本管理上要求提供各生产步骤半成品成本资料的情况下采用。平行结转分步法是在成本管理上不要求提供各生产步骤半成品成本资料的情况下采用。

第二节　逐步结转分步法

一、逐步结转分步法概述

(一) 概念

逐步结转分步法是指按照产品以及产品所经过的生产步骤为成本计算对象，逐步归集生产费用，按照产品的加工顺序，逐步计算并结转半成品成本，直到最后加工步骤才能计算出产成品成本的一种产品成本计算方法。

（二）适用范围

逐步结转分步法广泛适用于大量大批、连续式多步骤复杂生产的企业，如纺织、造纸、冶金等企业。在这类型的企业中，有的产品制造过程是由一系列循序渐进的、性质不同的加工步骤所组成，从原材料投入到产品制成，中间要经过若干生产步骤的逐步加工，前面各步骤生产的都是半成品，只有最后步骤生产的才是产成品。例如，在棉纺织企业中，生产工艺过程包括纺纱和织布两大步骤，在纺纱步骤中纺成各种棉纱，送往织布步骤，经过络经、整经、浆纱、穿筘、织造等工序，织成各种棉纱，再经过整理、打包，即可入库待售。

（三）企业逐步计算各步骤半成品成本的必要性

为了加强对各生产步骤成本的管理，不仅要计算各种产成品成本，也要计算各步骤半成品的成本。企业之所以要计算各步骤半成品成本，是因为以下几点：

1. 成本计算的需要

因为半成品成本在各加工步骤之间须随半成品实物转移而顺序结转，不计算前一步骤半成品成本，则无法计算后一步骤的产品生产成本。

2. 为了正确计算各种半成品成本的需要

有些半成品为企业几种产品所耗用，为了正确计算各种产成品成本，就必须计算出各种半成品成本。

3. 对外销售半成品的需要

有些企业生产的半成品不完全为企业自用，还经常作为商品对外销售。为了计算对外销售半成品成本，全面考核和分析商品产品成本计划的执行情况，也要求计算这些半成品的成本。

4. 成本考核和评比的需要

有的半成品虽然不一定对外销售，但要进行同行业成本的评比，因而也要计算这种半成品的成本。

5. 成本控制的要求

在实行厂内经济责任制的企业，为了有效地控制各生产步骤内部的生产耗费和资金占用水平，也要求计算并在各生产步骤之间结转半成品成本。

（四）逐步结转分步法的特点

1. 成本计算对象是各种产成品的成本及其所经过的各生产步骤

在逐步结转分步法下，按照产品品种和产品所经过的各生产步骤分别设置产品成本计算表或产品成本明细账。对于生产过程中发生的各项直接生产费用，应该在有关费用发生的原始凭证上分别注明产品名称和生产步骤，以便据以直接计入各种产品及其各生产步骤的成本计算表或产品成本明细账；对于生产过程中发生的各项间接生产费用，应按产品品种和生产步骤归集到有关费用明细账中，月末再分配计入各种产品成本计算表或产品成本明细账。

2. 定期在每月月末计算完工产品成本

采用逐步结转分步法，应定期在每月月末计算完工产品成本。

3. 生产费用在完工产品和在产品之间分配

在大量大批多步骤生产的企业中，每月月末既有完工产品，又有在产品，需要采用适当的分配方法，将各步骤发生的生产费用在各生产步骤完工产品与在产品之间进行分配。

（五）逐步结转分步法的成本计算程序

在逐步结转分步法下，各生产步骤所耗用的上一生产步骤半成品的成本，要随着半成品实物的转移，从上一生产步骤的产品成本明细账转入下一步骤相同产品成本明细账中，以便逐步计算各生产步骤的半成品成本和最后生产步骤的产成品成本。

逐步结转分步法实际上就是品种法的多次连续应用，即在采用品种法计算上一生产步骤的半成品成本以后，按照下一生产步骤的耗用数量转入下一生产步骤成本；下一生产步骤再一次采用品种法归集所耗半成品的费用和其他费用，计算其半成品成本；如此逐步结转，直至最后一个生产步骤计算出产成品成本。

逐步结转分步法的成本计算程序：

（1）计算第一生产步骤所生产的半成品成本，并将其转入第二生产步骤的产品成本明细账或产品成本计算表。

（2）将转入第一生产步骤的半成品成本，加上第二生产步骤发生的各种生产费用，计算出第二生产步骤所产半成品成本，并将其转入第三生产步骤的产品成本明细账或产品成本计算表。

（3）按照生产步骤逐步计算和结转半成品成本，直到最后生产步骤计算出产成品成本。

（六）逐步结转分步法的种类

逐步结转分步法按照各生产步骤所生产的半成品成本在下一生产步骤成本明细账中的反映方式不同，可分为综合结转分步法和分项结转分步法。

二、综合结转分步法

（一）概念

综合结转分步法是指将上一生产步骤的半成品成本，全部转入下一生产步骤成本计算表中的“原材料”或“直接材料”或专设的“半成品”项目，综合反映该生产步骤所耗上一生产步骤所产半成品成本的一种逐步结转分步法。

（二）结转方式

在综合结转分步法下，各生产步骤半成品成本的结转方式有两种：按半成品实际成本结转和按半成品计划成本结转。

1. 按半成品实际成本结转

即上一生产步骤所生产的半成品在转入下一生产步骤时，按实际成本结转。具体方法有：先进先出法、移动加权平均法、全月一次加权平均法、个别计价法。

由于各月所产半成品的实际单位成本不同，因而可根据企业的实际情况，选择使用半成品实际单位成本的计算方法。

【例 9-1】某企业 8 月份生产甲产品，分三个加工步骤生产完成，第一生产车间生产 A 半成品，第二生产车间生产 B 半成品，第三生产车间生产甲产品，原材料是在各生产车间开始时一次投入，各步骤生产费用在完工产品与在产品之间采用约当产量法进行分配。

第一生产车间生产的半成品交半成品仓库验收，第二生产车间按照所需数量向半成品仓库领用，第三生产车间按照所需数量向第二生产车间半成品仓库领用，第二、第三生产车间所耗半成品费用按全月一次加权平均单位成本计算。该企业采用逐步结转分步法计算，并且各生产步骤结转半成品按实际成本结转。有关资料如表9-1、表9-2所示。

表9-1 产量资料

单位：件

项目	一车间	二车间	三车间
月初在产品	80	40	30
本月投产或上车间转入	200	180	190
本月完工	220	200	210
月末在产品	60	20	10
在产品完工程度	50%	60%	70%

表9-2 成本资料

单位：元

成本项目	月初在产品成本			本月生产费用		
	一车间	二车间	三车间	一车间	二车间	三车间
直接材料	3 640	2 400	2 800	18 200		
直接人工	1 000	800	900	8 000	9 000	10 000
制造费用	1 000	700	800	7 000	8 000	9 000
合计	5 400	3 900	4 500	33 000		

根据各种费用分配表、半成品交库单和第一车间的成本资料，登记第一车间A半成品成本计算表，如表9-3如示。

表9-3 产品成本计算表

车间名称：第一车间

产品名称：A半成品　　　　20××年8月

项目	直接材料	直接人工	制造费用	合计
月初在产品成本（元）	3 640	1 000	1 000	5 640
本月生产费用或上步骤转入（元）	18 200	8 000	7 000	33 200
生产费用合计（元）	21 840	9 000	8 000	38 840
完工半成品或产成品产量（件）	220	220	220	—
在产品约当产量（件）	60	60×50% = 30	60×50% = 30	—
产量合计（件）	280	250	250	—
完工半成品或产成品单位成本（元）	78	36	32	146
完工半成品或完工产品成本（元）	17 160	7 920	7 040	32 120
月末在产品成本（元）	4 680	1 080	960	6 720

根据第一车间的半成品交库单，编制结转半成品成本的会计分录如下：

借：自制半成品——A 半成品　　32 120.00

　　贷：生产成本——基本生产成本（第一车间 A 半成品）　　32 120.00

根据计价后的第一车间交库单和第二车间领用半成品的领用单，登记自制半成品明细账，如表 9-4 所示。

表 9-4　自制半成品明细账

车间名称：第一车间

产品名称：A 半成品　　金额单位：元

月份	月初余额		本月增加		累计			本月减少		月末余额	
	数量（件）	实际成本	数量（件）	实际成本	数量（件）	实际成本	单位成本	数量（件）	实际成本	数量（件）	实际成本
8	80	5 400	220	32 120	300	37 520	125.07	180	22 512.60	120	15 007.40

根据第二车间领用半成品的领用单，编制结转半成品成本的会计分录如下：

借：生产成本——基本生产成本（第二车间 B 半成品）　　22 512.06

　　贷：自制半成品——A 半成品　　22 512.06

根据各种费用分配表、半成品交库单和第一车间的成本资料，登记第一车间 B 半成品成本计算表，如表 9-5 所示。

表 9-5　产品成本计算表

车间名称：第二车间

产品名称：B 半成品　　20××年 8 月

项目	直接材料	直接人工	制造费用	合计
月初在产品成本（元）	2 400	800	700	3 900
本月生产费用或上步骤转入（元）	22 512.60	9 000	8 000	39 512.60
生产费用合计（元）	24 912.60	9 800	8 700	43 412.60
完工半成品或产成品产量（件）	200	200	200	—
在产品约当产量（件）	20	20×60% = 12	20×60% = 12	—
产量合计（件）	220	212	212	—
完工半成品或产成品单位成本（元）	113.24	46.23	41.04	200.51
完工半成品或完工产品成本（元）	22 648	9 246	8 208	40 102
月末在产品成本（元）	2 264.6	554	492	3 310.60

根据第二车间的半成品交库单，编制结转半成品成本的会计分录如下：

借：自制半成品——B 半成品　　40 102.00

　　贷：生产成本——基本生产成本（第二车间 B 半成品）　　40 102.00

根据计价后的第二车间交库单和第三车间领用半成品的领用单，登记自制半成品明细账，如表 9-6 所示。

表 9-6 自制半成品明细账

车间名称：第二车间

产品名称：B 半成品　　　　金额单位：元

月份	月初余额		本月增加		累计			本月减少		月末余额	
	数量（件）	实际成本	数量（件）	实际成本	数量（件）	实际成本	单位成本	数量（件）	实际成本	数量（件）	实际成本
8	40	3 900	200	40 102	240	44 002	183. 34	190	34 834. 60	50	5 267. 40

根据第三车间领用半成品的领用单，编制结转半成品成本的会计分录如下：

借：生产成本——基本生产成本（第三车间甲产品）　　34 834. 60

　贷：自制半成品——B 半成品　　34 834. 60

根据各种费用分配表、半成品交库单和第三车间的成本资料，登记第三车间甲产品成本计算表，如表 9-7 所示。

表 9-7 产品成本计算表

车间名称：第三车间

产品名称：甲产品　　20××年 8 月

项目	直接材料	直接人工	制造费用	合计
月初在产品成本（元）	2 800	900	800	4 500
本月生产费用或上步骤转入（元）	34 834. 60	10 000	9 000	53 834. 60
生产费用合计（元）	37 634. 60	10 900	9 800	58 334. 60
完工半成品或产成品产量（件）	210	210	210	—
在产品约当产量（件）	10	10×70% = 7	10×70% = 7	—
产量合计（件）	220	217	217	—
完工半成品或产成品单位成本（元）	171. 07	45. 16	40. 09	256. 32
完工半成品或完工产品成本（元）	35 924. 70	9 483. 60	8 418. 90	53 827. 20
月末在产品成本（元）	1 709. 90	316. 40	281. 10	4 507. 40

根据第三车间的半成品交库单，编制结转半成品成本的会计分录如下：

借：库存商品——甲产品　　53 827. 20

　贷：生产成本——基本生产成本（第一车间 A 半成品）　　53 827. 20

2. 按半成品计划单位成本结转

即上一生产步骤所生产的半成品在转入下一生产步骤时，按计划成本结转。

其计算公式为：

半成品的实际成本 = 半成品的计划成本±半成品成本差异

半成品成本差异 = 半成品的计划成本×半成品成本差异率

$$半成品成本差异率=\frac{月初半成品成本差异+本月完工产品成本差异}{月初半成品计划成本+本月完工半成品计划成本}\times100\%$$

半成品成本差异率正数表示超支差异，负数表示节约差异。

【例 9-2】 某企业本年 6 月生产甲产品，分别由两个生产车间进行，第一车间生产甲半成品，交半成品仓库验收；第二车间按照所需数量从半成品仓库领用。两个车间月末在产品均按定额成本计算。假设甲半成品的计划单位成本为 30 元。要求：采用分步法按半成品计划单位成本结转，计算甲产品的成本。

根据各种费用分配表、半成品交库单和第一车间在产品定额成本资料，登记第一车间甲半产品成本计算表，如表 9-8 所示。

表 9-8　产品成本计算表

车间名称：第一车间
产品名称：甲半成品　　20××年 6 月　　金额单位：元

项目	产量（件）	直接材料	直接人工	制造费用	合计
月初在产品（定额成本）	500	4 000	2 500	1 200	7 700
本月生产费用		6 050	3 800	3 600	13 450
生产费用累计		10 050	6 300	4 800	21 150
完工半成品成本		8 050	5 300	3 300	16 650
半成品单位成本		16.10	10.60	6.60	33.30
月末在产品成本（定额成本）		2 000	1 000	4 500	4 500

根据第一车间的半成品交库单和第一车间半成品成本计算表，编制会计分录如下：

借：自制半成品——甲半成品　　16 650.00

　　贷：生产成本——基本生产成本（第一车间甲半成品）　　16 650.00

根据第一车间成本计算表登记自制半成品明细账，如表 9-9 所示。

表 9-9　自制半成品明细账（甲半成品）

计划单位成本：30 元/件　　金额单位：元

月初			本月收入				差异率	本月发出			月末	
数量（件）	计划成本	差异	数量（件）	实际成本	计划成本	差异（件）		数量（件）	计划成本	差异	数量（件）	计划成本
100	3 000	-750	500	16 650	15 000	1 650	5%	550	16 500	825	50	1 500

$$半成品成本差异率=\frac{-750+1\ 650}{3\ 000+15\ 000}\times 100\%=5\%$$

本月发出半成品分配的成本差异 $=16\ 500\times 5\%=825$（元）

根据第二车间领用半成品的领用单，编制会计分录如下：

借：生产成本——基本生产成本（第二车间甲产品）　　16 500.00

　　贷：自制半成品——甲半成品　　16 500.00

同时负担半成品成本差异：

借：生产成本——基本生产成本（第二车间甲产品）　　825.00

　　贷：材料成本差异——甲半成品　　825.00

根据甲半成品领用单、自制半成品明细账、第二车间各种费用分配表、第二车间在产品成本定额成本资料，编制第二车间甲产品成本计算表，如表9-10所示。

表9-10 产品成本计算表

车间名称：第二车间

产品名称：甲产品　　20××年6月　　单位：元

项目	半成品			直接人工	制造费用	成本合计
	计划成本	成本差异	实际成本			
月初在产品成本（定额成本）	4 200	—	4 200	3 700	2 650	10 550
本月生产费用	16 500	825	17 325	13 000	15 000	45 325
生产费用合计	20 700	825	21 525	16 700	17 650	55 875
完工产品成本	16 950	825	17 775	13 550	14 775	46 100
月末在产品成本（定额成本）	3 750	—	3 750	3 150	2 875	9 775

根据产成品交库单，编制会计分录如下：

借：库存商品——甲产品　　46 100. 00

　　贷：生产成本——基本生产成本（第二车间甲产品）　　46 100. 00

（三）半成品按计划成本结转的优缺点

优点：

（1）可以简化和加速成本计算工作。按计划成本综合结转成本，下一生产步骤耗用上一生产步骤的半成品成本是按计划成本计价进行核算，各生产步骤的产品成本计算不必等待上一生产步骤半成品成本结转后才能进行。如果本月耗用半成品都是月初结存的库存半成品，本月耗用的半成品成本差异则可以根据月初库存半成品成本差异率进行计算，从而使成本计算的速度加快。

（2）便于分析和考核各生产步骤的产品成本水平。按计划成本综合结转成本时，由于各生产步骤耗用的半成品成本是按计划价格计价核算的，可以避免上一生产步骤半成品成本水平不同对下一生产步骤完工产品成本水平的影响，有利于考核各生产步骤完工产品成本水平，并分析成本水平高低的原因，促进企业责任会计工作的开展。

缺点：

计算结转半成品成本差异的工作复杂。

（四）综合结转分步法的成本还原

在综合结转分步法下，需要进行产品成本还原。成本还原是指将产成品成本中以综合项目反映的自制半成品成本，逐步分解为以原始成本项目反映的产品成本。成本还原的方法有两种：

1. 成本还原分配率法

成本还原分配率法是先计算所耗半成品与所生产半成品计算还原分配率，再利用还原分配率与所产半成品的各成本项目相乘，从而计算所耗半成品中各成本项目金额的一种成本还原方法。即按各生产步骤所耗半成品的总成本占上一生产步骤完工半成品总成本的比重进行还原。成本还原分配率法的计算步骤：

第一步：计算还原分配率。

$$还原分配率=\frac{本月本生产步骤所耗上一生产步骤半成品成本合计}{本月上一生产步骤所产该种半成品成本合计}$$

第二步：以还原分配率分别乘以本月所产该种半成品各个成本项目的费用。

第三步：将还原后各半成品项目费用相加，计算还原后的产品成本原始成本项目。

【例 9-3】 某企业本年 6 月生产甲产品，分三个生产步骤制成，有关各生产步骤的完工半成品或完工产品成本资料如表 9-11 所示。按成本还原分配率法进行成本还原。

表 9-11　完工半成品或完工产品成本资料　　单位：元

项目	产量（件）	直接材料	半成品	直接人工	制造费用	成本合计
第一车间	720	30 000		14 000	21 000	65 000
第二车间	670		80 000	25 000	26 000	131 000
第三车间	600		100 000	30 000	25 000	135 000

按成本还原分配率法进行成本还原如表 9-12 所示。

表 9-12　产品成本还原计算表　　单位：元

项目	第一次成本还原			第二次成本还原			
	还原前成本	本月所产半成品成本	还原后成本	本月所产半成品成本	还原后成本	还原后总成本	还原后单位成本
还原分配率	0.7634			0.9396			
半成品	100 000	80 000	61 072				
直接材料				30 000	28 188	28 188	46.98
直接人工	30 000	25 000	19 085	14 000	13 154	62 239	103.73
制造费用	25 000	26 000	19 843	21 000	19 730	64 573	107.62
合计	155 000	131 000	100 000	65 000	61 072	155 000	258.33

计算过程：

第一次成本还原：

$$还原分配率=\frac{100\ 000}{131\ 000}=0.763\ 4$$

半成品=80 000×0.763 4=60 000（元）

直接人工=25 000×0.763 4=19 085（元）

制造费用=26 000×0.763 4=19 843（元）

第二次成本还原：

$$还原分配率=\frac{61\ 072}{65\ 000}=0.939\ 6$$

直接材料=30 000×0.939 6=28 188（元）

直接人工=14 000×0.939 6=13 154（元）

制造费用=21 000×0.939 6=19 730（元）

还原后的产品成本原始构成：

直接材料=28 188（元）

直接人工=30 000+19 085+13 154=62 239（元）

制造费用=25 000+19 843+19 730=64 573（元）

还原后总成本=28 188+62 239+64 573=155 000（元）

2. 产品成本项目比重还原法

产品成本项目比重还原法是指构成产成品的半成品成本，按照上一生产步骤所生产的半成品中各成本项目所占的比重进行还原的一种成本还原方法。

计算原理：

第一步：计算半成品各成本项目比重。

$$某半成品成本项目比重=\frac{该成本项目费用}{半成品成本}$$

第二步：成本还原。

构成产成品的半成品中某成本项目费用=构成产成品的半成品成本×该半成品成本项目比重

第三步：将构成产成品的半成品的各成本项目费用汇总计算，就是还原后的产品成本原始成本项目。

【例 9-4】某企业本年6月生产乙产品，分三个生产步骤制成，有关各生产步骤的完工半成品或完工产品成本资料如表 9-13 所示。按成本项目比重还原法进行成本还原。

表 9-13 完工半成品或完工产品成本资料 单位：元

项目	产量（件）	直接材料	半成品	直接人工	制造费用	成本合计
第一车间	700	30 000		14 000	21 000	65 000
第二车间	650		60 000	20 000	20 000	100 000
第三车间	600		80 000	30 000	20 000	130 000

按成本项目比重还原法进行成本还原如表 9-14 所示。

表 9-14 成本还原计算表 单位：元

项目		半成品	直接材料	直接人工	制造费用	合计
第一次成本还原	还原前产品成本	80 000		30 000	20 000	130 000
	本月所产半成品成本	60 000		20 000	20 000	100 000
	半成品成本项目比重	60%		20%	20%	
	还原后成本	48 000		16 000	16 000	80 000

续表

项目		半成品	直接材料	直接人工	制造费用	合计
第二次成本还原	本月所产半成品成本		30 000	14 000	21 000	65 000
	半成品成本项目比重		46.15%	21.54%	32.31%	
	还原后成本		22 152	10 339.20	15 508.80	48 000
	还原后产品总成本		22 152	56 339.20	51 508.80	130 000
	还原后产品单位成本		36.92	93.89	85.86	216.67

计算过程：

第一次成本还原：

$$半成品成本项目比重=\frac{60\ 000}{100\ 000}\times100\%=60\%$$

$$直接人工成本项目比重=\frac{20\ 000}{100\ 000}\times100\%=20\%$$

$$制造费用成本项目比重=\frac{20\ 000}{100\ 000}\times100\%=20\%$$

半成品=80 000×60%=48 000（元）

直接人工=80 000×20%=16 000（元）

制造费用=80 000×20%=16 000（元）

第二次成本还原：

$$直接材料成本项目比重=\frac{30\ 000}{65\ 000}\times100\%=46.15\%$$

$$直接人工成本项目比重=\frac{14\ 000}{65\ 000}\times100\%=21.54\%$$

$$制造费用成本项目比重=\frac{21\ 000}{65\ 000}\times100\%=32.31\%$$

半成品=48 000×46.15%=48 000（元）

直接人工=48 000×21.54%=10 339（元）

制造费用=48 000×32.31%=15 508.80（元）

还原后的产品成本原始构成：

直接材料=22 152（元）

直接人工=30 000+16 000+10 339.20=56 339.20（元）

制造费用=20 000+16 000+15 508.80=51 508.80（元）

还原后总成本=22 152+56 339.20+51 508.80=130 000（元）

三、分项结转分步法

（一）概念

分项结转分步法是指将各生产步骤所耗用的半成品成本，按照成本项目分项转入各生产步骤成本计算表的各成本项目中的成本结转方式。

（二）适用范围

分项结转分步法一般适用于在管理上不要求计算各生产步骤完工产品所耗半成品费用和本生产步骤加工费用，而要求按原始成本项目计算产品成本的企业。这类企业中，各生产步骤的成本管理要求不高，实际上只是按生产步骤分步计算成本，其目的主要是编制按原始成本项目反映的企业产品成本报表。

（三）分项结转分步法的优缺点

优点：

（1）可以直接、正确地提供按原始成本项目反映的企业产品成本资料。

（2）便于从整个企业的角度考核和分析产品成本的计划执行情况。

（3）不需要进行产品成本还原。

缺点：

（1）成本结转工作比较复杂。

（2）不便于进行各生产步骤完工产品的成本分析。

【例 9-5】某企业本年 5 月大量生产乙产品，该产品顺序经过三个生产步骤连续加工，最后形成产成品。第一车间生产 A 半成品，第二车间生产 B 半成品，第三车间生产乙产品，原材料是在各步骤开始时一次投入，其他费用陆续发生，各步骤完工的半成品直接交下步骤加工，不通过半成品库收发。该企业采用分项结转法计算产品成本。乙产品有关的产量记录和费用资料如表 9-15、表 9-16 所示。

表 9-15　产品产量记录

20××年 5 月　　　　单位：件

项目	第一车间	第二车间	第三车间	产成品
月初在产品	50	100	50	
本月投入或上步骤转入	350	300	250	
本月完工	300	250	200	200
月末在产品	100	150	100	
完工程度	50%	50%	60%	

表 9-16　各生产步骤费用资料

20××年 5 月　　　　单位：元

项目	车间	直接材料	直接人工	制造费用	合计
月初在产品成本	一车间	5 000	600	1 000	6 600
	二车间	1 000	500	550	2 050
	三车间	6 000	2 000	2 400	10 400

续表

项目	车间	直接材料	直接人工	制造费用	合计
本月生产费用	一车间	30 000	6 000	10 000	46 000
	二车间	8 000	10 000	12 000	30 000
	三车间	10 000	20 000	18 000	48 000

采用分项结转法计算乙产品成本，各生产步骤产品成本计算表如表 9-17、表 9-18、表 9-19 所示。

表 9-17　产品成本计算表

车间名称：第一车间

产品名称：A 半成品　　　　20××年 5 月

项目	直接材料	直接人工	制造费用	合计
月初在产品成本（元）	5 000	600	1 000	6 600
本月生产费用（元）	30 000	6 000	10 000	46 000
生产费用累计（元）	35 000	6 600	11 000	52 600
完工产品产量（件）	300	300	300	—
在产品约当产量（件）	100	50	50	—
产量合计（件）	400	350	350	—
半成品或产成品单位成本（元）	87.50	18.86	31.43	137.79
半成品或产成品成本（元）	26 250	5 658	9 429	41 337
月末在产品成本（元）	8 750	942	1 571	11 263

表 9-18　产品成本计算表

车间名称：第二车间

产品名称：B 半成品　　　　20××年 5 月

项目	直接材料	直接人工	制造费用	合计
月初在产品成本（元）	1 000	500	550	2 050
本月生产费用（元）	8 000	10 000	12 000	30 000
上步骤转入（元）	26 250	5 658	9 429	41 337
生产费用累计（元）	35 250	16 158	21 979	73 387
完工产品产量（件）	250	250	250	—
在产品约当产量（件）	150	75	75	—
产量合计（件）	400	325	325	—
半成品或产成品单位成本（元）	88.125	49.72	67.63	137.79
半成品或产成品成本（元）	22 031.25	12 430	16 907.50	51 368.75

续表

项目	直接材料	直接人工	制造费用	合计
月末在产品成本（元）	13 218.75	3 728	5 071.50	22 018.25

表 9-19　产品成本计算表

车间名称：第三车间

产品名称：乙产品　　　　　　　　20××年 5 月

项目	直接材料	直接人工	制造费用	合计
月初在产品成本（元）	6 000	2 000	2 400	2 050
本月生产费用（元）	10 000	20 000	18 000	30 000
上步骤转入（元）	22 031.25	12 430	16 907.50	51 368.75
生产费用累计（元）	38 031.25	34 430	37 307.50	109 768.75
完工产品产量（件）	200	200	200	—
在产品约当产量（件）	100	60	60	—
产量合计（件）	300	260	260	—
半成品或产成品单位成本（元）	126.77	132.42	143.49	402.68
半成品或产成品成本（元）	25 354	26 484	28 698	80 536
月末在产品成本（元）	12 677.25	7 946	8 609.50	29 232.75

四、逐步结转分步法的优缺点

（一）逐步结转分步法的优点

1. 能够提供各个生产步骤的半成品成本资料

逐步结转分步法按照产品加工的顺序，逐步计算各生产步骤完工半成品成本，并将半成品成本结转到下一生产步骤相同产品成本计算表中，在最后加工步骤才能计算出产成品成本，能够提供各生产步骤的半成品成本资料。

2. 能够为各生产步骤的在产品实物管理和资金管理提供资料

在逐步结转分步法下，半成品实物从上一生产步骤转入下一生产步骤继续加工，半成品成本也要随着半成品实物的转移从上一生产步骤成本计算表转入下一生产步骤相同产品成本计算表中，即半成品成本结转与实物结转保持一致，各生产步骤成本计算表上的在产品成本就是各生产步骤实际结存的在产品资金，便于考核生产资金占用情况，有利于加强在产品实物管理和资金管理。

3. 能够全面地反映各生产步骤的生产耗费水平

各生产步骤产品成本计算表上归集的生产费用，包括各生产步骤产品生产所发生的直接材料费用、半成品费用和其他各项加工费用。能够全面地反映各生产步骤的生产耗费水平，并满足各生产步骤成本管理的要求。

（二）逐步结转分步法的缺点

1. 影响成本计算的及时性

各生产步骤按实际成本逐步结转半成品成本会影响成本计算的及时性。

2. 不利于简化和加速成本计算工作

在按原始成本项目提供产品成本的企业，若采用综合结转分步法，需要进行成本还原；若采用分项结转分步法，虽然不需要进行成本还原，但各生产步骤成本结转工作量较大。

第三节　平行结转分步法

一、平行结转分步法概述

（一）概念

平行结转分步法又称“不计算半成品成本法”，是指各生产步骤不计算本步骤所产半成品成本，也不计算各生产步骤所耗上一生产步骤半成品成本，只计算本生产步骤发生的各项生产费用以及这些费用中应计入产成品成本的份额，然后将相同产品的各生产步骤成本明细账中的份额平行结转、汇总，计算出产成品成本的一种产品成本计算方法。

（二）适用范围

平行结转分步法主要适用于不需要计算半成品成本的大量大批、连续式多步骤复杂生产的企业，如机械制造企业、汽车制造企业等。在这些企业中，半成品种类很多，某些半成品成本没有独立经济意义，或者半成品很少对外销售，在成本管理上不要求计算各生产步骤的半成品成本。为了简化各生产步骤成本的计算工作，可采用平行结转分步法计算产品成本。

二、平行结转分步法的特点

（1）各生产步骤可以同期进行成本计算。各生产步骤不计算半成品成本，只计算和归集本生产步骤发生的生产费用，各生产步骤之间是相对独立的。

（2）各生产步骤之间不结转半成品成本。不论半成品实物在各生产步骤之间是否转移，都不结转半成品成本。

（3）各生产步骤发生的生产费用在最终产成品及月末在产品之间进行分配。只要最终生产步骤未完工，均不作为在产品。

（4）将各生产步骤发生的生产费用中应计入产成品成本的份额，平行汇总计算出产成品成本。

三、平行结转分步法的成本计算程序

（1）按产品和加工步骤设置成本明细账，各生产步骤成本明细账分别按成本项目归集本步骤发生的生产费用。

（2）月末将各生产步骤归集的生产费用在产成品与广义在产品之间进行分配，计算各生产步骤费用中应计入产成品成本的份额。

（3）将各生产步骤费用中应计入产成品成本的份额按成本项目平行结转，汇总计算产成品的总成本及单位成本。

注：狭义的在产品是指正在加工中的产品，广义的在产品是包括正在加工中的产品和加工告一段落但留存在半成品库和以后各步骤的半成品。

四、各生产步骤应计入产成品成本“份额”的计算方法

各生产步骤应计入产成品成本“份额”的计算方法有两种：约当产量法和定额比例法。

（一）约当产量法

计算原理：

1. 计算确定各生产步骤的约当产量

某生产步骤的约当产量=产成品所耗用该生产步骤半成品数量+该生产步骤已完工留存在半成品库和以后生产步骤的月初半成品数量+该生产步骤中月末在产品的约当产量

或：某生产步骤的约当产量=该生产步骤已完工留存在半成品库和以后生产步骤的月初半成品数量+本月完工半成品数量+该生产步骤中月末在产品的约当产量

2. 计算确定各生产步骤各项生产费用的分配率

$$\text{某生产步骤某项生产费用分配率}=\frac{\text{该生产步骤该项费用月初数}+\text{该项费用本月发生的生产费用}}{\text{该步骤的约当产量}}$$

3. 计算确定各生产步骤应计入产成品成本的份额

某生产步骤某项生产费用应计入产成品成本的份额=产成品所耗用该生产步骤半成品的数量×该生产步骤该项生产费用分配率

4. 计算各生产步骤月末在产品成本

将各生产步骤生产费用合计数减去产成品成本中本生产步骤的份额，即可计算出各生产步骤月末在产品成本。

【例 9-6】 某企业本年 6 月大量生产甲产品，该产品顺序经过三个生产步骤连续加工，最后形成产成品。第一车间生产 A 半成品，第二车间生产 B 半成品，第三车间生产甲产品，原材料是在生产开始时一次投入，其他费用陆续发生，该企业采用平行结转分步法计算产品成本。生产费用在完工产品与在产品之间按约当产量法进行分配。甲产品有关的产量资料和成本费用资料如表 9-20、表 9-21 所示。

表 9-20 产品产量记录

20××年 6 月　　单位：件

项目	月初在产品	本月投入	本月完工产品	月末在产品	完工程度
一车间	60	160	180	40	40%
二车间	30	180	200	10	50%
三车间	20	200	190	30	60%

表 9-21　各生产步骤费用资料

20××年 6 月　　单位：元

项目	车间	直接材料	直接人工	制造费用	合计
月初在产品成本	一车间	3 650	1 580	1 250	6 480
	二车间	—	1 460	1 120	2 580
	三车间	—	1 210	1 030	2 240
本月生产费用	一车间	9 510	5 210	4 170	18 890
	二车间	—	4 280	4 050	8 330
	三车间	—	4 520	4 160	8 680

采用平行结转分步法计算甲产品成本，各生产步骤产品成本计算如表 9-22、表 9-23、表 9-24、表 9-25 所示。

表 9-22　产品成本计算表

车间名称：第一车间

产品名称：A 半成品　　20××年 6 月

项目	直接材料	直接人工	制造费用	合计
月初在产品成本（元）	3 650	1 580	1 250	6 480
本月生产费用（元）	9 510	5 210	4 170	18 890
生产费用合计（元）	13 160	6 790	5 420	25 370
完工产品数量（件）	190	190	190	—
月末广义在产品的约当产量（件）	80	56	56	—
产量合计（件）	270	246	246	—
单位产品成本（元）	48. 74	27. 60	22. 03	174. 71
计入完工产品成本份额（元）	9 260. 60	5 244	4 185. 70	18 690. 30
月末在产品成本（元）	3 899. 40	1 546	1 234. 30	6 679. 70

注：80=30+10+40

56=30+10+40×40%

表 9-23　产品成本计算表

车间名称：第二车间

产品名称：B 半成品　　20××年 6 月

项目	直接材料	直接人工	制造费用	合计
月初在产品成本（元）	—	1 460	1 120	2 580
本月生产费用（元）	—	4 280	4 050	8 330
生产费用合计（元）	—	5 740	5 170	10 910

续表

项目	直接材料	直接人工	制造费用	合计
完工产品数量（件）	—	190	190	—
月末广义在产品的约当产量（件）	—	35	35	—
产量合计（件）	—	225	225	—
单位产品成本（元）	—	24.31	22.98	47.29
计入完工产品成本份额（元）	—	4 618.90	4 366.20	8 985.10
月末在产品成本（元）	—	1121.10	803.80	1 924.90

注：35=30+10×50%

表 9-24　产品成本计算表

车间名称：第三车间

产品名称：甲产品

20××年 6 月

项目	直接材料	直接人工	制造费用	合计
月初在产品成本（元）	—	1 210	1 030	2 240
本月生产费用（元）	—	4 520	4 160	8 680
生产费用合计（元）	—	5 730	5 190	10 920
完工产品数量（件）	—	190	190	—
月末广义在产品的约当产量（件）	—	18	18	—
产量合计（件）	—	208	208	—
单位产品成本（元）	—	27.54	24.95	47.29
计入完工产品成本份额（元）	—	5 232.60	4 740.50	9 973.10
月末在产品成本（元）	—	497.40	449.50	946.90

注：18=30×60%

表 9-25　甲产品成本汇总表

20××年 6 月　　　　单位：元

项目	产量（件）	直接材料	直接人工	制造费用	成本合计
第一车间份额	190	9 260.60	5 244	4 185.70	18 690.30
第二车间份额		—	4 618.90	4 366.20	8 985.10
第三车间份额		—	5 232.60	4 740.50	9 973.10
总成本		9 260.60	15 095.50	13 292.40	37 648.50
单位产品成本		48.74	79.45	69.96	198.15

（二）定额比例法

计算原理：

1. 计算确定各生产步骤生产费用分配率

$$\text{某生产步骤某项费用分配率}=\frac{\text{该生产步骤该项费用月初数}+\text{该生产步骤该项费用本月数}}{\text{产成品定额消耗量（工时）或定额费用}+\text{月末广义在产品定额消耗量（工时）或定额费用}}$$

其中：

该生产步骤月末广义在产品定额消耗量（工时）或定额费用=月初广义在产品定额消耗量（工时）或定额费用+本月投入的定额消耗量（工时）或定额费用-本月产成品定额消耗量（工时）或定额费用

本月产成品定额消耗量（工时）或定额费用=产成品数量×单位产成品的定额消耗量（工时）或定额费用

2. 计算确定各生产步骤应计入产成品成本的份额

某生产步骤某项生产费用应计入产成品成本的份额=产成品所耗用该生产步骤半成品的数量×该生产步骤该项费用分配率

3. 计算各生产步骤月末在产品成本

将各生产步骤生产费用合计数减去产成品成本中本生产步骤的份额，即可计算出各生产步骤月末在产品成本。

【例 9-7】 某企业本年 6 月生产丙产品，分别由两个生产车间连续加工制成。原材料是在生产开始时一次投入。第一车间生产丙半成品，第二车间将丙半成品加工生产出丙产品，本月完工 200 件。生产费用在完工产品与在产品之间采用定额比例法进行分配，其中，原材料费用按定额原材料费用比例分配，直接人工制造费用按定额工时比例分配。该企业采用平行结转分步法计算丙产品成本，有关成本费用和定额资料如表 9-26、表 9-27 所示。

表 9-26　丙产品成本资料　　单位：元

项目	第一车间			第二车间	
	直接材料	直接人工	制造费用	直接人工	制造费用
月初在产品成本	5 605	2 501	4 905	1 455	2 435
本月生产费用	3 723	2 098	3 159	5 202	3 271

表 9-27　丙产品定额资料

车间份额	月初在产品		本月投入		本月产成品	
	定额材料费用（元）	定额工时（小时）	定额材料费用（元）	定额工时（小时）	定额材料费用（元）	定额工时（小时）
一车间份额	5 280	2 440	3 200	1 400	5 000	3 000
二车间份额	—	1 300	—	3 455	—	4 000
合计	5 280	2 740	3 200	4 855	5 000	7 000

采用平行结转分步法计算甲产品成本，各生产步骤产品成本计算如表9-28、表9-29、表9-30所示。

表9-28 产品成本计算表

车间名称：第一车间

产品名称：丙半成品　　　　20××年6月　　　　单位：元

项目	产成品产量（件）	直接材料		定额工时	直接人工	制造费用	成本合计
		定额	实际				
月初在产品成本	200	5 280	5 605	2 440	2 510	4 905	13 020
本月生产费用		3 200	3 723	1 400	2 098	3 159	8 980
生产费用合计		8 480	9 328	3 840	4 608	8 064	22 000
费用分配率		1.1		1.2	2.1	—	
产成品成本中本步骤份额		5 000	5 500	3 000	3 600	6 300	15 400
月末在产品成本		3 480	3 828	840	1 008	1 764	6 600

注：$1.1=\frac{9\ 328}{8\ 480}$；$1.2=\frac{4\ 608}{3\ 840}$；$2.1=\frac{8\ 064}{3\ 840}$

直接材料份额＝5 000×1.1＝5 500（元）

直接人工份额＝3 000×1.2＝3 600（元）

制造费用份额＝3 000×2.1＝6 300（元）

表9-29 产品成本计算表

车间名称：第二车间

产品名称：丙产品　　　　20××年6月　　　　单位：元

项目	产成品产量（件）	直接材料		定额工时	直接人工	制造费用	成本合计
		定额	实际				
月初在产品成本	200			1 300	1 455	2 435	3 890
本月生产费用				3 455	5 202	3 271	8 473
生产费用合计				4 755	6 657	5 706	12 363
费用分配率				1.4	1.2	—	—
产成品成本中本步骤份额				4 000	5 600	4 800	10 400
月末在产品成本				755	1 057	906	1 963

注：$1.4=\frac{6\ 657}{4\ 755}$；$1.2=\frac{5\ 706}{4\ 755}$

直接人工份额＝4 000×1.4＝5 600（元）

制造费用份额＝4 000×1.2＝4 800（元）

表 9-30 丙产品成本汇总表

20××年 6 月　　单位：元

项目	产量（件）	直接材料	直接人工	制造费用	成本合计
第一车间份额	200	5 500	3 600	6 300	15 400
第二车间份额		—	5 600	4 800	10 400
总成本		5 500	9 200	11 100	25 800
单位产品成本		27.5	46	55.5	129

五、平行结转分步法的优缺点

1. 优点

（1）各生产步骤可以同时计算产品成本，不需要逐步结转半成品成本，从而可以简化和加速成本计算工作。

（2）将各生产步骤的“份额”按各成本项目平行归集，能够提供按原始成本项目反映的产品成本资料。可以反映产品成本的实际结构，不需要进行成本还原。

（3）将各生产步骤的生产费用计入产成品成本的“份额”平行汇总，可以反映各生产步骤成本的升降对产成品成本的影响，有利于加强成本分析。

2. 缺点

（1）不能提供各生产步骤半成品成本资料及各生产步骤所耗上一生产步骤半成品费用资料，不能全面反映各生产步骤生产耗费水平，不利于各生产步骤的成本管理。

（2）由于各生产步骤之间不结转半成品成本，使半成品实物转移与费用结转脱节，因而不能为各生产步骤的在产品实物管理和资金管理提供资料。

复习思考题

一、单项选择题

1. 分步法适用于（　　）。

A. 大量大批多步骤生产　　B. 单件生产

C. 小批生产　　D. 大量大批单步骤生产

2. 下列方法需要进行成本还原的是（　　）。

A. 逐步结转分步法　　B. 综合结转分步法

C. 分项结转分步法　　D. 平行结转分步法

3. 将各步骤所耗用半成品费用按照成本项目分项转入下一步骤产品成本明细账的各个成本项目中的分步法是（　　）。

A. 综合结转分步法　　B. 分项结转分步法

C. 平行结转分步法　　D. 逐步结转分步法

4. 在平行结转分步法下，完工产品与月末在产品之间的费用分配是指（　　）。

A. 各步骤完工半成品与狭义在产品之间的分配

B. 产成品与广义在产品之间的分配

C. 各步骤完工半成品与广义在产品之间的分配

D. 产成品与狭义在产品之间的分配

5. 狭义在产品是指（　　）。

A. 已经入库的产成品　　B. 本步骤完工的半成品

C. 已经完工尚未入库的产品　　D. 本步骤正在加工中的在产品

6. 成本还原就是从最后一个步骤起，将各步骤所耗上一步骤半成品成本按照（　　）逐步分解，还原计算出按原始成本项目反映的产成品成本。

A. 本月所耗半成品成本结构　　B. 本月完工产品成本的结构

C. 上一步骤所产该种半成品成本的结构　　D. 上一步骤月末在产品成本的结构

7. 管理上要求计算半成品成本并提供按原始项目反映的产品成本的企业采用分步法计算产品成本时，应当采用（　　）。

A. 按计划成本综合结转　　B. 按实际成本综合结转

C. 分项结转　　D. 平行结转

8. 在大量大批多步骤生产的企业中，在半成品品种种类较多、管理上不要求提供各个步骤半成品成本资料的情况下，成本计算适合采用（　　）。

A. 平行结转分步法　　B. 分项结转分步法

C. 按实际成本综合结转分步法　　D. 按计划成本综合结转分步法

9. 按综合结转分步法计算产品成本时，产品生产经过四个生产步骤，若要进行成本还原，应当是（　　）。

A. 一次　　B. 二次　　C. 三次　　D. 四次

10. 采用平行结转分步法的优点是（　　）。

A. 能够提供各步骤半成品的成本资料　　B. 可以简化和加速成本核算工作

C. 便于加强在产品实物管理　　D. 半成品成本与实物同步结转

二、多项选择题

1. 采用分步法时，作为成本计算对象的生产步骤可以（　　）。

A. 按生产车间设立　　B. 按实际生产步骤设立

C. 在一个车间内按不同生产步骤设立　　D. 将几个车间合并设立

2. 平行结转分步法适用于（　　）。

A. 半成品对外销售

B. 半成品不对外销售

C. 管理上不要求提供各步骤半成品资料

D. 半成品种类较多，逐步结转半成品成本工作量较大

3. 分步法适用于（　　）。

A. 大量生产　　B. 大批生产　　C. 成批生产　　D. 多步骤生产

4. 采用按计划成本综合结转半成品成本的优点有（　　）。

A. 可以加速成本核算工作　　B. 可以简化成本计算工作

C. 不需要进行成本还原　　D. 便于各生产步骤进行成本的分析和考核

5. 采用分项结转法结转半成品成本的优点有（　　）。

A. 不需要进行成本还原　　B. 成本核算手续简便

C. 能够真实地反映产品成本结构　　D. 便于各生产步骤完工产品的成本分析

6. 逐步结转分步法的优点有（　　）。

A. 简化和加速了成本计算工作，不必进行成本还原

B. 能够提供各生产步骤半成品成本资料

C. 能够为半成品和在产品的实物管理及资金管理提供数据

D. 有利于开展成本分析工作

7. 采用逐步结转分步法，按照结转的半成品成本在下一步骤基本生产成本明细账中反映方法的不同，可分为（　　）。

A. 综合结转法　　B. 分项结转法

C. 按实际成本结转法　　D. 按计划成本结转法

8. 下列不需要进行成本还原的分步法有（　　）。

A. 逐步综合结转分步法　　B. 逐步分项结转分步法

C. 平行结转分步法　　D. 按计划成本结转分步法

9. 与逐步结转分步法相比，平行结转分步法的缺点有（　　）。

A. 各生产步骤不能同时计算产品成本　　B. 不便于各生产步骤完工产品的成本分析

C. 不能为实物管理和资金管理提供资料　　D. 不能提供各生产步骤的半成品成本资料

10. 逐步结转分步法的特点有（　　）。

A. 半成品成本随着实物的转移而转移　　B. 可以计算出半成品成本

C. 期末在产品是指广义在产品　　D. 期末在产品是指狭义在产品

三、判断题

1. 成本还原的对象是还原前完工产品成本中的半成品的综合成本。（　　）

2. 采用平行结转分步法，能够直接提供按原始成本项目反映的完工产品成本资料，不需要进行成本还原。（　　）

3. 平行结转分步法，各生产步骤的生产费用都要在完工产品与在产品之间进行分配。（　　）

4. 分步法不适用于单步骤生产的企业。（　　）

5. 逐步结转分步法就是为了计算半成品成本，最后计算出完工产品成本。（　　）

6. 不论是综合结转还是分项结转，半成品成本都随着半成品实物的转移而转移。（　　）

7. 平行结转分步法可以提供各步骤半成品的成本资料。（　　）

8. 逐步结转分步法下，半成品的成本不随其实物的转移而结转。（　　）

9. 逐步结转分步法下需要进行成本还原。（　　）

10. 采用分步法计算产品成本时，产品成本计算期与会计结算期完全一致。（　　）

四、计算题

1. 某企业生产 A 产品，经过三个生产步骤连续加工而成，原材料在生产开始时一次

投入，其他费用陆续发生，各步骤完工的半成品直接交下步骤加工，不通过半成品仓库收发。该企业采用逐步结转分步法计算产品成本，半成品成本按实际成本综合结转，各步骤在产品成本采用约当产量法计算，所耗半成品费用按全月一次加权平均单位成本计算 。A产品有关产量记录和费用资料如表9-31、表9-32所示。

表9-31　产品产量记录　　单位：件

摘要	一车间	二车间	三车间	产成品
月初在产品	50	60	80	—
本月投入或上步骤转入	300	240	320	—
本月完工半成品或产成品	200	220	300	300
月末在产品	100	80	100	—
在产品完工程度	50%	50%	50%	—

表9-32　生产费用资料　　单位：元

摘要	车间	直接材料	自制半成品	直接人工	制造费用	合计
月初生产费用	一车间	18 000	—	2 200	3 800	24 000
	二车间	—	12 000	1 000	1 840	14 840
	三车间	—	69 880	15 100	12 450	97 430
本月发生生产费用	一车间	108 000	—	24 200	41 800	174 000
	二车间	—	—	43 200	46 000	89 200
	三车间	—	—	99 000	81 000	180 000

要求：

（1）采用逐步结转分步法按实际成本综合结转计算产品成本，并将计算结果填入各车间产品成本计算表（见表9-33、表9-34、表9-35）。

（2）将计算的产成品成本按成本还原分配率法进行成本还原，并将计算结果填入表9-36。

表9-33　产品成本计算表

车间：第一车间

产品名称：A1半成品　　20××年×月　　完工数量：200件

摘　要	直接材料	直接人工	制造费用	合计
月初在产品成本（元）				
本月生产费用				
生产费用合计				
半成品单位成本				
完工半成品成本				
月末在产品成本				

表 9-34　产品成本计算表

车间：第二车间

产品名称：A2 半成品　　20××年×月　　完工数量：220 件

摘　要	自制半成品	直接人工	制造费用	合计
月初在产品成本				
本月生产费用				
生产费用合计				
半成品单位成本				
完工半成品成本				
月末在产品成本				

表 9-35　产品成本计算表

车间：第三车间

产品名称：A 产成品　　20××年×月　　完工数量：300 件

摘　要	自制半成品	直接人工	制造费用	合计
月初在产品成本				
本月生产费用				
生产费用合计				
半成品单位成本				
完工产成品成本				
月末在产品成本				

表 9-36　产品成本还原计算表　　产成品：300 件

项目	还原分配率	自制半成品（第二车间）	自制半成品（第一车间）	直接材料	直接人工	制造费用	合计
还原前半成品成本							
第二车间半成品成本							
第一次成本还原							
第一车间半成品成本							
第二次成本还原							
还原后产成品成本							
产成品单位成本							

2. 某企业本年 8 月大量生产甲产品，该产品顺序经过三个生产步骤连续加工，最后形成产成品。第一车间生产 A 半成品，第二车间生产 B 半成品，第三车间生产甲产品，原材

料是在生产开始时一次投入，其他费用陆续发生，该企业采用平行结转分步法计算产品成本。生产费用在完工产品与在产品之间按约当产量法进行分配。甲产品有关的产量资料和成本费用资料如表9-37、表9-38所示。

表9-37 产品产量记录

20××年8月　　单位：件

项目	月初在产品	本月投入	本月完工产品	月末在产品	完工程度
一车间	20	200	160	60	50%
二车间	60	160	180	40	50%
三车间	80	180	220	40	50%

表9-38 各生产步骤费用资料

20××年8月　　单位：元

项目	车间	直接材料	直接人工	制造费用	合计
月初在产品成本	一车间	5 300	3 740	4 320	13 360
	二车间		1 280	950	2 230
	三车间		1 400	990	2 390
本月生产费用	一车间	48 700	28 600	23 400	100 700
	二车间		31 200	28 450	59 650
	三车间		32 200	31 450	62 650

要求：采用平行结转分步法计算甲产品成本，将计算结果填入下列各生产车间产品成本计算表以及产品成本汇总表（表9-39、表9-40、表9-41、表9-42）。

表9-39 产品成本计算表

车间名称：第一车间

产品名称：A半成品　　20××年8月

项目	直接材料	直接人工	制造费用	合计
月初在产品成本（元）				
本月生产费用（元）				
生产费用合计（元）				
完工产品数量（件）				
月末广义在产品的约当产量（件）				
产量合计（件）				
单位产品成本（元）				
计入完工产品成本份额（元）				
月末在产品成本（元）				

表 9-40　产品成本计算表

车间名称：第二车间

产品名称：B 半成品　　　　20××年 8 月

项目	直接材料	直接人工	制造费用	合计
月初在产品成本（元）				
本月生产费用（元）				
生产费用合计（元）				
完工产品数量（件）				
月末广义在产品的约当产量（件）				
产量合计（件）				
单位产品成本（元）				
计入完工产品成本份额（元）				
月末在产品成本（元）				

表 9-41　产品成本计算表

车间名称：第三车间

产品名称：甲产品　　　　20××年 8 月

项目	直接材料	直接人工	制造费用	合计
月初在产品成本（元）				
本月生产费用（元）				
生产费用合计（元）				
完工产品数量（件）				—
月末广义在产品的约当产量（件）				—
产量合计（件）				—
单位产品成本（元）				
计入完工产品成本份额（元）				
月末在产品成本（元）				

表 9-42　甲产品成本汇总表

20××年 8 月　　　　单位：元

项目	产量（件）	直接材料	直接人工	制造费用	成本合计
第一车间份额					
第二车间份额					
第三车间份额					
总成本					
单位产品成本					

第十章　产品成本计算的分类法

学习目的与要求

1. 掌握分类法的特点和适用范围。
2. 掌握分类法的计算程序。
3. 理解副产品成本计算的特点。
4. 掌握副产品成本计算的方法。

第一节　分类法概述

一、分类法的概念及适用范围

分类法是指将企业生产的产品按照一定的分类标准进行分类，按产品的类别归集生产费用，计算各类产品成本，再按一定的方法在类内各种产品之间进行分配，计算类内各种产品成本的一种成本计算方法。

分类法主要适用于产品品种或规格较多的企业或车间，如电子元件厂、针织厂、食品厂等。分类法还可以用于联产品、副产品和等级品的成本计算。分类法与产品的类型没有直接关系，因而可以在各种类型的生产中应用。具体地说：

(1) 适用于使用同样原材料、经过同样工艺过程生产出来的不同规格的产品。

(2) 适用于在生产过程中对同一原料进行加工，生产出几种主要产品即联产品的成本计算。

(3) 适用于由于内部结构、所用原材料的质量或工艺技术上要求不同而产生的不同等级的产品的成本计算。

(4) 适用于除生产主要产品以外生产的一些零星产品的成本计算。

(5) 适用于副产品的生产成本计算。

二、分类法的特点

分类法的特点主要涉及各种产品如何进行分类，如何计算各类产品成本，如何计算不同类别产品的类内产品成本。

(一) 产品的分类

采用分类法计算产品成本时，首先应将产品划分为不同的类别。产品类别的划分一般是根据产品的性质、结构、所用原材料以及工艺过程的特点等。将不同品种、规格的产品进行分类后，按产品类别设置产品成本计算表，并按产品类别分成本项目归集生产费用，进行成本计算。

（二）成本计算对象是产品的类别

分类法是以产品的类别为成本计算对象，首先计算各类产品成本，然后再在类内分配计算各种产品的成本。以产品类别为成本计算对象，只是为了简化成本核算工作。在按类别计算各类产品成本时，应根据企业生产的特点和管理要求，分别采用品种法、分批法、分步法等成本计算的基本方法。因此，分类法不是成本核算独立的基本方法，而是辅助方法。

（三）分类产品成本的计算

采用分类法计算产品成本，实际上是先将各类产品作为品种，按品种计算出各类产品的总成本，然后再选择适当的分配标准，将某类产品的完工产品总成本在类内各种产品之间进行分配，从而计算出各种产品的成本。

（四）类内产品成本的计算

按类别计算出各类产品的完工产品总成本后，需要将每类产品的总成本在类内各种产品之间进行分配，计算各种完工产品的成本。

第二节　分类法的成本计算程序

一、分类法的计算程序

采用分类法计算产品成本时，为了简化类内不同品种、规格产品成本分配的计算工作，一般是将分配标准折合为系数，按系数分配计算类内每种产品的成本。分类法的成本计算程序如下：

（1）将产品以其性质、结构、所用原材料、生产工艺过程等为标志划分为若干个类别，采用品种法、分批法、分步法计算各类别产品的总成本。

（2）在同类产品中选择一种产品作为标准产品，将其分配标准系数确定为1，然后计算各种产品的单位系数。

（3）根据各种产品的产量，计算各种产品的总系数。

（4）根据各种产品的总系数，分配计算各种产品应分配的直接材料费用、直接人工费用和制造费用。

（5）计算各种产品的总成本。

二、类内产品成本的分配方法

按类别计算出各类产品的总成本后，类内各种产品成本的分配方法一般有两种：系数法和定额比例法。

（一）系数法

系数法是指按系数将类别产品总成本在各种产品之间进行分配的方法。

采用系数法分配，对不同的成本项目分配标准，就有不同的分配系数。在确定系数时，一般先在同类产品中选择一种产销量大、生产正常、售价稳定的产品作为标准产品，并将其系数定为1，其他各种产品的分配标准与标准产品的分配标准相比，其比率即为其他各种产品的系数。再根据各种产品的实际产量，按系数折算为标准产品产量即总系数，在产品可按约当产量先折算成该完工产品的产量，再按系数折算为标准产品产量。然后按标准产品产量的比例计算出各种产品的产成品成本和在产品成本。其计算公式如下：

$$类内某种完工产品系数=\frac{该种产品的分配数量}{标准产品的分配标准数量}$$

类内某种完工产品标准产量=该种完工产品实际产量×该种产品系数

类内在产品标准产量=在产品数量×完工程度×该种产品系数

类内标准产品总产量=∑（各种产品标准数量+类内在产品标准产量）

$$某项费用分配率=\frac{该项费用总额}{类内标准产品总产量}$$

类内某种完工产品负担的费用=该种完工产品标准产量×该项费用分配率

在产品负担的费用=在产品标准产量×该项费用分配率

【例10-1】 某企业本年4月生产A、B、C三种产品，所用的原材料和工艺过程相近，根据产品的生产特点，可将这三种产品合为一类，这类产品称为乙类产品。类内产品之间分配费用的标准为：原材料费用按各种产品的原材料费用系数进行分配，原材料费用系数按原材料费用定额确定，其他费用按定额工时的比例分配。该类产品中A为标准产品。有关产品产量、分配标准和成本资料如表10-1、表10-2、表10-3所示。

表10-1 产量和定额工时资料

产品类别	产品品种	计量单位	产量	单位产品工时定额（小时）
乙类产品	A	件	200	100
	B	件	100	150
	C	件	100	140

表10-2 单位产品消耗定额资料

产品类别	产品品种	原材料名称或编号	消耗定额（千克）	计划单价（元）
乙类产品	A产品	1 011	180	1.00
		1 012	100	1.20
		1 013	40	1.50
	B产品	1 011	150	1.00
		1 012	90	1.20
		1 013	44	1.50
	C产品	1 011	150	1.00
		1 012	110	1.20
		1 013	100	1.50

表 10-3　乙类产品成本计算表　　单位：元

项目	直接材料	直接人工	制造费用	合计
月初在产品成本（定额成本）	1 500	1 500	1 400	4 400
本月生产费用	201 500	46 000	12 000	259 500
生产费用合计	203 000	47 500	13 400	263 900
完工产品成本	196 000	46 300	12 400	254 700
月末在产品成本（定额成本）	7 000	1 200	1 000	9 200

根据单位产品直接材料消耗定额和计划单价，计算确定直接材料费用系数，如表 10-4 所示。

表 10-4　直接材料费用系数计算表

产品类别	产品品种	单位产品直接材料费用				直接材料费用系数
		材料名称或编号	消耗定额（千克）	计划单价（元）	定额成本（元）	
乙类产品	A 产品	1 011	180	1.00	180	$\frac{360}{360}=1$
		1 012	100	1.20	120	
		1 013	40	1.50	60	
		小计	—	—	360	
	B 产品	1 011	150	1.00	150	$\frac{324}{360}=0.9$
		1 012	90	1.20	108	
		1 013	44	1.50	66	
		小计	—	—	324	
	C 产品	1 011	150	1.00	150	$\frac{432}{360}=1.2$
		1 012	110	1.20	132	
		1 013	100	1.50	150	
		小计	—	—	432	

根据直接材料费用系数、产量、工时定额以及乙类产品成本计算表，分配计算乙类产品中各种完工产品成本，如表 10-5 所示。

表 10-5　乙类产品成本计算表

200××年 4 月　　金额单位：元

项目	产量（件）	材料系数	材料总系数	工时定额	定额工时	应分配的费用				单位成本
						直接材料	直接人工	制造费用	合计	
分配率						478.05	0.944 8	0.253	—	—

续表

项目	产量(件)	材料系数	材料总系数	工时定额	定额工时	应分配的费用				单位成本
						直接材料	直接人工	制造费用	合计	
A产品	200	1	200	100	20 000	95 610	18 896	5 060	119 566	597.83
B产品	100	0.9	90	150	15 000	43 025	14 172	3 795	60 992	609.92
C产品	100	1.2	120	140	14 000	57 365	13 232	3 545	74 142	741.42
合计	—	—	410	—	49 000	196 000	46 300	12 400	254 700	—

注：$478.05=\frac{196\ 000}{410}$；$0.944\ 8=\frac{46\ 300}{49\ 000}$；$0.253=\frac{12\ 400}{49\ 000}$

（二）定额比例法

定额比例法是指某类产品的总成本按该类内各种产品的定额比例进行分配的方法。

计算原理：

第一步：分成本项目计算出各类产品的本月定额成本或定额耗用量总数。

在实际工作中，为简化核算，通常只计算原材料定额成本或定额耗用量和工时定额耗用量，各成本项目则根据原材料定额成本或定额耗用量或工时定额耗用量比例进行分配。

第二步：分成本项目计算各类产品本月实际总成本，并计算各项费用分配率。

$$原材料费用分配率=\frac{某产品原材料实际总成本}{某类产品原材料定额成本或定额耗用量总数}$$

$$直接人工费用分配率=\frac{某类产品的直接人工费用实际总成本}{某类产品的定额工时总数}$$

$$制造费用分配率=\frac{某类产品的制造费用实际总成本}{某类产品的定额工时总数}$$

第三步：将同类产品中各种产品分成本项目计算的定额成本或定额耗用量乘以相关的分配率，即可计算各种产品的实际成本。

同类产品中某种产品原材料成本=该种产品的原材料定额成本或定额耗用量×原材料费用分配率

同类产品中在产品的原材料成本=在产品的原材料定额成本或定额耗用量×原材料费用分配率

同类产品中某种产品的直接人工成本=该种产品的定额工时×直接人工费用分配率

同类产品中某种在产品的直接人工成本=在产品的定额工时×直接人工费用分配率

同类产品中某种产品制造费用成本=该种产品的定额工时×制造费用分配率

同类产品中某种在产品的制造费用成本=在产品的定额工时×制造费用分配率

【例10-2】某企业生产A、B、C、D四种产品，根据产品的生产特点，可将这四种产品归为甲类产品计算成本，甲类产品完工产品和在产品之间进行生产费用分配以及分配计算类内产品成本均采用定额比例法，直接材料费用按定额成本分配，其他各项费用按定额工时比例分配。甲类产品月初和本月直接材料定额成本分别为6 500元、11 000

元。甲类产品月初和本月定额工时分别为3 255小时、6 420小时。有关产量、定额和成本资料如表10-6、表10-7所示。类内产品按定额比例法计算产品成本如表10-8所示。

表10-6 甲类产品产量及定额资料

产品名称		产量（件）	材料定额成本（元）		定额工时（小时）	
			单位成本	总成本	工时定额	合计
产成品	A	100	25	2 500	12	1 200
	B	75	40	3 000	15	1 125
	C	150	35	4 500	16	2 400
	D	175	20	3 500	20	3 500
小计		—	—	13 500	—	8 225
在产品	A	30	25	750	9	270
	B	35	40	1 400	8	280
	C	30	35	1 050	10	300
	D	40	20	800	15	600
小计		—	—	4 000	—	1 450
合计		—	—	17 500	—	9 675

表10-7 甲类产品成本计算表 单位：元

项目	直接材料	直接人工	制造费用	合计
月初在产品成本	9 000	1 600	1 875	12 475
本月生产费用	26 000	8 075	7 800	41 875
合计	35 000	9 675	9 675	54 350

表10-8 产品成本计算表 单位：元

项目	产量（件）	直接材料		定额工时	直接人工	制造费用	合计
		定额成本	实际成本				
月初在产品成本		6 500	9 000	3 255	1 600	1 875	12 475
本月生产费用		11 000	26 000	6 420	8 075	7 800	41 875
生产费用合计		17 500	35 000	9 675	9 675	9 675	54 350
费用分配率		2		1	1	—	
月末在产品成本		4 000	8 000	1 450	1 450	1 450	10 900

续表

项目		产量（件）	直接材料		定额工时	直接人工	制造费用	合计
			定额成本	实际成本				
完工产品成本	总成本		13 500	27 000	8 225	8 225	8 225	43 450
	A 产品成本	100	2 500	5 000	1 200	1 200	1 200	7 400
	B 产品成本	75	3 000	6 000	1 125	1 125	1 125	8 250
	C 产品成本	150	4 500	9 000	2 400	2 400	2 400	13 800
	D 产品成本	175	3 500	7 000	3 500	3 500	3 500	14 000

第三节　副产品、联产品、等级品的成本计算

一、副产品的成本计算

（一）副产品

副产品是指企业在生产主要产品的过程中附带生产的非主要产品。这些副产品尚有一定的用途，能满足某些方面的需要。如在高炉炼铁过程中，在生产生铁主要产品时，可以回收煤气；炼油厂在提炼原油过程中，还会生产一些渣油、石油焦等副产品。

（二）副产品的特点

（1）副产品是企业的次要产品，不是企业生产活动的主要目标。

（2）副产品销售价格较低，销售收入大大低于主要产品，在企业销售总收入中的比重很小。

（三）副产品的计价方法

副产品的计价，可以根据不同情况分别采用不同的计价方法。副产品的计价方法主要有三种：

（1）副产品不计价法。副产品不计价法是指副产品不负担分离前的成本，而将副产品的销售收入直接作为收益处理。一般适用于副产品分离后不再加工，而且其价值较低的情况。

（2）副产品按分离后的成本计价法。采用这种方法时，副产品成本只包括分离后进一步加工的成本，不负担分离前的成本费用。

（3）副产品按固定成本计价法。副产品按固定成本计价法是指按确定的固定成本作为副产品的成本，从主要产品成本中扣除。其中，固定成本可按副产品销售价格扣除税金、销售费用后的余额计算，或者按售价减去按正常利润率计算的销售利润后的余额计价，也可以按副产品的计划单位成本计价。计算出的副产品成本，可以从主要产品“直接材料”成本项目中扣除，也可以按副产品的计价与总成本的比例，分别从主要产品各成本项目中扣除。

二、联产品的成本计算

（一）联产品

联产品是指使用同种材料，在同一个生产过程中同时生产出几种使用价值不同并且具有同等地位的企业主要产品。如炼油厂从原油中可以同时提炼出汽油、机油、煤油、柴油等几种主要产品，这些产品都是炼油厂的联产品。

联产品是在生产过程中使用同样的原材料，并且在同一生产过程中生产出来的。各种联产品一般要在生产过程终了时才能分离出来，但有时也可能在生产过程的某一个步骤中先分离出某一种产品。在产品分离之前，不可能按照每种产品归集和分配生产费用，只能将其归为一类，按照分类法的成本计算原理计算其总成本，然后再采用适当的分配方法分配计算联产品中每种产品的成本。

（二）联产品的分配方法

联产品分离前的联合成本计算，一般采用分类法。计算出联合成本后，需要将其在各种联产品之间进行分配，分配时可以根据企业具体情况确定应采用的分配方法。联产品分配的方法主要有三种：

（1）实际产量法。实际产量法是根据各种产品实际产量分配联合成本的一种方法。其计算公式如下：

$$联合成本分配率=\frac{联合成本}{各种产品实际产量之和}$$

某种联产品应分配的联合成本=该种联产品实际产量×联合成本分配率

【例 10-3】 某企业生产 A、B、C 三种联产品，本月发生联合成本 120 000 元，A、B、C 三种产品的产量分别为 200 件、100 件、200 件。采用实际产量法分配联合成本。计算结果如表 10-9 所示。

表 10-9　联产品成本计算表

产品名称	产量（件）	分配率	应分配成本（元）
A 产品	200	240	48 000
B 产品	100		24 000
C 产品	200		48 000
合计	500		120 000

注：$分配率=\frac{120\ 000}{500}=240$

（2）系数分配法。系数分配法是指以产量为基础，各种联产品都以标准产品为标准折算为系数，按标准产量分配联合成本的一种方法。

【例 10-4】 某企业生产甲、乙、丙三种产品，实际产量分别为 60 件、100 件、160 件，甲、乙、丙三种产品的售价分别为 10 元、12 元、8 元。以售价为标准确定系数，并且以甲产品为标准。联合成本为 186 000 元。采用系数法分配联合成本。计算结果如

表 10-10 所示。

表 10-10 联产品成本计算表

产品名称	实际产量（件）	售价（元）	系数	标准产量（件）	分配率	联合成本（元）	单位成本（元）
甲产品	60	10	1	60	603.89	36 233.40	603.89
乙产品	100	12	1.2	120		72 466.80	724.67
丙产品	160	8	0.8	128		77 299.80	483.12
合计	320	—	—	308		186 000	—

注：分配率 $=\frac{186\ 000}{308}=603.89$

（3）售价分配法。售价分配法是指按照各种联产品销售收入分配联合成本的一种分配方法。

【例 10-5】 某企业生产甲、乙、丙三种产品，联合成本为 1 200 000 元。甲、乙、丙三种产品的售价分别为 20 000 元、7 000 元、30 000 元。实际产销量分别为 30 件、50 件、80 件。采用售价分配法分配联合成本。计算结果如表 10-11 所示。

表 10-11 联合成本计算表

产品名称	实际产销量（件）	售价（元/件）	销售收入（元）	分配率	联合成本（元）	单位成本（元）
甲产品	30	20 000	600 000	0.358 2	214 920	7 164
乙产品	50	7 000	350 000		125 370	2 507.40
丙产品	80	30 000	2 400 000		859 710	10 746.38
合计	160	—	3 350 000		1 200 000	—

注：分配率 $=\frac{1\ 200\ 000}{3\ 350\ 000}=0.3582$

三、等级品的成本计算

（一）等级品

等级品是指品种相同但在质量上有差别的产品。

等级品按造成产品质量差别的原因不同可以分为两种：一种是由于材料质量、工艺过程不同或由于自然原因造成的等级品，另一种是由于经营管理或技术操作原因形成的等级品。

（二）等级品的成本计算方法

等级品的成本计算方法，应根据企业的具体情况确定。

如果等级品是由于材料质量、工艺过程本身等特点或自然原因造成的，则应采用适当的分配方法计算各种等级品的成本。计算时，可将各种等级品作为一类产品，计算分类产品的联合成本，再根据按各种等级品的售价等标准确定的系数，将各种等级品产量折合为标准产量，采用系数法分配联合成本，以分配的联合成本作为各等级产品的成本。

如果是由于生产管理不善、操作失误造成的等级品，应采用实际产量法，将等级品的联合成本直接按各等级品实际产量平均折算，计算各等级品的成本。

【例 10-6】 某企业本月生产甲产品 100 000 件，其中一级品 60 000 件、二级品 24 000 件、三级品 16 000 件，其售价分别为 40 元、32 元、24 元。以一级品为标准产品。联合成本为 800 000 元。分别采用系数法和实际产量法计算各等级品的成本。其计算结果如表 10-12、表 10-13 所示。

表 10-12　等级品成本计算表（按系数法分配）

产品等级	实际产量（件）	售价（元/件）	系数	标准产量（件）	分配率	各产品应负担的成本（元）	单位成本（元）
一级品	60 000	40	1	60 000	9.01	540 600	
二级品	24 000	32	0.8	19 200		172 992	
三级品	16 000	24	0.6	9 600		86 408	
合计	100 000	—		88 800		800 000	

注：$分配率=\frac{800\ 000}{88\ 800}=9.01$

表 10-13　等级品成本计算表（按实际产量法）

产品等级	实际产量（件）	分配率	各产品负担的联合成本（元）	单位成本（元）
一级品	60 000	8	480 000	8
二级品	24 000		192 000	8
三级品	16 000		128 000	8
合计	100 000		800 000	-

注：$分配率=\frac{800\ 000}{100\ 000}=8$

复习思考题

一、单项选择题

1. 分类法适用于（　　）。

A. 品种、规格繁多的产品　　B. 可按一定标准分类的产品

C. 大量大批生产的产品　　D. 品种、规格繁多并按一定标准分类的产品

2. 采用分类法计算产品成本的目的是（　　）。

A. 分类计算产品成本　　B. 分品种计算产品成本

C. 简化各类产品成本计算工作　　D. 简化各种产品成本计算工作

3. 分类法的适用范围与企业的生产类型（　　）。

A. 有关系　B. 有直接关系　C. 没有直接关系　D. 没有任何关系

4. 采用分类法计算的各种产品成本（　　）。

A. 比较准确　B. 比较真实

C. 能真正体现成本水平　D. 其计算结果有着一定的假定性

5. 分类法的特点是（　　）。

A. 按产品类别计算产品成本

B. 按产品品种计算产品成本

C. 按产品类别归集生产费用，计算产品成本，同类产品内各种产品的间接计入费用采用一定方法分配确定

D. 按产品类别归集生产费用，计算产品成本，同类产品内各种产品的费用采用一定的方法分配确定

6. 不能采用分类法及其相类似的方法进行成本计算的产品是（　　）。

A. 联产品　B. 等级产品　C. 主、副产品　D. 零星产品

7. 分类法的成本计算对象是（　　）。

A. 产品品种　B. 产品类别　C. 产品规格　D. 产品加工步骤

8. 下列采用分类法计算产品成本的企业是（　　）。

A. 制鞋厂　B. 水泥厂

C. 造纸厂　D. 精密仪器生产企业

9. 副产品的计价可以采用不同的方法，常用的方法是（　　）。

A. 按上期成本计价　B. 按固定成本计价

C. 按定额成本计价　D. 按实际成本计价

10. 副产品成本从联合成本中扣除的方法是（　　）。

A. 从直接材料成本项目中扣除　B. 从直接人工成本项目中扣除

C. 从制造费用成本项目中扣除　D. 根据具体情况而定

二、多项选择题

1. 采用分类法计算产品成本，某类产品中各种产品之间分配费用的标准可以选用（　　）。

A. 定额消耗量　B. 定额费用　C. 产品售价　D. 产品的体积

2. 产品成本计算的分类法是（　　）。

A. 按产品类别设置成本明细账

B. 按产品品种设置成本明细账

C. 按产品类别归集生产费用，计算产品成本

D. 同类产品内各种产品的间接费用采用一定的分配方法分配确定

3. 按系数比例分配同类产品中各种成本的方法是（　　）。

A. 分类法的一种　B. 品种法的一种

C. 一种简化的分类法　D. 一种分配间接费用的方法

4. 可以采用分类法计算产品成本的产品有（　　）。

A. 联产品

B. 人工造成的等级品

C. 各等级产品

D. 品种规格繁多且数量小，费用比重小且零星产品

5. 在采用分类法时，做到既简化成本计算工作，又使成本计算相对正确的关键是（ ）。

A. 产品的分类应适当
B. 产量较小
C. 成本较低
D. 生产比较稳定

6. 在品种规格繁多且可按一定标准划分为若干类别的企业或车间中，能够应用分类法计算成本的产品生产类型有（ ）。

A. 大量大批单步骤生产
B. 大量大批多步骤生产
C. 单件小批单步骤生产
D. 单件小批多步骤生产

7. 副产品成本可以（ ）。

A. 按计划成本确定

B. 按实际成本确定

C. 按可分成本确定

D. 按售价扣除税金和销售费用后的余额确定

8. 联产品的成本由（ ）组成。

A. 联合成本 B. 可归属成本 C. 制造成本 D. 销售成本

9. 下列可采用分类法计算产品成本的有（ ）。

A. 电子元件厂 B. 针织厂 C. 造船厂 D. 机床厂

10. 采用分类法计算产品成本时，应注意的问题有（ ）。

A. 类内产品品种不能过多
B. 分配标准应有所选择
C. 类距要适当
D. 类内产品品种不能太少

三、判断题

1. 采用分类法计算产品成本，对类内产品成本的分配，各成本项目可采用相同的分配标准，也可以采用不同的分配标准。（ ）

2. 联产品的成本应该包括其所负担的联合成本和分离后的继续加工成本。（ ）

3. 分类法适用于产品品种、规格较多，并可按一定标准进行分类的企业的成本计算，也是成本计算的一种基本方法。（ ）

4. 采用分类法计算产品成本，不论选择什么分配标准，其产品成本计算结果都有不同程度的假定性。（ ）

5. 由于分类法是为了简化成本核算工作而采用的方法，因此只要能简化成本核算，产品可以随意进行分类。（ ）

6. 采用分类法计算出来的类内各种产品的成本具有一定的假定性。（ ）

7. 联产品必须采用分类法计算成本。（ ）

8. 等级产品均可采用分类法计算成本。（ ）

9. 各等级产品的成本原则上应该是相同的。（ ）

10. 工业企业在生产主要产品的过程中，附带生产出来的一些次要产品，称为联产品。（　　）

四、计算题

某企业生产的A、B、C三种产品的结构、所用原材料和工艺过程相近，合为甲类产品计算产品成本。类内各种产品之间分配费用的标准为：原材料费用按各种产品的原材料费用系数进行分配，原材料费用系数按原材料费用定额确定；直接人工费用和制造费用按工时的比例分配。

要求：按分类法计算产品成本，并将计算结果填入表10-14、表10-15、表10-16中的空白处。

表10-14　各种产品原材料费用系数计算表　　金额单位：元

产品名称	单位产品原材料费用				原材料费用系数
	原材料名称或编号	消耗定额（千克）	计划单价	费用定额	
A产品（标准产品）	201	24	100		
	202	100	175		
	203	96	225		
	小计	—	—		
B产品	201	40.5	100		
	202	120	175		
	203	110	225		
	小计	—	—		
C产品	201	69.5	100		
	202	138	175		
	203	120	225		
	小计	—	—		

产品名称：甲类　　**表10-15　产品成本明细账**　　单位：元

摘　要	原材料	直接人工	制造费用	成本合计
月初在产品成本（定额成本）	65 000	25 000	36 000	126 000
本月发生生产费用	140 000	56 000	75 000	271 000
本月生产费用合计				
完工产品成本				
月末在产品成本（定额成本）	55 840	26 700	38 600	121 140

表 10-16　各种产品成本计算表　　金额单位：元

项目	产量（件）	原材料费用系数	原材料费用总系数	工时消耗定额	定额工时	原材料	直接人工	制造费用	成本合计
分配率	—	—	—	—	—				—
A 产品	200			30					
B 产品	260			25					
C 产品	280			20					
合计	—	—							

第十一章　产品成本计算的定额法

学习目的与要求

1. 掌握定额法的概念及适用范围。
2. 掌握定额法的成本计算程序。
3. 掌握产品定额成本、脱离定额差异、材料成本差异、定额变动差异的计算。

第一节　定额法概述

一、定额法的概念、适用范围及特点

（一）概念

定额法是指在产品定额成本的基础上，加减脱离定额差异和定额变动差异计算产品实际成本的一种产品成本计算方法。

定额法不仅是一种具体的成本计算方法，同时也是一种成本控制方法。企业的生产费用和产品成本脱离定额的差异及其发生的原因，只有在月末时通过实际成本资料与定额成本资料对比、分析才能得到反映，而不能在月份内生产费用发生的当时就得到反映。这不利于更好地加强定额管理，不能及时对产品成本进行控制和管理，因而不能更有效地发挥成本核算对节约费用、降低成本的作用。

产品成本计算的定额法，就是为了及时反映和监督生产费用和产品成本脱离定额的差异，将产品成本的计划、控制、核算和分析结合在一起，及时了解生产过程中生产费用和产品成本脱离定额的差异情况以及发生的原因，加强成本管理而采用的一种产品成本计算方法。

（二）定额法的适用范围

定额法主要适用于定额管理制度比较健全、定额管理基础较好，产品已经定型，各项消耗定额比较准确、稳定的企业。

（三）定额法的特点

（1）事前制定产品消耗定额、费用定额和定额成本，作为降低成本的目标。

（2）在生产费用发生的当时，就将符合定额的费用和发生的差异分别进行核算，加强成本差异的日常核算、分析和控制。

（3）月末，在定额成本的基础上，加减各种成本差异，计算产品的实际成本，并为成

本的定期考核和分析提供数据。

二、定额法的优缺点

（一）优点

1. 有利于加强成本的日常控制

定额成本制度通过对生产耗费和生产费用脱离定额差异的日常核算，能够及时发现各项费用的节约或超支情况，从而有助于采取措施，有效控制费用的发生，达到降低成本的目的。

2. 有利于进行产品成本的定期分析

定额法计算的产品实际成本能够分别反映产品的定额成本、脱离定额差异、定额变动差异，在进行产品成本的定期分析时，便于准确确定产品实际成本脱离计划或者定额的原因及程度，为成本分析提供依据。

3. 有利于提高成本的定额管理和计划管理水平

实行定额成本核算制度，首先要求企业要有合理有效的定额管理和计划管理制度，通过脱离定额差异和定额变动差异的核算，有利于分析成本升降的原因，便于进行成本计划和定额的执行以及完成情况的分析和考核，并促进定额修订和完善，保证定额成本制度的科学性和可行性，进而不断提高企业的定额管理和计划管理水平。

4. 有利于各项费用定额差异及定额变动差异在完工产品与在产品之间的合理分配

在定额成本制度下，由于具有定额成本资料，无论是脱离定额差异还是定额变动差异，都可以通过完工产品与在产品的定额成本计算出一个合理的差异分配率，不仅计算简便，而且分配方法较为合理。

（二）缺点

1. 成本核算的工作量比较大

定额成本制度要求分别核算各产品的定额成本、脱离定额差异，在定额变动时，还要修订定额成本，计算定额变动差异。日常业务中要求相应增加较多差异凭证和汇总表对差异进行单独反映和核算，并根据需要将差异在完工产品与在产品之间进行分配，因此成本核算工作量较大。

2. 不便于分清各部门的经济责任，不便于进行业绩考核和评价

定额成本制度主要是按产品而不是按部门和责任中心确定定额成本差异，因此，不便于分清各部门的经济责任，不便于进行业绩考核和评价。

3. 对企业定额管理水平要求较高

采用定额成本制度，企业必须具有比较健全的定额管理制度，要具有比较定型的产品和较为科学、稳定的消耗定额，否则定额成本制度对于成本的日常管理和控制作用就会受到较大影响。

4. 计算的产品实际成本与同期生产经营的工作业绩脱节、灵敏度差

按定额成本制度计算出的产品实际成本的灵敏度差，同当期生产经营的工作业绩脱节，不会引起管理者和职工的关注。

第二节 定额法的成本计算程序

定额法的基本思路是：通过建立健全各项定额，分别核算产品定额成本以及产品成本与定额成本之间的差异，并在定额成本基础上，加减各有关成本差异，最终计算出产品成本。

定额法的成本计算程序：

(1) 建立健全各项定额，在各项消耗定额、费用定额的基础上，计算产品定额成本，编制产品定额成本计算表。

(2) 生产费用发生时，将符合定额的费用、脱离定额的费用和脱离的差异分别核算汇总，定额变动时，调整月初在产品定额成本，计算定额变动差异。

(3) 按确定的成本计算方法，汇集各项费用和定额成本差异，按一定标准在完工产品与在产品之间进行分配。

(4) 月末，在定额成本的基础上，加减脱离定额差异、定额变动差异，计算产品的实际成本。

在定额法下，产品成本计算的公式为：

产品实际成本=产品定额成本±脱离定额差异±材料成本差异±定额变动差异

一、定额成本的计算

定额成本是指根据企业现行材料消耗定额、工时定额、费用定额及其他有关资料计算的一种成本控制目标。

采用定额法进行产品成本计算，必须先制定单位产品的消耗定额和费用定额，并据以制定单位产品的定额成本，以此作为成本管理的目标和确定成本差异的前提。

产品定额成本的制定过程就是对产品成本进行事前控制的过程。定额成本既反映企业在现有生产条件下应达到的成本水平，又是衡量成本节约或者超支的尺度。实际发生的费用与定额成本相比较，才能揭示脱离定额的差异，以加强成本的日常控制。

定额成本是根据现行消耗定额和计划单位成本，按成本项目制定的。定额成本所包括的成本项目，通常应与计划成本和实际成本的成本口径保持一致，以便于考核和比较。

定额成本的制定依据主要包括：(1) 产品的现行工艺流程；(2) 产品的材料、动力、工时消耗定额；(3) 计划工资率或计件工资单价；(4) 制造费用预算等。

定额成本的制定是通过编制定额成本表进行的。在实际工作中，有两种方法可供选择。一是如果产品的零部件不多，可先编制零部件的定额成本表，然后汇总编制零部件和产品的定额成本表。二是为简化定额制定手续和成本计算工作，可以不编制零部件的定额成本表，而根据零部件的消耗定额、工序计划、工时消耗定额、材料计划单价、计划小时工资率、计划小时制造费用率等，计算零部件的定额成本；或者根据零部件的有关定额信息直接编制单位产品定额成本表。

直接材料定额成本主要根据现行消耗定额以及直接材料计划价格计算确定，直接人工定额成本主要根据产品的现行工时以及计划小时工资率计算确定，制造定额成本主要根据制造费用的现行工时以及计划小时制造费用分配率计算确定。

单位产品直接材料费用定额成本=单位产品直接材料定额消耗量×直接材料计划单价

单位产品直接人工费用定额成本=单位产品生产工时定额×计划小时工资率

单位产品制造费用定额成本=单位产品生产工时定额×计划小时制造费用分配率

单位产品定额成本=单位产品直接材料费用定额成本+单位产品直接人工费用定额成本+单位产品制造费用定额成本

定额成本制定后，要编制各种产品定额成本表。在有定额变动的月份，应根据变动后的定额，调整月初在产品定额成本，计算定额变动差异。

二、脱离定额差异的计算

脱离定额差异是指产品生产过程中各项实际发生的生产费用脱离现行定额的差异。

脱离定额差异反映了企业各项生产费用支出的合理程度和执行现行定额的工作质量。脱离定额差异应当包括材料成本差异，但在实际工作中，为了便于产品成本的分析和考核，一般单独计算产品成本应负担的材料成本差异。

在成本会计实务中，脱离定额差异通常按成本项目进行核算，具体包括直接材料费用脱离定额差异、直接人工费用脱离定额差异、制造费用脱离定额差异、废品损失脱离定额差异等。

（一）直接材料费用脱离定额差异的计算

直接材料费用包括自用半成品费用。在产品成本项目中，直接材料费用一般占有较大比重，并且大多属于直接计人费用。因此有必要在发生的当时就按产品计算定额费用和脱离定额差异，以便加强成本控制和成本管理。

直接材料费用脱离定额差异的计算有两种思路：一是直接材料费用脱离定额差异包括在直接材料价格差异之内；二是直接材料费用脱离定额差异仅仅是指实际产量的现行定额耗用量与实际耗用量之差所形成的成本差异，即直接材料用量差异。如果直接材料价格差异单独列示，其计算公式如下：

直接材料费用脱离定额差异=Σ［（直接材料实际耗用量-直接材料定额耗用量）］

定额耗用量是在生产任务完成后，根据实际产量和现行消耗定额计算；实际耗用量可以根据限额领料单、直接材料盘存资料计算，计算公式为：

直接材料实际耗用量=领料量-退料量-盘存量

定额成本差异的计算应分批进行，即在每批生产任务完成以后，计算出定额耗用量和实际耗用量并进行比较，计算材料节约或浪费的情况。在分批工作比较繁重、生产不能按批别划分的企业中，按生产批别计算直接材料脱离定额耗用量和脱离定额差异比较困难。因此，可以通过定期（周、旬、月）盘存的方法计算成本差异，即先根据完工产品数量、在产品数量、在产品盘存数量、材料消耗定额计算出直接材料耗用量，再根据限额领料单和退料单等材料凭证以及车间材料余料的盘存资料，计算出实际耗用量，通过材料定额耗用量与实际耗用量相比较来确定直接材料脱离定额的差异。

（二）直接人工费用脱离定额差异的计算

直接人工费用脱离定额差异的计算，由于工资形式的不同，其计算确定方式也不同。

在计件工资形式下，直接人工费用属于直接计入费用，其脱离定额差异的计算与直接材料脱离定额差异的计算相类似，符合定额的生产工人薪酬，应该反映在产量记录中。脱离定额差异的部分，应设置“工资补付单”等差异凭证予以反映，“工资补付单”中也应填明差异发生的原因，并要经过一定的审批手续。

在计时工资形式下，由于实际的工资总额到月末才能确定，因此，生产工资定额的差异不能在平时按照产品直接计算，只有在月末实际生产工资总额确定以后才能计算。如果生产工资属于直接计入费用，则某种产品的生产工资脱离定额差异按下列公式计算：

某种产品直接人工费用脱离定额的差异=该种实际生产工资费用-（该种产品实际产量×该种产品生产工资费用定额）

如果生产工资属于间接计入费用，则某种产品的生产工资脱离定额差异按下列公式计算：

$$小时工资率=\frac{计划产量的定额人工费用}{计划产量的定额生产工时}$$

$$实际小时工资率=\frac{实际直接人工费用总额}{实际生产工时总数}$$

某种产品的定额直接人工费用=该种产品实际产量的定额生产工时×计划小时工资率

某种产品的实际直接人工费用=该种产品实际产量的实际生产工时×实际小时工资率

某种产品直接人工费用脱离定额的差异=该种产品的实际直接人工费用-该种产品定额直接人工费用

（三）制造费用脱离定额差异的计算

制造费用属于间接计入费用，在日常核算中不能按照产品直接计入，而要按照费用发生的车间、部门和费用的项目进行。对于其中的材料费用，也可以采用限额领料单等定额凭证和差异凭证进行控制；对于生产工具、零星费用，则可采用“实用手册”“费用定额卡”等凭证进行控制。这类凭证先要填明领用的计划数，再登记实际发生数和脱离计划数的差异。对于超计划领用，也要经过一定的审批手续。

制造费用差异脱离定额差异的计算是指脱离定额费用计划的差异计算。各种产品应负担的制造费用脱离定额的差异，只有在月末实际费用分配给该种产品以后，才能通过实际费用与定额费用相比较加以确定。其计算公式如下：

$$计划小时制造费用率=\frac{计划制造费用总额}{计划产量的定额生产工时总数}$$

$$实际小时制造费用率=\frac{实际制造费用总额}{各种产品实际生产工时总数}$$

某种产品实际制造费用=该种产品的实际生产工时×实际小时制造费用率

某种产品定额制造费用=该种产品的定额生产工时×计划小时制造费用率

某种产品制造费用脱离定额差异=该种产品实际制造费用-该种产品定额制造费用

（四）废品损失差异和停工损失差异的计算

在计算产品的实际成本时，计入产品成本的废品损失和停工损失等项目，一般不列入产品定额成本，其实际发生额通常全部当作定额差异处理。其中不可修复废品成本可以根据定额成本或各项消耗定额计算。

有的企业要完全避免废品是不可能的，通常规定一定的废品率，作为控制废品的尺度。这时，企业就应该核算由于废品率的提高或者降低而形成的浪费额或者节约额，关注产品的质量，提高产品的经济效益。

三、材料成本差异的计算

采用定额法计算成本时，为了便于产品的分析和考核，原材料的日常核算必须按计划成本进行。因此，原材料的定额费用和脱离定额差异都按原材料的计划成本计算。原材料的定额费用是原材料的定额消耗量与其计划单位成本的乘积。原材料脱离定额差异是原材料的实际消耗量差异与其计划单位成本的乘积，即按原材料计划单位成本反映的原材料的实际消耗数量差异。原材料的定额费用与原材料脱离定额差异之和，就是原材料的实际消耗量与其计划单位成本的乘积。因此，在月末计算在产品的实际原材料费用时，还必须乘以原材料差异率，计算应该分配负担的原材料成本差异，即所耗原材料的价格差异。其计算公式如下：

某产品应分配的原材料成本差异=（该产品原材料定额费用±原材料脱离定额差异）×原材料成本差异率

实际工作中，原材料成本差异的分配计算，应通过“材料成本差异分配表”或“发料凭证汇总表”进行。

【例 11-1】某企业 8 月份所耗原材料定额费用为 65 000 元，脱离定额差异为超支 600 元，原材料成本差异率为 2%，计算该产品应分配的材料成本差异。

该产品分配的材料成本差异=（65 000+600）×2% =1 312（元）

四、定额变动差异的计算

定额变动差异又称“月初定额变动差异”，是指由于修订定额或生产耗费的计划价格而产生的新旧定额之间的差额。

定额变动差异是定额自身变动的结果，与生产费用支出的节约、超支无关。在消耗定额计划修订之后，定额成本也应随之及时修订。企业年度内修订定额一般是在月初进行，在有定额变动的月份，本月投入产品定额成本是按新定额计算的，只有在月初在产品定额成本是按旧定额计算的。因此，定额变动是指月初在产品账面按旧定额计算的定额成本与按新定额计算的定额成本之间的差异。

月初在产品的定额变动的差异，可以根据定额发生变动的在产品盘存数量或在产品账面结存数量和修订前后的定额消耗量，确定定额消耗量的差异和差异金额。这种计算要按零部件和工序进行，工作量较大。为了简化计算工作，也可以按单位产品采用定额变动系数计算。其计算公式如下：

$$定额变动系数=\frac{按新定额计算的单位产品费用}{按旧定额计算的单位产品费用}$$

月初在产品定额变动差异=按旧定额计算的月初在产品费用×（1-定额变动系数）

【例 11-2】 某企业生产甲产品，甲产品所用的零部件从本月 1 日起实行新定额，单位产品旧的原材料费用定额为 10 元，单位产品新的原材料费用定额为 9 元，该产品月初在产品按旧定额计算的原材料定额费用为 20 000 元。

$$定额变动系数=\frac{9}{10}=0.9$$

月初在产品定额变动差异=20 000×（1-0.9）=2 000（元）

【例 11-3】 某企业生产乙产品，采用定额法计算，原材料是在生产开始时一次投入，假定各有关差异均由完工产品负担。乙产品月初在产品 100 件，单位材料定额在上月按旧定额为每件 10 元，本月开始执行新定额为每件 8 元。本月投产乙产品 500 件，实际发生直接材料费用 3 800 元，月末乙产品 600 件全部完工。按定额法计算乙产品的实际成本。

月初在产品定额成本=100×10=1 000（元）

本月投入产品定额成本=500×8=4 000（元）

$$定额变动系数=\frac{9}{10}=0.9$$

月初在产品定额变动差异=100×10×（1-0.9）=100（元）

月初在产品定额调整=100×（9-10）=-100（元）

定额成本合计=1 000-100+4 000=4 900（元）

直接材料费用脱离定额差异=3 800-500×8=-200（元）

乙产品的实际成本=4 900-200+100=4 800（元）

五、产品实际成本的计算

在定额法下，产品实际成本的计算步骤为：

（1）设置产品成本明细账。按产品品种开设“实际成本明细账”或“成本计算表”，“实际成本明细账”或“成本计算表”中月初在产品、本月生产费用、生产费用合计、本月产成品和月末在产品成本各栏中，应分别设置“定额成本”“脱离定额差异”“定额变动差异”等栏目。

（2）根据上月成本明细账，填列月初在产品成本。如果定额在月初发生变动，则需要在账内“月初在产品定额成本调整”栏目中计算并填列月初在产品定额成本调整（上升数或降低数）和定额变动差异数额，由此引起的定额上升数或降低数在本栏目的“定额成本”栏内用正数或负数表示，同时在“定额变动”栏内用相反的符号表示。

（3）分别按定额成本、定额变动差异、脱离定额差异等各项差异进行合计，并填入相应栏目。

（4）计算完工产品定额成本和在产品定额成本。对于“费用合计”下的各栏目金额，要在产成品与月末在产品之间进行分配。完工产品的定额成本根据完工产品数量乘以单位产品定额成本计算，总定额成本扣除产成品定额成本的余额就是月末在产品定额成本。

（5）分配脱离定额差异、材料成本差异、定额变动差异。对于脱离定额差异和定额变动差异，应采取适当的分配方法在产成品与月末在产品之间进行分配。材料成本差异一般是由完工产品负担，不需要分配。

（6）计算完工产品成本和月末在产品成本。

计算公式为：

产品实际成本＝产品定额成本±脱离定额差异±材料成本差异±定额变动差异

【例 11-4】某企业本年 6 月生产乙产品，采用定额法计算产品成本。原材料在生产开始时一次投入。月初在产品 20 件，月初在产品有关资料如表 11-1 所示。自年初起，由于工艺改进，原材料消耗定额由 100 千克降低为 90 千克，其他定额保持不变。本月乙产品投入的直接材料的计划成本为 22 000 元，材料成本差异率为-1%。本月实际直接人工为 52 000 元，制造费用为 27 000 元。本月投入的定额工时为 6 600 小时，本月投产乙产品 50 件，月末完工 60 件，月末在产品 10 件。在产品完工程度为 50%，该企业采用定额法计算乙产品成本，各种成本差异按完工产品与在产品定额成本比例进行分配。材料成本差异全部由完工产品负担。采用定额法，计算乙产品成本如表 11-2、表 11-3 所示。

表 11-1　月初在产品成本及产品定额资料

20××年 6 月

项目	产量（件）	消耗定额（千克）	计划单价（元）	定额成本（元）	脱离定额差异（元）	定额变动差异（元）
直接材料	20	100	5	10 000	-540	575
直接人工	20	120	8	96 00	-2 944	—
制造费用	20	120	4	4 800	-288	—
合计	—	—	—	24 400	-3 772	575

表 11-2　乙产品生产费用计算表

20××年 6 月　　单位：元

项目		直接材料	直接人工	制造费用	合计
月初在产品	定额成本	10 000	9 600	4 800	24 400
	脱离定额差异	-540	-2 944	-288	-3 772
	定额变动差异	575	—	—	575
定额成本调整	定额成本	-1 000			-1 000
	定额变动差异	1 000			1 000
本月费用	定额成本	22 500	52 800	26 400	101 700
	脱离定额差异	-500	-800	600	-700
	材料成本差异	-220			-220

续表

项目		直接材料	直接人工	制造费用	合计
费用合计	定额成本	31 500	62 400	31 200	125 100
	脱离定额差异	-1 040	-3 744	312	-4 472
	定额变动差异	1 575	—	—	1 575
	材料成本差异	-220	—	—	-220

表 11-3　完工产品与月末在产品分配表

20××年 6 月　　单位：元

项目		直接材料	直接人工	制造费用	合计
分配率	脱离定额差异	-0.033	-0.06	0.01	—
	定额变动差异	0.05	—	—	—
材料成本差异率		-1%	—	—	—
完工产品成本	定额成本	27 000	57 600	28 800	113 400
	脱离定额差异	-891	-3 456	288	-4 950
	定额变动差异	1 350	—	—	1 350
	材料成本差异	-220	—	—	-220
	实际成本	—	—	—	109 580
月末在产品成本	定额成本	4 500	4 800	2 400	11 700
	脱离定额差异	-149	-288	24	-413
	定额变动差异	225	—	—	225
	实际成本	—	—	—	11 512

月初在产品直接材料定额成本调整＝（90-100）×5×20＝-1 000（元）

直接材料定额变动差异＝（100-90）×5×20＝1 000（元）

本月直接材料定额成本＝50×90×5＝22 500（元）

本月直接人工定额成本＝6 600×8＝52 800（元）

本月制造费用定额成本＝6 600×4＝26 400（元）

本月直接材料脱离定额差异＝22 000-22 500＝-500（元）

本月直接人工脱离定额差异＝52 000-52 800＝-800（元）

本月制造费用脱离定额差异＝27 000-26 400＝600（元）

材料成本差异＝22 000×（-1%）＝-220（元）

完工产品直接材料定额成本＝60×90×5＝27 000（元）

完工产品直接人工定额成本＝60×120×8＝57 600（元）

完工产品制造费用定额成本＝60×120×4＝28 800（元）

月末在产品直接材料定额成本＝10×90×5＝4 500（元）

月末在产品直接人工定额成本＝10×120×50%×8＝4 800（元）

月末在产品制造费用定额成本＝10×120×50%×4＝2 400（元）

$$直接材料脱离定额差异分配率=\frac{-1\ 040}{27\ 000+4\ 500}\times100\%=-0.033$$

$$直接人工脱离定额差异分配率=\frac{-3\ 744}{57\ 600+4\ 800}\times100\%=-0.06$$

$$制造费用脱离定额差异分配率=\frac{312}{28\ 800+2\ 400}\times100\%=0.01$$

$$直接材料定额差异分配率=\frac{1\ 575}{27\ 000+4\ 500}\times100\%=0.05$$

完工产品应分配的直接材料脱离定额差异＝27 000×（－0.033）＝－891（元）
月末在产品应分配的直接材料脱离定额差异＝－1 040－（－891）＝－149（元）
完工产品应分配的直接材料定额变动差异＝27 000×0.05＝1 350（元）
月末在产品应分配的直接材料定额变动差异＝1 575－1 350＝225（元）
完工产品应分配的直接材料成本差异＝22 000×（－1%）＝－220（元）
完工产品应分配的直接人工脱离定额差异＝57 600×（－0.06）＝－3 456（元）
月末在产品应分配的直接人工脱离定额差异＝－3 744－（－3456）＝－288（元）
完工产品应分配的制造费用脱离定额差异＝28 800×0.01＝288（元）
月末在产品应分配的制造费用脱离定额差异＝312－288＝24（元）
完工产品实际成本＝113 400－4 950＋1 350－220＝109 580（元）
月末在产品实际成本＝11 700－413＋225＝11 512（元）

复习思考题

一、单项选择题

1. 定额法在适用范围上（　　）。
A. 与生产类型直接相关　　B. 与生产类型无关
C. 适用于大量生产　　D. 适用于小批生产
2. 原材料脱离定额差异是（　　）。
A. 价格差异　　B. 数量差异
C. 原材料成本差异　　D. 一种定额变动差异
3. 计算月初在产品的定额变动差异，其目的是（　　）。
A. 正确计算本月产成品的定额成本　　B. 正确计算本月产成品的实际成本
C. 调整本月发生的定额成本　　D. 调整月初在产品的定额成本
4. 定额法适用于（　　）。
A. 小批单件生产企业
B. 大量大批多步骤生产企业
C. 可以按一定标准将所生产产品进行分类的企业
D. 定额管理基础较好，各项消耗定额较准确且稳定的企业
5. 除经过切割才能使用的材料外，核算和控制用料差异应选择的常用方法是（　　）。

A. 限额法　　B. 退料法　　C. 盘存法　　D. 切割法

6. 由于定额调整而产生的新、旧定额之间的差额一般称为（　　）。

A. 定额差异　　B. 成本差异

C. 定额变动　　D. 超支或节约差异

7. 定额法下用来衡量生产过程中有关耗费的超支或节约程度的主要指标是（　　）。

A. 定额差异　　B. 定额变动差异　　C. 定额成本　　D. 材料成本差异

8. 定额法下成本计算表中，当本期因技术进步而调低定额时，月初在产品定额成本调整数与本期定额变动差异数的符号表现为（　　）。

A. 都是正数　　B. 都是负数

C. 前者是正数，后者是负数　　D. 前者是负数，后者是正数

9. 定额法的主要缺点是（　　）。

A. 只适用于大批生产的机械化制造业

B. 不便于成本分析

C. 较其他成本计算方法核算工作量大

D. 不能合理解决完工产品与在产品之间的费用分配问题

10. 在脱离定额差异的核算中，与制造费用脱离定额差异核算方法相同的是（　　）。

A. 原材料　　B. 自制半成品

C. 计时工资形式下的生产工人工资　　D. 计件工资形式下的生产工人工资

二、多项选择题

1. 采用定额法计算产品成本，应具备的条件有（　　）。

A. 定额管理制度比较健全　　B. 定额管理工作基础比较好

C. 产品生产已经定性　　D. 消耗定额比较准确、稳定

2. 定额法的主要特点是（　　）。

A. 简化成本计算工作　　B. 有利于加强成本控制

C. 将定额成本作为降低成本的目标　　D. 对定额和差异分别核算

3. 计算和分析脱离定额成本差异主要包括（　　）。

A. 直接材料费用脱离定额差异　　B. 直接人工费用脱离定额差异

C. 制造费用脱离定额差异　　D. 管理费用脱离定额差异

4. 在定额法下，产品的实际成本是下列哪几项的代数和？（　　）

A. 按现行定额计算的产品定额成本　　B. 脱离现行定额的差异

C. 材料成本差异　　D. 月初在产品定额变动差异

5. 定额法的主要优点有（　　）。

A. 有利于加强成本控制，便于成本定期分析

B. 有利于提高成本的定额管理和计划管理水平

C. 操作简单，便于企业会计部门进行核算

D. 成本计算工作量小

6. 下列属于产品成本计算的辅助方法有（　　）。

A. 分类法　　B. 订单法　　C. 定额法　　D. 分批法

7. 定额法主要适用于（　　）的企业。

A. 定额管理制度比较健全　　B. 定额管理基础工作比较好

C. 产品已经定型　　D. 各项消耗定额比较准确、稳定

8. 定额成本是指根据企业（　　）计划的一种控制目标。

A. 现行材料消耗定额　　B. 工时定额

C. 费用定额　　D. 其他有关资料

9. 产品的定额成本一般由企业的（　　）会同企业计划、技术生产等部门共同制定。

A. 财会部门　　B. 计划部门　　C. 技术部门　　D. 生产部门

10. 下列表述正确的有（　　）。

A. 计划成本可以是国家下达的指令性指标

B. 计划成本是企业必须自行制定的指标

C. 定额成本是企业自行制定的目标成本

D. 企业可制定计划成本，也可不制定计划成本

三、判断题

1. 定额法下，材料脱离定额差异是材料实际消耗量与定额消耗量的差异。（　　）

2. 制定定额成本依据的现行定额是指企业从月初起施行的定额，在有定额变动的月份，应当根据变动以后的定额，调整月初在产品的定额成本，计算定额变动差异。（　　）

3. 定额成本是一种目标成本，是企业进行成本控制和考核的依据。（　　）

4. 在定额法下，退料单是一种差异凭证。（　　）

5. 定额变动差异反映的是生产费用的实际支出符合定额的程度。（　　）

6. 自制半成品脱离定额差异的计算方法与原材料相同。（　　）

7. 定额法与传统品种法、分步法等相比较，不仅强调日常成本计算，还强调成本的日常控制。（　　）

8. 如果定额发生调整，则在调整当期产品定额成本的同时，还应反向调整实际脱离定额差异。（　　）

9. 如果因为定额变动而调整期初在产品定额成本，则定额变动差异在数量上表现为旧定额减去新定额的差额。（　　）

10. 在定额法下，当期完工产品实际成本可以用定额成本进行计算。（　　）

四、计算题

1. 某企业生产A产品，采用定额法计算产品成本，本月份有关A产品原材料费用的资料如下：

（1）月初在产品定额费用为5 000元，月初在产品脱离定额差异为节约145元，月初在产品定额费用调整为降低100元，定额变动差异全部由完工产品负担。

（2）本月定额费用为100 000元，本月脱离定额差异为节约5 100元。

（3）本月原材料成本差异为超支1%，材料成本差异全部由完工产品成本负担。

（4）本月完工产品的产量为500件，A产品单位产品原材料费用定额为220元，定额变动系数为0.9。

要求：

(1) 计算本月完工产品的原材料定额费用。

(2) 计算月末在产品的原材料定额费用。

(3) 计算完工产品和月末在产品的原材料实际费用（脱离定额差异按定额费用比例在完工产品与在产品之间分配）。

2. 某种产品采用定额成本法计算产品成本。月初在产品原材料定额成本520元，月初在产品脱离定额超支差异15元，月初在产品原材料定额成本调整降低20元，定额变动差异由完工产品成本负担。本月原材料定额费用2 400元，本月脱离定额差异节约73元，本月原材料成本差异率超支3%，材料成本差异由完工产品成本负担，本月完工产品原材料定额费用2 600元。

要求：

(1) 计算月末在产品的原材料定额费用。

(2) 计算完工产品与月末在产品的原材料实际费用（脱离定额差异在完工产品与在产品之间进行分配）。

第十二章　作业成本法

学习目的与要求

1. 掌握作业成本法的有关概念。
2. 掌握作业成本法的基本原理。
3. 理解作业成本法的应用。

第一节　作业成本法概述

一、作业成本法的产生背景

作业成本计算法是20世纪80年代西方管理会计一项新的发展，简称“ABC法”。其核心内容是，在计算产品成本时先将制造费用归于每一作业，然后再由每一作业成本分摊到产品成本。进行作业成本计算，首先必须明确的是作业成本计算的基本特征。

（一）作业成本法产生的技术背景

自20世纪70年代以来，世界科学技术发生了日新月异的变化。技术环境的改变使产品成本结构发生了重大变化，许多人工被机器取代，直接人工成本占产品成本的比例大大下降，而间接费用和辅助生产费用在产品中的比重日益上升，同时间接费用与直接材料费用、直接人工费用的相关性越来越小。产品成本结构的根本变化使得以人工工时或机器工时为基础的间接费用分配方法已不能准确提供产品成本信息，也难以为企业管理提供有用的决策和控制信息。同时期，日本创建了适时生产管理制度，在西方发达国家得到广泛应用。该制度要求企业供、产、销的各个环节尽可能地实现“零存货”，即原材料、外购零部件的供应能“适时”到达生产现场，直接交付使用，而无须建立原材料、外购件的仓库进行储备。生产的各个环节紧密地协调配合，生产的前阶段按生产后阶段提出的加工要求，保质、保量地生产在产品，并“适时”地送达后一加工阶段，直接投入生产，而无须建立在产品仓库进行储备。在销售阶段，要将已生产出来的产成品保质保量地“适时”送到顾客手中，而无须建立产成品仓库进行储备。

应适时生产管理制度实施的要求，实务界提出全面质量管理观念，要求消除不能增加产品价值的所有浪费、缺陷和作业，强调顾客满意，并把管理重点放在满足顾客的要求上。因为在实施适时生产管理制度时要求生产经营的各个环节实现“零库存”，如果不在原材料、外购件的供应以及在产品、半成品的生产等每一个环节上把好质量关，尽量做到

“零缺陷”，那么，一旦出现废品就将会引起生产秩序的混乱，而由此所造成的损失、浪费将是难以估计的。

（二）作业成本法产生的社会背景

高新技术在生产领域的广泛运用，极大地提高了社会生产力，促进了社会经济的快速发展。随着社会经济的发展，西方经济发达国家已经进入了富裕社会，在富裕社会中，人们的可支配收入大大增加，消费者对产品功能与质量的期望日益增加，其行为变得更具有选择性和挑剔性。这种社会需求的变化必然对企业提出更新、更高的要求，使企业从关注大幅度地降低生产成本转向关注质量、送货时间以及顾客对特殊性能的产品和服务的需求。反映到生产组织上，就是传统的、以追求规模经济为目标的大批量生产方式要逐步为能对顾客提出的多样化、日新月异变化着的需求作出迅速反应的顾客化生产（定制化生产）所取代。原来适应于产品常规化和批量化生产企业的传统成本计算法，由于经济的发展和富裕社会的形成，要逐渐为新的成本计算法所取代，这成为历史的必然。

在上述因素的综合作用下，以“作业”为基础的作业成本法就应运而生。作业成本法克服了传统成本计算法存在的问题，对于正确分析作业成本、核算产品成本、进行资本支出评价有着十分重要的意义。

二、作业成本法概述

作业成本计算法是一种以“作业”为基础，以“成本驱动因素”理论为基本依据，通过分析成本发生的动因，将间接费用按作业进行归集，根据成本核算对象与所消耗作业的关系将相关作业成本分配到成本核算对象的一种成本计算方法。

作业成本法的主要目的是能够将间接成本和辅助费用更加准确地分配到产品、服务等成本对象中。

根据作业成本法的原理，企业的全部经营活动是由一系列相互关联的作业组成的，而企业每发生一项作业都要耗用一定的资源，产品、服务等也通过一系列的作业而被生产出来。具体到产品成本计算，产品成本是生产产品而发生的全部作业所消耗资源的总和。

作业成本法的基本指导思想是“产品消耗作业，作业消耗资源”。因此，在计算作业成本时，首先对经营活动中所消耗的各项资源按照消耗其具体作业进行归集，计算出作业成本，然后再按各项作业成本与产品之间的因果关系，将作业成本分配到产品等具体成本计算对象，最终计算产品成本的过程。

作业成本计算法应遵循的原则：一是作业消耗资源，产品消耗作业；二是生产导致作业的产生，作业导致成本的发生。根据这两条基本原则，作业成本法首先将间接费用按作业成本库进行归集，然后按作业成本动因将间接费用分配到各个产品中去，从而计算出各种产品的总成本和单位成本。

由此可见，作业成本是将着眼点放在作业上，以作业为核算对象，依据作业对资源的消耗情况将资源的成本分配至作业，再由作业依据产品成本动因分配至产品，最终汇总产品分得各项作业的份额，即可得出产品的总成本。

在作业成本法下，对于直接材料、直接人工以及其他直接成本，可以直接计入有关产品，这与传统的成本计算方法并无差异，但作业成本法下的直接成本的范围比传统成本法下的计算范围要大，凡是可方便地直接追溯到产品的材料、人工和其他成本，都可以直接归属于具体相关产品，以尽量减少不准确的分摊。对于不能方便地追溯到产品的成本费用，则先追溯到或合理分配到有关作业，计算作业成本，然后再将作业成本分配到有关产品。由于对不同作业所消耗的成本费用采用不同的作业成本分配率进行分配，因此能够克服传统成本计算法下较为单一的分配标准所存在的问题，从而提高产品成本信息的准确性。

三、作业成本法的有关概念

作业成本法在计算产品成本时，是将相关资源耗费归集于具体的相关作业，再利用作业与产品的关联性，将归集于作业的成本分配到相关产品。作业成本法计算产品成本的过程涉及的有关概念包括作业、作业链、资源、成本动因等。

（一）作业

作业是指经济组织所完成的一系列任务的总称，即组织内为了某种目的而进行的消耗资源的活动。将类似的作业归集在一起便构成了作业中心。建立作业中心的主要目的是归集每一类作业的成本，简化作业成本计算。

作业是作业成本计算法的核心。早期从事作业会计研究的美国学者科勒认为，作业就是一个组织单位对一项工程、一个大型建筑项目、一项规划以及一项重要经营的各个具体活动所做出的贡献。进入20世纪90年代，詹姆斯·A·布林逊在总结前人经验基础上提出：作业是企业为提供一定量的产品或劳务所消耗的人力、技术、原材料、方法和环境等资源及资源的消耗过程集合体。再进一步说，作业实质上可以理解为将间接费用分配到产品成本中去的分配基数。

如果我们认为间接费用变动的因素为直接人工，那么就会采用直接人工比例分配间接费用，此时，直接人工就成为分配基数，即“作业”。如果导致间接费用增减变动有多种因素，按作业观念，就应划分作业类别，更加准确地分配间接费用，使成本计算更接近实际。通常作业分类可采用如下方法：

（1）按重复性标准分类可分为重复性作业和非重复性作业；

（2）按必要性标准分类可分为必要性作业和随意性作业；

（3）按主次关系分类可分为一级作业和二级作业；

（4）按受益对象分类可分为产品作业和支持作业；

（5）按组织方式分类可分为单件作业和批别作业；

（6）按价值链中作业属性分类可分为增值作业和非增值作业等。

为了便于作业分析，并进行准确的作业成本计算，一般将作业按其层次分为单位作业、批次作业、产品作业、支持作业。

1. 单位作业

单位作业是针对产品的作业，如机械加工、对于每件产品的检验等。每生产一单位产品，这类作业就要发生一次，单位作业所消耗的资源一般随着产品的变化如直接材料、直接人工等，产量增加，这类作业的成本也几乎同比这类比例增加，因此这类作业有时候也被称作“产量级作业”。

2. 批次作业

批次作业是针对具体产品批次的作业。其特点是每生产一批产品就要作业一次，批次作业是随着生产批次数量的变动而变动的。如对每批产品的订单处理、机器调试、成批采购和检验等。它们的成本取决于批次，而与每批产品的数量无关。

3. 产品作业

产品作业是针对某种产品全部单位的作业，又称“品种级作业”。产品作业的特点在于服务于具体某种规格、型号或样式的产品，如产品设计、产品生产工艺规程制定、工艺改造、产品更新等。这类作业的成本依赖于某一产品线的存在，涉及一项生产的各项投入，而不是只针对一个单位或一批产品。这类作业的成本随着产品的品种项目的变动而变动。

4. 支持作业

支持作业是指维持整个生产过程所从事的作业。支持作业是用来保证整个生产系统得以顺利进行，而不是专门为某一产品而发生的作业，如工厂管理、厂房折旧、整体维护、工厂保卫、财产保险等。支持作业的成本一般视企业的整体情况而发生变动，与产品的种类和数量多少无关。一般而言，对于那些无法追溯到单位产品，并且与产品批次、产品品种无明显关系的成本，都可以认定为生产维持级别的成本。

上述的每个作业还可以进一步按影响因素详细划分，企业的全部活动就是大大小小的各种作业有机组成的，作业成本计算法首先应从满足顾客的需要出发，建立起一系列作业集合体。

（二）作业链

作业链是指企业为了满足顾客需要建立的一系列有序的作业集合体。一个企业简化的作业链为：

研究与开发→设计→生产→配送→售后服务

价值链与作业链紧密相关。按作业成本法的原理，产品消耗资源，一项作业转移到另一项作业的过程，同时伴随着价值量的转移，最终产品是全部作业的集合，同时也是全部作业的价值集合。依据是否会增加顾客价值，作业分为增值作业和不增值作业。增值作业是指能够增加顾客价值的作业，也就是说，这种作业的增减变动会导致顾客价值的增减变动；不增值作业是指不会增加顾客价值的作业，也就是说，这种作业的增加或减少不会影响顾客价值的变动。

归集了作业成本后，就应该将作业成本分配到产品上，作业成本的分配必须符合相关性的要求。如果某一作业的成本与产品产量直接相关，可将产量作为作业成本动因；如果某一作业的成本与产品消耗的机器小时直接相关，可以选择机器小时作为作业成本动因。

（三）成本动因

成本动因是指引致发生与变动的原因或推动因素，即“成本驱动因素”。成本动因揭示了企业执行作业的原因及作业消耗资源多少。确定成本动因，是作业成本法实施中非常重要也是难度较大的一个步骤，同一作业的成本动因往往不止一个，影响程度也有所不同，而同一成本动因也可以支持多个作业。因此，成本动因与作业之间并非是一对一的对应关系。成本动因可以是财务指标，也可以是非财务指标；可以是数量型的，也可以是非数量型的；可以是外部的，也可以是内部的；可能是积极的，也可能是消极的，还可能与企业规模、工艺复杂程度等诸多因素有关，确定时需结合经验来判断。

成本动因是关于成本发生额与作业消耗量之间内在数量关系的决定性因素。因此，在作业成本法下，成本动因作为一个重要范畴，就成为计算作业成本的依据，可以用来解释执行作业的原因和作业消耗资源的大小。采用作业成本法进行间接费用的分配，首先就是要对成本发生的行为有较深刻的了解，找出恰当的成本动因，以说明成本是如何通过作业的实施进入各个产品的。选择合适的成本动因是作业成本法最为核心的内容，成本动因关系到作业成本归集与分配的科学性、准确性和有效性。

成本动因按其在作业成本核算程序中所处的位置分为资源动因和作业动因。

1. 资源动因

资源动因是引起作业成本增加的驱动因素，用来衡量一项作业的资源消耗量。

成本的基本存在形式在于资源，没有资源一般就没有成本。这里所谓的资源动因，即资源消耗背后的驱动因素，是作业消耗资源多少的计量方式，也是将资源成本分配到作业的依据，反映了某项或某类作业对于资源的消耗情况。例如，产品调试作业需要有调试人员、调试设备、专用场地，还会有电力、油料等能源的消耗。这里，调试作业作为成本对象，耗用了以上的资源，构成了调试作业的成本。其中，调试人员的工资和调试设备、专用场地的折旧费，一般可以直接计入调试作业的成本；但电力、油料等能源的消耗往往是以全厂或者是车间为单位统计的，而未能直接计入（除非为设备专门安装电表，对具体消耗进行记录）。一种合理做法就是根据设备额定功率和设备运行时间进行分配。于是，“设备额定功率×设备运行时间”就成为度量调试作业耗用的资源成本的依据，即资源动因，其乘积值称作“资源动因量”，资源动因量越大，耗用的资源成本就越多，这样就可以按照其乘积值作为资源的分配基础，将调试所用的资源成本分配到调试作业，即依据资源动因可以将资源成本分配给各有关作业。

2. 作业动因

作业动因是用来衡量具体成本对象（产品或服务）需用的作业量，是产品成本增加的驱动因素。

作业动因反映有关作业被产品或其他成本对象所消耗的原因和方式，是计量各种产品所消耗的作业成本多少的驱动因素。作业动因是将各有关作业成本分配到最终产品的依据和标准，也是沟通资源耗费与最终产出的中介。例如，以产品调试作业，把电力、油料等能源的成本通过资源动因分配到调试作业成本或作业成本库后，就要确定相应的作业动因，以便将有关调试作业成本分配至产品。假设企业生产多种产品，每种产品又是分批完成并进行调试的，全部产品共用同一调试资源，并假定每次调试成本都是相等的，那么调试的“次数”就成为对产品进行调试而发生的相关成本的驱动因子，即作业动因。

在一定期间内，调试作业总成本除以调试的总次数即为调试作业的成本分配率，用产品的调试次数乘以相对应的分配率就是该种产品所承担的调试成本。某种产品完工的批次越多，进行调试的“次数”就越多，所承担的调试成本也应越高。

（四）资源

资源即资财之源，是指用来创造社会财富的使用价值。对于具体组织而言，资源是成本的载体或源泉。任何可以利用的使用价值或者能够带来价值的源泉，都可称为资源。

一个企业可用于生产经营活动的各种材料、物资都属于资源，包括企业所拥有或者控制的人力资源。资源具有二维性：一方面，资源是可以带来价值的源泉，是财富的象征；另一方面，资源又是成本、费用的载体与来源，企业取得资源时所耗费的成本一般就成为资源的入账价值，账面记录的资源通常就是取得该资源的成本集合。成本费用基本上就是用所耗费的资源的价值来衡量。

四、作业成本法的主要特点

作业成本法不仅保证了成本计算的准确性，而且促进了企业对间接成本的有效控制，有利于降低产品成本。这与传统成本计算是截然不同的。其特点表现在：

第一，作业成本法是以“作业”为中心，对作业成本进行确认与计量，将作业、作业中心、顾客和市场纳入了成本核算范围，形成了以作业为核心的成本核算对象体系。

第二，作业成本法通常和适时生产管理制度相结合，而适时生产管理制度要求在产、供、销各个环节实现零存货。因此，按作业成本法计算出来的产品成本同当期所发生的期间成本基本一致，便于进行成本分析和成本考核。

第三，作业成本法将计算重点放在了成本发生的前因后果上，因此提供的成本信息相对更加准确，从而提高了决策的效果效率。

五、作业的成本会计处理

作业观最早着眼于作业管理，但当作业正式与价值耗费联系起来时，作业概念就具有了会计学含义。目前，在会计领域中从如下角度确定了作业的成本处理：

（一）作业是以人为主体的，并且要消耗一定的资源

人是现代企业中各项具体生产经营工作的主体，作业是通过人力作用物的工作，以人为主体，就要消耗一定的人力资源，在作用于物的工作中，势必消耗一定的物质资源，价值的耗费是不可避免的。

（二）依据作业目的，选择作业标志，划分作业类别

企业生产经营的全部过程可以按照每一部分工作的特定目的划分为若干个作业，作业的目的不同于某一项具体工作目的，它们的划分是循着成本动因展开的，这为下一步按照成本动因分配费用提供了前提和基础。

（三）作业的范围可以被限定

从会计角度上看，由于作业的区分依据是成本动因，而成本动因对于某一特定企业来说是客观的，因此，作业范围是能够得到本质上的限定的。

上述内容表面看起来似乎很深奥，实际上并不复杂。通过前面章节的学习，已经熟悉了辅助生产车间的成本分配方法，其内容实际上就带有某些作业成本法的计算原理。前述的辅助生产车间提供劳务的成本，都是按各自的作业量进行费用分配的，如供电车间和机修车间分别是按照各自提供的电量和机器工时分配其成本。如果一个辅助生产车间提供多种劳务，那就应具体划分作业，形成不同的成本归集点，分别选择分配动因基数分配其成

本。例如一个动力车间提供供电、供气、修理三种劳务，那么就应划分三个“作业”，分别归集成本，分别选择各自提供的电、气、修理服务量来分配辅助生产成本。这种按作业分别归集成本，按受益比例分配费用的作业就类同于作业的成本会计处理。

六、作业成本计算法的适用条件与适用范围

（一）作业成本计算法的适用条件

作业成本计算法可以为管理人员提供比传统成本计算法更为透明的间接成本信息资料，有利于企业进行正确的生产经营决策，这是作业成本法的长处所在。但是并非企业所有的间接费用都可运用作业成本法进行核算，都能取得决策有用的数据，作业成本计算法有一定的适用条件。一般而言，采用作业成本法应具备下列条件：

（1）制造费用比重相当大；

（2）产品种类很多；

（3）生产经营的作业环节较多，各种产品需要技术服务的程度相差较大；

（4）各项生产运行数量相差很大并且生产准备成本昂贵；

（5）随着时间推移，作业变化很大的会计系统变化相应较小。

（二）作业成本法的适用范围

根据《企业成本核算制度》的规定，信息传输、软件及信息技术服务等企业，可以根据经营特点和条件，利用现代信息技术，采用作业成本法对产品成本进行归集和分配，计算产品成本。

采用作业成本计算法的大多是相对比较成功的企业，这些企业一般具有下列特征：

（1）从成本结构上看，制造费用在产品成本中占有较大的比重；

（2）从产品品种上看，产品品种较多，并根据市场需求不断加以调整；

（3）从外部环境上看，面临激烈竞争压力；

（4）规模较大，信息化管理程度高。

第二节　作业成本法的成本计算程序

一、广义作业成本计算法的计算步骤

作业成本计算法的程序或步骤，从不同角度看有着不同的解释。从广义的作业成本法看，作业成本法不仅是对过去的成本进行计算与分析，而且要对未来的成本进行计划。因此，作业成本法的基本步骤较多，内容较广。美国的罗宾·库柏和罗伯特·卡普兰等教授将作业成本法归纳为以下几个步骤：

（1）确认计划的目标、时间和范围；

（2）了解企业目前的作业组成和营运状况；

（3）设置有关功能的小组负责完成计划；

(4) 在计划实施过程中对有关人员进行培训；
(5) 搜集与作业相关的资料或信息；
(6) 编制作业的附加价值；
(7) 分析和使用第一阶段的成本动因；
(8) 将作业配置于各作业中心，将有关的薪资费用编入结构分析中；
(9) 将有关的其他费用编入结构分析中；
(10) 辨认及取得第二阶段成本动因资料，据以分配作业成本，计算最终产出目标；
(11) 将资料输入作业成本计算模式中；
(12) 执行模式并产生报告。

二、狭义作业成本计算法的步骤

从狭义的作业成本计算看，作业成本计算法主要是事后作业成本。本书采用狭义的作业成本法。狭义的作业成本计算法一般包括以下五个步骤：

(一) 选择成本基础，确定主要作业，明确作业中心

确定作业，就是要将与间接费用发生有关的作业活动进行分类。一个作业中心是企业生产程序的一个组成部分，不同类型的企业，不同产品的生产，其作业内容不同，成本计算的基础也就有所不同。例如，有的企业可以把作业活动分为材料搬运、生产调度、准备人工、自动化机器、精加工、包装和运输等；有的企业可以把作业活动分为采购、设计、规划、组织订货、制造、仓储、发运与售后服务等。

(二) 将各作业的投入成本或资源归集到每一个作业中心的成本库中

每一个成本库所代表的是其成本库中心所执行的作业，应按不同的作业领域追踪其构成成本的各种资源。要计算生产产品所发生的直接材料和直接人工成本，并将间接成本汇集于同质的成本库中。所谓同质成本，是指可用同一成本动因解释其成本变动的成本。同时，还要追踪作业的资源。如材料搬运，可追踪到其搬运的是何种物资，是原材料还是零部件；生产调度，可追踪到生产调度的依据，即生产订单；自动化设备，可追踪到机器工时；精加工，可追踪到直接人工工时等。

(三) 选择适当的成本动因

企业某项作业的业绩好坏，一方面可用作业总成本来体现，另一方面也可以用作业质量或产品属性等来衡量。产出量的多少决定着作业的耗用量，这种作业消耗量与产出量之间的关系也即前面所述及的成本动因。选择适当的成本动因，一般应考虑下列因素：

(1) 计量成本动因的成本。即考虑有关成本动因的资料是否易得，需要进行成本效益分析。通常计量成本低的成本动因被选中的可能性要比计量成本高的成本动因大。

(2) 成本动因与作业实际消耗的相关度。相关程度越高，成本被歪曲的可能性越小，选择概率就越大。

(3) 成本动因引发的人的行为。如果采用该成本动因可能引起的组织行为的变化与希望的一致，则可以选择该成本动因。

常见的作业与成本动因的对照关系如表 12-1 所示。

表 12-1　作业及其成本动因对应表

作　业	成本动因
购入材料	采购单数量
领取材料	采购单数量
材料移送	移送次数
购入零件	零件数量
材料计划与管理	检验次数
应付账款	发票数量
存货管理	材料数量
设备管理	维修次数
检验产品	产品批量
质量检验	检验次数
支付供应商	零件数量
应收账款	顾客数量

（四）将汇集于成本库的间接费用按确定的成本动因及追踪的资源标准分配到各项产品中去

选择各作业中心间接成本的分配标准，如材料搬运作业的作业衡量标准是搬运的零件数量、生产调度作业的作业衡量标准是生产订单数量、自动化设备作业的作业衡量标准是机器工时数、精加工作业的衡量标准是直接人工工时数等。

计算成本库分摊率，即计算每一个成本库各单位成本动因的成本，成本动因是将作业成本库成本分配到产品中去的标准，也是将作业耗费同最终产出相沟通的中介。既然作业是依据作业动因确认的，就每一项作业而言，其动因也就已经确立了。例如订单作业是批次动因作业，成本库分配率的计算等于该作业成本库成本除当期订单份数，将此分配率乘以某批产品所用订单份数，即可求得应计入该批产品成本计算表订单成本中去的价值。

（五）计算每一产品的作业成本

在分配作业成本库间接成本基础之上，按照各产品的作业衡量标准，计算各产品的作业成本，包括各产品总成本和单位成本。将已经分配到产品中去的制造费用除以产品产量，可求得单位产品的制造费用，以此加上单位产品的直接成本，可计算出该产品的制造单位成本。

三、作业成本计算法的基本原理

直接材料费用、直接人工费用按相关生产要素费用计算，分配计入该产品的生产成本，制造费用按成本动因进行计算分配。

作业成本法没有唯一固定的正确的分析方法，每个企业都应根据自己具体情况运用作业成本法分摊成本，但是其基本的原理是相通的。作业成本法是一种以“成本驱动因素”理论为基本依据，根据产品生产经营过程中所发生和形成的产品与作业、作业链与价值链的关系，对成本发生动因加以正确的分析，选择“作业”为成本计算对象，归集和分配生产经营费用的一种成本核算方法。作业成本计算法建立在以下基础之上：作业消耗资源，产品消耗作业，生产导致作业的发生，作业间接导致费用或间接成本的发生。

由此，其基本原理可以概述为：依据不同的成本动因分别设置作业成本库，再分别以各种产品所消耗的作业量分摊其在成本库中的作业成本，然后，分别汇总各种产品的作业总成本，计算各种产品的总成本和单位成本。由此可见，作业成本计算法将着眼点放在作业上，以作业为一种过渡的成本计算对象，依据作业对资源的消耗情况将资源成本分配到作业，再由作业依据成本动因追踪到产品成本的形成和积累过程，由此得出最终产品的成本。

对作业成本法进一步分解，其主要原理有以下三个方面：

(1) 任何企业的一切活动都服务于产品和劳务的生产、销售和运输，因而应将其视为产品成本的构成因素。

(2) 在每个企业作业链中，存在着这样一种关系：资源→作业→产品，即作业耗用资源，产品耗用作业，作业成为沟通企业资源和企业最终产品之间的一座桥梁。

(3) 作业成本法将传统变动成本法的变动成本进一步划分为短期变动成本和长期变动成本两类。短期变动成本如直接材料、直接人工等，应采用“数量相关的成本驱动因素”，如直接材料成本、直接人工工时等。而长期变动成本与企业产品产量没有直接关系，如制造费用和部分期间费用，其只是受作业量的变动而变动，故应采用“作业量相关的成本驱动因素”，如折旧可以采用机器工时进行分摊等。

【例 12-1】 某企业本月生产 A 产品和 B 产品。A 产品和 B 产品的生产加工工艺不同，A 产品工艺比 B 产品复杂。A 产品每月生产 100 件，B 产品每月生产 150 件。本月的相关资料如表 12-2、表 12-3 所示。经研究，发现本企业间接费用的成本动因有 5 个：材料领用数量、包装批次、质量检验小时、设备维修时数和装卸搬运次数。其他有关资料如表 12-4 所示。

要求：

(1) 按作业成本法将间接费用在 A 产品和 B 产品之间进行分配。

(2) 按作业成本法计算 A 产品和 B 产品的总成本和单位成本。

表 12-2 A 产品和 B 产品的直接材料和直接人工资料

项目	产品名称	
	A 产品	B 产品
产品产量（件）	100	150
直接材料（元）	10 000	12 000
直接人工（元）	2 000	3 000

表 12-3　A 产品和 B 产品的间接费用　　单位：元

材料领用	包装	质量检验	设备维护	装卸搬运	合计
15 000	8 000	10 000	12 000	5 000	50 000

表 12-4　作业类别与相关作业量

作业类别	成本动因	作业量		
		A 产品	B 产品	合计
材料领用	材料领用数量	7	8	15
包装	包装批次	3	5	8
质量检验	质量检验小时	10	15	25
设备维护	设备维护时数	4	8	12
装卸搬运	装卸搬运次数	4	6	10

（1）计算分配作业成本：

①成本对象为材料领用，其成本动因为材料领用数量：

成本动因分配率 $=\frac{15\ 000}{15}=1\ 000$

A 产品应分配 $=1\ 000\times7=7\ 000$

B 产品应分配 $=1\ 000\times8=8\ 000$

②成本对象为包装，其成本动因为包装批次：

成本动因分配率 $=\frac{8\ 000}{8}=1\ 000$

A 产品应分配 $=1\ 000\times3=3\ 000$

B 产品应分配 $=1\ 000\times5=5\ 000$

③成本对象为质量检验，其成本动因为质量检验小时：

成本动因分配率 $=\frac{10\ 000}{25}=400$

A 产品应分配 $=400\times10=4\ 000$

B 产品应分配 $=400\times15=6\ 000$

④成本对象为设备维护，其成本动因为设备维护时数：

成本动因分配率 $=\frac{12\ 000}{12}=1\ 000$

A 产品应分配 $=1\ 000\times4=4\ 000$

B 产品应分配 $=1\ 000\times8=8\ 000$

⑤成本对象为装卸搬运，其成本动因为装卸搬运次数：

成本动因分配率 $=\frac{5\ 000}{10}=500$

A 产品应分配 $=500\times4=2\ 000$

B 产品应分配 = 500×6 = 3 000

作业成本分配如表 12-5 所示。

表 12-5　A、B 两种产品作业成本分配表　　金额单位：元

作业	作业成本	分配率	A 产品		B 产品	
			消耗动因	金额	消耗动因	金额
材料领用	15 000	1 000	7	7 000	8	8 000
包装	8 000	1 000	3	3 000	5	5 000
质量检验	10 000	400	10	4 000	15	6 000
设备维护	12 000	1 000	4	4 000	8	8 000
装卸搬运	5 000	500	4	2 000	6	3 000
合计	50 000	—	—	20 000	—	30 000

（2）计算产品成本：

①A 产品作业成本计算如下：

直接材料项目：

总成本 = 10 000 元

单位成本 = $\frac{10\ 000}{100}$ = 100（元）

直接人工项目：

总成本 = 2 000 元

单位成本 = $\frac{20\ 000}{100}$ = 200（元）

间接费用项目：

总成本 = 20 000 元

单位成本 = $\frac{20\ 000}{100}$ = 200（元）

A 产品：

单位成本 = 100+20+200 = 320（元）

总成本 = 10 000+2 000+20 000 = 32 000（元）

②B 产品作业成本计算如下：

直接材料项目：

总成本 = 12 000 元

单位成本 = $\frac{12\ 000}{150}$ = 80（元）

直接人工项目：

总成本 = 3 000 元

单位成本 = $\frac{3\ 000}{150}$ = 20（元）

间接费用项目：

总成本=30 000 元

单位成本=$\frac{30\ 000}{150}$=200（元）

B 产品：

单位成本=80+20+200=300（元）

总成本=12 000+3 000+30 000=45 000（元）

【例 12-2】 某企业本月生产 A、B 两种产品，有关资料如表 12-6、表 12-7 所示。

要求：

（1）采用作业成本法分配制造费用。

（2）采用作业成本法计算 A、B 两种产品的成本。

表 12-6　产品成本资料

项目	A 产品	B 产品
产量（件）	100 000	50 000
订购次数（次）	4	6
机器制造工时（小时）	200 000	50 000
直接材料成本（元）	1 200 000	1 000 000
直接人工成本（元）	150 000	300 000

表 12-7　制造费用及成本动因资料

项目	制造费用金额（元）	成本动因
材料验收成本	140 000	订购次数
产品验收成本	480 000	订购次数
燃料与水电成本	390 000	订购次数
开工成本	200 000	机器制造工时
职工福利成本	250 000	订购次数
设备折旧	216 000	直接人工成本
厂房折旧	90 000	产量
材料储存成本	200 000	机器制造工时
经营者薪酬	120 000	产量
合计	2 086 000	—

（1）按成本动因分配制造费用，分配结果如表 12-8 所示。

表 12-8　制造费用分配表　　金额单位：元

项目	待分配制造费用	分配率	A 产品	B 产品
材料验收成本	140 000	14 000	56 000	84 000
产品验收成本	480 000	48 000	192 000	288 000
燃料与水电成本	390 000	39 000	156 000	234 000
开工成本	200 000	0.8	160 000	40 000
职工福利成本	250 000	25 000	100 000	150 000
设备折旧	216 000	0.48	72 000	144 000
厂房折旧	90 000	0.6	60 000	30 000
材料储存成本	200 000	0.8	160 000	40 000
经营者薪酬	120 000	0.8	80 000	40 000
合计	2 086 000	—	1 036 000	1 050 000

（2）两种产品的成本：

A 产品总成本＝1 200 000+150 000+1 036 000＝2 390 000（元）

$$A\text{ 产品成本}=\frac{2\ 390\ 000}{100\ 000}=23.9\text{（元/件）}$$

B 产品总成本＝1 000 000+300 000+1 050 000＝2 350 000（元）

$$B\text{ 产品成本}=\frac{2\ 350\ 000}{50\ 000}=47\text{（元/件）}$$

【例 12-3】 某企业生产车间维修甲设备，本月实际发生维修费用 45 000 元，按照预算作业成本分配率分配成本 50 000 元。本月采用预算分配率分配的作业维修成本为 48 000 元。

要求：计算甲设备实际承担的作业成本。

$$\text{调整率}=\frac{45\ 000-50\ 000}{50\ 000}\times100\%=-10\%$$

甲设备实际应承担的作业成本＝48 000−48 000×10%＝43 200（元）

第三节　作业成本法与传统成本计算法的比较

一、作业成本计算法与传统成本计算法的比较

作业成本计算法是对传统的成本计算方法的革新。两者虽然在整体框架上基本相同，制造费用也分为归集和分配两个过程，但其成本的归集点及分配的方法存在着显著的差别。传统成本计算法制造费用的归集通常是按部门或车间划分的，间接费用的分配是以某一总量为基础，如以直接人工工时总量、直接人工成本总量、机器工时总量等为基础，计算统一的间接费用率来分配间接费用。按传统成本计算法，某产品的成本是由直接成本和

间接成本两部分组成，一般情况下，间接成本的计算公式为：

$$间接费用分配率=\frac{间接费用总额}{\sum（产量\times单位直接工时）}$$

某产品间接成本=该产品直接工时总数×间接费用分配率

这种间接费用的分配方法，在间接费用项目较少、间接费用所占比重不大、对成本管理要求不高的情况下采用是可行的。但是在现代企业制度下，随着生产自动化的日益发展，对智能机器使用的不断增加，成本中的间接费用比重也急剧加大，在高度自动化的生产条件下，再以统一的总量标准分配间接费用就不够准确了。作业成本计算法也正是因为传统成本计算法的修正必要而应运产生。运用作业成本计算法，制造费用是按照划分的作业分别加以归集，其分配是根据各种与间接费用相关的作业量有区别地进行计算，而并非将所有间接费用按统一分配标准进行分配，这就能够提供某种产品具体消耗间接费用的正确信息。作业成本计算法的魅力还不限于此，其最重要的优点还在于它能促使管理人员想方设法进行成本控制。因为一旦掌握了某种产品消耗的根本动因，管理人员就会千方百计地从降低成本角度进行作业重构，以促使间接费用的降低，达到最终控制和降低产品成本的目的。

通过上述分析可以看出，作业成本计算法与传统成本计算法既有区别又有联系。其区别主要体现在：

（1）成本计算对象不同。传统的成本计算对象仅仅是企业所生产的各种产品，一般多为最终产品；而作业成本计算法不仅要计算最终产品成本，还要计算资源、作业、制造中心的成本。

（2）成本计算程序不同，在传统成本计算方法下，所有成本都将分配到产品中去；而作业成本制度要求首先要确定费用单位从事的作业，计算出各种作业成本，然后以某种产品对作业的需求为基础，将成本分配到产品中去。

（3）费用分配标准不同。传统成本计算方法分配间接费用采用统一的总量标准进行分配，准确性较差；而作业成本计算法间接费用分配的基础是作业的数量，是成本动因。

（4）提供的成本信息不同。传统成本计算提供的是企业最终产品的成本相关信息，由于制造费用计算的笼统性，当产品成本中制造费用比重较大时，成本信息的可利用价值就相对较差；而作业成本计算法拓宽了成本计算的范围，不但提供了产品成本，还提供了作业成本、动因成本信息，为成本控制和相关决策提供了价值资料。

二、作业成本法的优缺点

（一）作业成本法的优点

1. 间接费用的分配以及产品成本比较准确

作业成本法采用成本动因代替传统计算方法单一的生产工时分配标准，能够真实地反映各种间接费用与各种产品之间的关系，分配结果更准确。准确的成本信息可以提高经营决策的质量，包括定价决策、扩大生产规模等生产经营决策。

2. 有利于加强成本管理，控制产品成本

作业成本法将作业分为增值作业和不增值作业，可以帮助管理者从作业层次审视产品生产全过程，通过减少不增值作业达到降低成本的目的。

3. 提供的成本信息更为广泛

作业成本法不仅仅局限于生产领域，而且还涉及企业生产经营管理的全过程，可以提供包括产品成本、作业成本以及成本动因等各种信息，还可以将作业成本法加以拓展运用，如以客户、项目等作为作业成本对象而提供相关成本信息，更好地为企业的生产经营决策提供依据。

（二）作业成本法的缺点

1. 作业的分类与计量具有一定的主观性

企业划分作业的依据以及作业的计量具有很大的主观性，而作业划分的合理与否将直接影响成本的准确性。

2. 成本动因的选择缺乏科学性

作业成本法计算的关键在于选择适当的成本动因，分配各种间接费用。但是如何选择成本动因，缺乏必要的标准，企业具有较大的可选择余地。因为并不是所有的间接成本都与特定的成本动因相关，有时找不到与成本相关的驱动因素，或者几个假设的驱动因素与成本的相关程度都很低，或者取得驱动因素的数据成本很高，这时就会出现主观武断分配，扭曲产品成本数据。

3. 计算过程复杂，执行成本较高

作业成本法的计算程序比传统成本计算法复杂，计算工作量较大，而计算结果有可能与传统成本计算法并没有太大的差异，实用性容易受到质疑。

4. 不符合现行会计准则与对外财务报告的需要

采用作业成本法的企业，为了使对外财务报表符合会计准则的要求，需要重新调整成本数据。这种调整工作量相对较大，而且技术难度较大，有可能出现混乱而违背现行会计准则的规定。

5. 对未来绩效的改善作用无法验证

作业成本法提供的信息依然是历史成本信息，对未来的指导性没有显现出来，作业成本法对改善企业未来盈利水平的作用还需要进一步加以验证。

复习思考题

一、单项选择题

1. 在作业成本法下，引起作业成本变动的因素称为（　　）。

A. 资源动因　　B. 作业动因　　C. 数量动因　　D. 产品动因

2. 将成本分配到成本对象的形式中，得到的产品成本最准确的是（　　）。

A. 直接追溯　　B. 间接追溯　　C. 动因追溯　　D. 分摊

3. 按作业成本法计算间接费用分配率时，应考虑（　　）。

A. 生产工时　　B. 作业目的　　C. 总量标准　　D. 成本动因

4. 精确度最高，但执行成本最昂贵的作业动因是（　　）。

A. 业务动因　　B. 持续动因　　C. 强度动因　　D. 数量动因

5. 作业成本法下的成本计算过程可以概括为（　　）。

A. 资源→作业　　B. 资源→产品
C. 资源→产品→作业　　D. 资源→作业→产品

6. 作业的主体是（　　）。
A. 产品　　B. 人　　C. 劳务　　D. 物

7. 作业成本管理的核心是（　　）。
A. 作业成本计算　　B. 作业分析　　C. 作业重构　　D. 作业考核

8. 作业成本计算法的核心是（　　）。
A. 成本动因　　B. 资源　　C. 作业　　D. 作业链

9. 作业成本法的基本指导思想是（　　）。
A. 产品消耗作业，作业消耗资源　　B. 作业消耗产品，作业消耗资源
C. 产品消耗作业，产品消耗资源　　D. 作业消耗资源，产品消耗资源

10. 下列作业中，属于批次作业的是（　　）。
A. 直接人工成本　　B. 生产准备　　C. 编制材料清单　　D. 工厂管理

二、多项选择题

1. 作业成本法将成本分配到成本对象的形式有（　　）。
A. 直接追溯　　B. 间接追溯　　C. 动因追溯　　D. 分摊

2. 在作业成本计算中，成本动因一般分为（　　）。
A. 资源动因　　B. 作业动因　　C. 执行动因　　D. 时间动因

3. 作业成本法的优点有（　　）。
A. 提供了相对准确的成本信息
B. 可以有效地改进企业的战略决策
C. 提供了便于不断改进的业绩评价体系
D. 有助于增强企业的竞争力

4. 狭义的作业成本法的计算程序有（　　）。
A. 选择成本基础，确定主要作业，明确作业中心
B. 将各作业的投入成本或资源归集到每一个作业中心的成本库中
C. 选择适当的成本动因
D. 将汇集于成本库的间接费用按确定的成本动因及追踪的资源标准分配到各项产品中去

5. 作业成本法的环节包括（　　）。
A. 确认使用资源的作业，归集作业成本
B. 将作业成本按部门进行归集
C. 选择成本动因
D. 计算单位作业成本，并将作业成本分配到产品或服务

6. 下列成本项目中，作业成本计算法和传统成本计算法的处理并无区别的有（　　）。
A. 直接人工成本　　B. 直接材料成本
C. 生产车间管理人员工资　　D. 车间照明费

7. 根据资源动因与作业动因的一般定义，下列说法中正确的有（　　）。

A. 资源动因是引起作业成本变动的因素
B. 资源动因是引起产品成本变动的因素
C. 作业动因是引起作业成本变动的因素
D. 作业动因是引起产品成本变动的因素
8. 采用作业成本法应具备的条件有（　　）。
A. 制造费用比重相当大
B. 产品种类很多
C. 生产经营的作业环节较多，各种产品需要技术服务的程度相差较大
D. 各项生产运行数量相差很大并且生产准备成本昂贵
9. 采用作业成本计算法的大多是相对比较成功的企业，这些企业一般具有的特征主要有（　　）。
A. 从成本结构上看，制造费用在产品成本中占有较大的比重
B. 从产品品种上看，产品品种较多，并根据市场需求不断加以调整
C. 从外部环境上看，面临激烈竞争压力
D. 规模较大，信息化管理程度高
10. 下列表述中，作业成本计算法与传统成本计算法没有差异的有（　　）。
A. 直接成本计入产品成本的方法　　B. 间接成本计入产品成本的方法
C. 完工产品与在产品之间的成本分配　　D. 成本计算的过程

三、判断题

1. 作业成本法下，一般认为直接追溯方式得到的产品成本最准确。（　　）
2. 动因追溯不如直接追溯准确，成本分配的结果难以达到较高的准确程度。（　　）
3. 从作业成本管理的角度看，降低成本的途径主要是改善作业、提高增值的效率和消除无增值作业。（　　）
4. 作业成本计算法的核心是作业。（　　）
5. 作业动因是引起作业成本变动的因素。（　　）
6. 作业成本计算法的指导思想是“作业消耗资源，资源消耗作业”。（　　）
7. 在作业成本管理模式下，动因追溯虽然不如直接追溯准确，但只要因果关系建立适当，成本分配的结果同样可以达到较高的准确程度。（　　）
8. 作业成本法下，使用直接追溯方式分配的成本是准确的。（　　）
9. 企业生产产品所耗费的全部成本都应该先分配到有关作业，计算作业成本，然后再将作业成本分配到有关产品。（　　）
10. 作业成本计算是作业管理的核心。（　　）

四、计算题

1. 某企业生产车间维修 A 设备，本月实际发生维修费用 120 000 元，按照预算作业成本分配率分配成本 60 000 元。本月采用预算分配率分配的作业成本为 58 000 元。

要求：计算 A 设备实际承担的作业成本。

2. 某企业生产 A、B 两种产品，有关资料如表 12-9、表 12-10 所示。

表 12-9 产品成本资料

项目	A 产品	B 产品
产量（件）	2 000	1 000
直接材料成本（元）	50 000	80 000
直接人工成本（元）	20 000	18 000

表 12-10 制造费用及成本动因资料

项目	制造费用金额（元）	成本动因	产品耗用作业量	
			A 产品	B 产品
质量检验	12 000	检验次数	5	7
订单处理	48 000	生产订单份数	10	6
机器运行	60 000	机器小时	2 500	1 500
设备调整	15 000	调整次数	3	2
车间管理人员薪酬	120 000	产量	2 000	1 000
合计	255 000	—	—	—

要求：

(1) 采用作业成本法分配制造费用。

(2) 采用作业成本法计算 A、B 两种产品的成本。

第十三章　成本报表

学习目的与要求

1. 掌握成本报表的概念和作用。
2. 掌握成本的种类和编制要求。
3. 掌握成本报表的编制方法。

第一节　成本报表概述

一、成本报表的概念和作用

(一) 成本报表的概念

成本报表是根据日常核算资料以及其他有关资料编制的、反映企业一定时期内产品成本水平和费用支出情况的报告文件。

成本报表主要向企业管理者和职工等提供有关成本方面的信息，据以分析企业成本计划的执行情况和结果。成本报表的种类、项目、格式和编制方法等，国家不作统一规定，由企业自行确定，因此成本报表是内部报表，不对外报送或公开。主管企业的上级机构为了对本系统所属企业的成本管理工作进行领导或指导，要求提供成本费用的资料，也可以要求企业将其成本报表作为会计报表的附表上报，在这种情况下，企业成本报表的种类、项目、格式及编制方法，可以由企业的上级机构会同企业共同规定。

(二) 成本报表的作用

成本是综合反映企业生产技术和经营管理工作水平的一项重要指标。企业物资消耗、劳动效率、技术水平、生产经营管理以及其他外部因素都会直接影响或间接影响产品生产成本。通过编制和分析成本报表，可以考核成本费用计划的执行情况，寻求降低成本费用的途径。成本报表的作用主要有以下几点：

1. 综合反映企业成本费用计划完成情况

成本报表反映了企业在一定时期内的成本费用水平及其构成情况，将成本报表的实际数与成本计划进行比较，可以检查成本计划的执行情况，为进一步分析完成或未完成成本计划的原因以及制定下期成本计划提供依据。

2. 为降低产品成本提供依据

通过成本报表分析，可以揭示影响产品成本指标和费用项目变动的因素，从生产技术、生产组织和经营管理等方面挖掘节约费用和降低产品成本的潜力，提高企业经济效益。

3. 为编制产品成本和各项费用计划、制定产品价格提供依据

成本报表提供的实际产品和费用资料，不仅可以满足企业、车间、部门加强日常成本费用管理的需要，而且是企业进行成本、利润的预测、决策，编制产品成本和各项费用计划、制定产品价格的重要依据。

4. 主管部门可以利用成本报表加强对企业成本管理工作的指导

依据成本报表，既便于上级主管部门了解所属企业整体的成本水平，又有利于同行业间各企业的交流对比，同时也有助于主管部门了解企业对国家有关政策、法规、制度的执行情况，从而加强对企业成本管理工作的指导和督导。

二、成本报表的种类和编制要求

（一）成本报表的种类

成本报表的编报内容、编报格式、编报时间等，主要由企业根据其生产类型特点和管理要求确定。因此，企业的成本报表既包括与产品成本直接相关的产品成本报表，又包括与产品成本没有关系的期间费用报表；既包括反映产品实际生产成本的报表，又包括反映部门责任成本或质量成本的报表；既包括提供价值量信息的报表，又包括反映实物量指标的报表。

成本报表按反映经济内容的不同分为三类：

1. 反映产品成本情况的报表

这类报表一般按月编报，主要有：（1）商品产品成本表；（2）主要产品单位成本表。

2. 反映产品费用情况的报表

这类报表一般按年编报，主要有：（1）制造费用明细表；（2）期间费用明细表（包括管理费用明细表、销售费用明细表、财务费用明细表）。

3. 其他报表

其他成本报表是企业根据自身生产特点和管理要求编制除上述成本报表以外的成本报表，如生产成本及销售成本表、废料销售情况表、成本及产量情况表、材料成本考核表、责任成本报表、质量成本报表等。这类报表根据实际需要决定编报时间和范围。

（二）成本报表的编制要求

1. 数字准确

成本报表的指标数字，必须有根有据、真实可靠。成本报表必须如实反映企业成本的实际情况，不得以估计数、计划数、定额数等代替实际数，更不允许弄虚作假、篡改数字。因此，企业在编制报表前，应将本期发生的各项经济业务全部登记入账；认真清查财产物资，做到账实相符；核对账簿记录，做到账账相符。报表编制完毕后，应核对账表资料，做到账表相符、表表相符。

2. 内容完整

成本报表中填列的指标和文字说明要全面，表内项目和表外补充资料应完整无缺，不得随意取舍。成本报表内各项目包括补充资料，都应全面填列，需要有文字说明的应附文

字说明。

3. 报送及时

成本报表属于内部管理报表，要求按照企业或上级主管部门规定的期限报送，以便有关管理部门和人员及时使用成本资料。因此，企业财会部门要提前做好编制成本报表的准备工作，加强各有关部门的协作和配合，尽可能提前或按期报送各种成本报表。

第二节 商品产品成本表

一、商品产品成本表概述

（一）概念

商品产品成本表是反映企业在报告期内生产的全部商品产品的总成本和各种主要商品产品的单位成本和总成本的报表。

全部商品产品包括可比产品和不可比产品。可比产品是指企业以前年度正式生产过且具有较完整的成本资料的产品。不可比产品是指以前年度没有正式生产过、没有完整成本资料的产品，去年试制成功、今年正式投产的产品也应作为不可比产品。

（二）商品产品成本表的作用

根据商品产品成本表提供的资料，可以考核全部商品产品和主要产品成本计划的执行情况，分析各种可比产品成本降低任务的完成情况。

（三）商品产品成本表的结构和内容

商品产品成本表分为基本部分和补充资料两部分内容。

基本部分中将全部商品产品分为可比产品和不可比产品，分别列示各种产品的单位成本、本月总成本、本年累计总成本和项目，并按各项目分别列示上年实际数、本年计划数、本月实际数和本年累计实际平均数等具体指标。

补充资料部分主要列示可比产品成本降低额和可比产品成本降低率两项指标。

商品产品成本表的格式如表13-1所示。

表13-1 商品产品成本表

编制单位：××企业　　20××年×月　　金额单位：元

产品名称		计量单位	本年实际产量	单位成本			总成本		
				上年实际平均	本年计划	本年实际	按上年实际单位成本计算	按本年计划单位成本计算	本年实际
可比产品	××产品	件							
	××产品	件							
	小计								

续表

<table>
<tr><td colspan="2" rowspan="2">产品名称</td><td rowspan="2">计量单位</td><td rowspan="2">本年实际产量</td><td colspan="3">单位成本</td><td colspan="3">总成本</td></tr>
<tr><td>上年实际平均</td><td>本年计划</td><td>本年实际</td><td>按上年实际单位成本计算</td><td>按本年计划单位成本计算</td><td>本年实际</td></tr>
<tr><td>不可比产品</td><td>××产品</td><td>件</td><td></td><td></td><td></td><td></td><td></td><td></td><td></td></tr>
<tr><td colspan="2">全部商品产品成本</td><td></td><td></td><td></td><td></td><td></td><td></td><td></td><td></td></tr>
</table>

二、商品产品成本表的编制方法

商品产品成本表的编制依据主要是有关产品的产品成本明细账、年度成本计划、上年度本表有关项目。

（一）“产品名称”项目

应填列“可比产品”与“不可比产品”的名称。

（二）“实际产量”项目

（1）“本月实际产量”栏，应根据相应的产品成本明细账填列。

（2）“本年累计实际产量”栏，应根据本月实际产量加上上月本表的本年累计实际产量计算填列。

（三）“单位成本”项目

（1）“上年实际平均单位成本”栏，应根据上年度所列全年累计实际平均单位成本填列。

（2）“本年计划单位成本”栏，应根据本年度成本计划的有关资料填列。

（3）“本年实际单位成本”栏，应根据有关产品成本明细账中的资料计算填列。

$$某产品单位实际成本=\frac{该产品本月实际总成本}{该产品本月实际产量}$$

如果产品成本明细账或产成品成本汇总表中有现成的本月产品实际产量、总成本和单位成本，表中这些项目可以根据“产品成本明细账”或“产成品汇总表”填列。

（4）“本年累计实际平均单位成本”栏，应根据有关产品成本明细账中的资料计算填列。

$$某产品本年累计实际平均单位成本=\frac{该产品本年累计实际总成本}{该产品本年累计实际产量}$$

（四）“本月总成本”项目

（1）“可比产品按上年实际平均单位成本计算的本月总成本”栏，应根据本月实际产量乘以上年实际平均单位成本计算填列。

（2）“可比产品按本年计划单位成本计算的本月总成本”栏，应根据本月实际产量乘以本年计划单位成本计算填列。

（3）“不可比产品按本年计划单位成本计算的本月总成本”栏，应根据本月实际产量乘以本年计划单位成本计算填列。

(4)“本月实际总成本”栏，应根据“产品明细账”或“产成品汇总表”填列。

(五)“本年累计总成本”项目

(1)“可比产品按上年实际平均单位成本计算的本年累计总成本”栏，应根据本年累计实际产量乘以上年实际平均单位成本计算填列。

(2)“可比产品按本年计划单位成本计算的本年累计总成本”栏，应根据本年累计实际产量乘以本年计划单位成本计算填列。

(3)“不可比产品按本年计划单位成本计算的本年累计总成本”栏，应根据本年累计实际产量乘以本年计划单位成本计算填列。

(4)“本年累计实际总成本”栏，应根据“产品明细账”或“产成品汇总表”填列。

如果有不合格产品，应单列一行，并注明“不合格”字样，不应与合格产品合并填列。

(六)“可比产品成本降低额”和“可比产品成本降低率”项目

可比产品成本降低额=可比产品按上年实际平均单位成本计算的本年累计总成本-本年累计实际总成本

$$可比产品成本降低率=\frac{可比产品成本降低额}{可比产品按上年实际平均单位成本计算的本年累计总成本}\times100\%$$

注：如为负数，表示可比产品成本的超支额和超支率。补充资料中可比产品成本降低率的“本年计划数”，应根据年度计划填列。

第三节　主要单位成本表

一、主要单位成本表概述

(一)主要单位成本表

主要单位成本表是指反映企业在报告期内生产的各种主要产品单位成本的构成情况和各种主要技术经济指标执行情况的报表，是对商品产品成本表的补充说明。

主要产品是指企业经常生产，在企业全部产品中所占比重较大，能够概括反映企业生产经营面貌的产品。

(二)主要单位成本表的作用

(1)可以按成本项目分析和考核主要产品成本计划的执行情况。

(2)可以分析各成本项目和消耗定额的变化及其原因以及构成的变化趋势，有助于生产同种产品的不同企业之间进行成本对比。

(3)可以分析和考核各种主要产品单位成本的主要技术经济指标的执行情况，进而查明主要产品单位成本升降的具体原因，挖掘降低成本的潜力。

二、主要产品单位成本表的结构和内容

主要产品单位成本分为产量、单位成本和主要技术经济指标三部分。其中产量部分反

映报告期的计划产量、实际产量、本年累计计划产量、实际产量和产品的销售单价，单位成本部分按照成本项目反映历史先进单位成本、上年实际平均单位成本、本年计划单位成本、本月实际单位成本和本年累计实际平均单位成本，主要技术经济指标部分主要反映原料、主要材料、燃料和动力的消耗数量。

主要单位成本表的格式如表 13-2 所示。

表 13-2 主要产品单位成本表

编制单位：××企业　　　　　　20××年×月　　　　　　金额单位：元

产品名称	乙产品	本月计划产量			本月实际产量		
本年累计计划产量					本年累计实际产量		
计量单位	件		规格		销售单价		
成本项目	行次	历史先进水平上年实际平均（20××年）	上年实际平均	本年计划	本月实际	本年累计实际	
		1	2	3	4	5	
直接材料	1						
直接人工	2						
制造费用	3						
合计	4						
主要技术经济指标	5	用量	用量	用量	用量	用量	
××材料	6						
单价	7						
工时	8						

三、主要单位成本表的编制方法

主要单位成本表的编制依据是有关产品的成本明细资料、成本计划资料、历年有关成本资料、上年度本表有关资料，以及产品产量、材料和工时的消耗量等资料。

（一）“销售单价和产量”项目

（1）“销售单价”栏，应根据产品定价表填列。

（2）“本月计划产量”“本年累计计划产量”栏，应根据生产计划填列。

（3）“本月实际产量”栏和“本年累计实际产量”栏，应根据“产品明细账”或“产品汇总表”填列。

（二）“单位成本”项目

（1）“历史先进水平单位成本”栏，应根据历史上该种产品成本最低年度本表的实际平均单位成本填列。

（2）“上年实际平均单位成本”栏，应根据上年度本表实际平均单位成本填列。

（3）“本年计划单位成本”栏，应根据本年度成本计划填列。

(4)“本月实际单位成本”栏，应根据该种“产品成本明细账”或“产品汇总表”填列。

(5)“本年累计实际平均单位成本”栏，应根据该种“产品成本明细账”所记录的从年初到报告期末止的完工入库产品总成本除以本年累计实际产量计算填列。

注：表中上年实际平均单位成本、本年计划单位成本、本月实际单位成本和本年累计实际平均单位成本，应与商品产品成本表该种产品的相应单位成本核对相符。不可比产品的历史先进水平单位成本和上年实际单位成本不填列。

3.“主要技术经济指标”项目

主要技术经济指标反映主要产品每一单位产量所消耗的主要原材料、燃料、工时等的数量，应根据业务技术核算资料填列。

第四节　制造费用明细表

一、制造费用明细表概述

(一) 概念

制造费用明细表是反映企业在报告期内发生的制造费用及其构成情况的报表。

由于辅助生产车间的制造费用已通过辅助生产费用的分配转入基本生产车间制造费用、管理费用等有关成本费用项目，因而制造费用表只反映基本生产车间制造费用，不包括辅助生产车间制造费用。

(二) 制造费用明细表的作用

(1) 可以了解报告期内制造费用的实际支出水平。

(2) 可以分析考核制造费用计划的执行情况，评价制造费用的变化趋势。

(3) 可以分析各项制造费用的构成情况以及增减变动的原因，以便采取有效措施，加强对制造费用的控制和管理，从而降低产品生产成本。

(三) 制造费用明细表的结构和内容

制造费用明细表分别反映制造费用各项目的“本年计划数”“上年实际数”“本月实际数”和“本年累计实际数”等资料。

制造费用明细表的格式如表13-3所示。

表13-3　制造费用明细表

编制单位：××企业　　　　20××年×月　　　　单位：元

项目	本年计划	上年同期实际	本月实际	本年累计实际
职工薪酬				
折旧费				
办公费				

续表

项目	本年计划	上年同期实际	本月实际	本年累计实际
取暖费				
水电费				
机物料消耗				
低值易耗品摊销				
劳动保护费				
租赁费				
运输费				
保险费				
设计制图费				
试验检验费				
在产品盘亏和毁损（减盘盈）				
其他				
合计				

二、制造费用明细表的编制方法

(1)“本年计划数”栏，应根据制造费用计划填列。

(2)“上年实际数”栏，应根据上年同期制造费用明细表的累计实际数填列。

(3)“本月实际数”栏，应根据制造费用总账所属基本生产车间制造费用明细账的本月合计数填列。

(4)“本年累计实际数”栏，应根据制造费用总账所属基本生产车间制造费用明细账的本年累计发生额填列。

第五节 期间费用明细表

一、期间费用明细表概述

(一) 概念

期间费用是指本期发生不能计入当期产品成本而直接计入当期损益的各项费用，包括管理费用、销售费用和财务费用。

期间费用明细表是反映企业在报告期内发生的各种期间费用情况的成本报表，包括管理费用明细表、销售费用明细表和财务费用明细表。

(二) 期间费用表的作用

(1) 可以了解报告期内企业管理费用、销售费用和财务费用的实际支出水平。

（2）可以考核和分析各种期间费用计划或预算的执行情况。

（3）可以分析评价各种期间费用的构成情况和变化趋势，以便加强对期间费用的控制与管理。

二、管理费用明细表

（一）概念

管理费用明细表是反映企业在报告期内发生的管理费用及其构成情况的报表。

（二）管理费用明细表的作用

（1）可以分析和考核管理费用计划的执行情况。

（2）可以分析各项管理费用的构成情况及增减变动的原因。

（三）管理费用明细表的结构和内容

管理费用明细表按照管理费用项目分别反映“本年计划数”“上年实际数”“本月实际数”和“本年累计实际数”。

管理费用明细表的格式如表 13-4 所示。

表 13-4　管理费用明细表

编制单位：××企业　　　　20××年×月　　　　单位：元

项目	本年计划	上年同期实际	本月实际	本年累计实际
职工薪酬				
折旧费				
办公费				
差旅费				
取暖费				
绿化费				
机物料消耗				
低值易耗品摊销				
咨询费				
租赁费				
修理费				
运输费				
保险费				
诉讼费				
业务招待费				
在产品盘亏和毁损（减盘盈）				
无形资产摊销				

续表

项目	本年计划	上年同期实际	本月实际	本年累计实际
长期待摊费用摊销				
技术转让费				
研究与开发费				
工会经费				
职工教育经费				
社会保险费				
排污费				
其他				
合计				

(四) 管理费用明细表的编制方法

(1)“本年计划数”栏，应根据管理费用计划填列。

(2)“上年实际数”栏，应根据上年同期本表的累计实际数填列。

(3)“本月实际数”栏，应根据管理费用明细账的本月合计数填列。

(4)“本年累计实际数”栏，应根据管理费用明细账的本年累计发生额填列。

三、销售费用明细表

(一) 概念

销售费用明细表是反映企业在报告期内发生的销售费用及其构成情况的报表。

(二) 销售费用明细表的作用

(1) 可以分析和考核销售费用计划的执行情况。

(2) 可以分析各项销售费用的构成情况及增减变动的原因。

(三) 销售费用明细表的结构和内容

销售费用明细表按照销售费用项目分别反映“本年计划数”“上年实际数”“本月实际数”和“本年累计实际数”。

销售费用明细表的格式如表 13-5 所示。

表 13-5 销售费用明细表

编制单位：××企业　　　　20××年×月　　　　单位：元

项目	本年计划	上年同期实际	本月实际	本年累计实际
职工薪酬				
折旧费				
运输费				

续表

项目	本年计划	上年同期实际	本月实际	本年累计实际
差旅费				
装卸费				
包装费				
保险费				
低值易耗品摊销				
广告费				
办公费				
修理费				
委托代销手续费				
其他				
合计				

（四）销售费用明细表的编制方法

（1）“本年计划数”栏，应根据销售费用计划填列。

（2）“上年实际数”栏，应根据上年同期本表的累计实际数填列。

（3）“本月实际数”栏，应根据销售费用明细账的本月合计数填列。

（4）“本年累计实际数”栏，应根据销售费用明细账的本年累计发生额填列。

四、财务费用明细表

（一）概念

财务费用明细表是反映企业在报告期内发生的财务费用及其构成情况的报表。

（二）财务费用明细表的作用

（1）可以分析和考核财务费用计划的执行情况。

（2）可以分析各项财务费用的构成情况及增减变动的原因。

（三）财务费用明细表的结构和内容

财务费用明细表按照财务费用项目分别反映“本年计划数”“上年实际数”“本月实际数”和“本年累计实际数”。

财务费用明细表的格式如表13-6所示。

表13-6 财务费用明细表

编制单位：××企业　　20××年×月　　单位：元

项目	本年计划	上年同期实际	本月实际	本年累计实际
利息费用（减利息收入）				

续表

项目	本年计划	上年同期实际	本月实际	本年累计实际
汇兑损失（减汇兑收益）				
调剂外汇手续费				
金融机构手续费				
其他筹资费				
合计				

（四）财务费用明细表的编制方法

(1)“本年计划数”栏，应根据财务费用计划填列。

(2)“上年实际数”栏，应根据上年同期本表的累计实际数填列。

(3)“本月实际数”栏，应根据财务费用明细账的本月合计数填列。

(4)“本年累计实际数”栏，应根据财务费用明细账的本年累计发生额填列。

复习思考题

一、单项选择题

1. 通过产品生产成本表，可以考核和分析（　　）成本降低计划的执行情况。

A. 可比产品　　B. 不可比产品　　C. 全部产品　　D. 主要产品

2. 可比产品是指（　　）且有完整的成本资料可以进行比较的产品。

A. 试制过　　B. 国内正式生产过

C. 企业曾经正式生产　　D. 企业从未生产过

3. 不属于产品生产成本反映内容的是（　　）。

A. 报告期内各主要产品总成本

B. 报告期内各主要产品单位成本

C. 报告期内全部产品各成本项目的总成本

D. 报告期内各项期间费用

4. 企业成本报表（　　）。

A. 是对外报送的报表　　B. 是对内编报的报表

C. 是根据上级主管部门的要求编制　　D. 是根据债权人和投资人的要求编制

5. 企业成本报表的种类、项目、格式和编制方法（　　）。

A. 由国家统一规定　　B. 由企业自行制定

C. 由企业主管部门统一规定　　D. 由企业主管部门与企业共同制定

6. 可比产品成本降低额与可比产品成本降低率之间的关系是（　　）。

A. 成反比　　B. 成正比　　C. 同方向变动　　D. 无直接关系

7. 主要产品单位成本表反映的内容是（　　）。

A. 可比产品单位成本　　B. 不可比产品单位成本

C. 全部商品产品单位成本　　D. 单位产品主要技术经济指标

8. 商品产品成本表补充资料部分反映的内容是（　　）。

A. 不可比产品本年总成本　　B. 可比产品本年总成本

C. 可比产品成本降低额　　D. 单位产品主要技术经济指标

9. 企业的商品产品包括（　　）。

A. 可比产品和不可比产品　　B. 主要产品和次要产品

C. 可比产品和主要产品　　D. 不可比产品和次要产品

10. 编制产品生产成本表应当做到（　　）。

A. 可比产品、不可比产品要分别填列

B. 可比产品、不可比产品可合并填列

C. 可比产品分别填列，不可比产品合并填列

D. 无需划分可比产品、不可比产品

二、多项选择题

1. 工业企业的成本报表包括（　　）。

A. 产品生产成本表　　B. 主要产品单位成本表

C. 制造费用明细表　　D. 各种期间费用明细表

2. 主要产品单位成本表反映的单位成本包括（　　）。

A. 本月实际　　B. 历史先进水平　　C. 本年计划　　D. 上年实际平均

3. 成本报表编制的要求包括（　　）。

A. 数字准确　　B. 内容完整　　C. 报送及时　　D. 账表相符

4. 成本报表的作用有（　　）。

A. 综合反映企业成本费用计划完成情况

B. 为降低产品成本提供依据

C. 为编制产品成本和各项费用计划、制定产品价格提供依据

D. 主管部门可以利用成本报表，加强对企业成本管理工作的指导

5. 制造费用明细表一般反映（　　）。

A. 制造费用的本年实际数　　B. 制造费用的上年同期实际数

C. 制造费用的本年累计实际数　　D. 制造费用的本月实际数

6. 期间费用明细表一般按照期间费用项目分别反映费用项目的（　　）。

A. 计划数　　B. 上年同期实际数

C. 本月实际数　　D. 本年累计实际数

7. 主要产品单位生产成本反映的内容包括（　　）。

A. 产品产量　　B. 产品单位生产成本

C. 主要技术经济指标　　D. 产品的销售价格

8. 商品产品成本表反映的内容包括（　　）。

A. 可比产品本月单位成本　　B. 不可比产品本月单位成本

C. 可比产品本月总成本　　D. 不可比产品本月总成本

9. 成本报表按反映的内容分为（　　）。

A. 产品生产成本表　　B. 主要产品单位成本表

C. 制造费用明细表　　D. 管理费用明细表

10. 成本报表按反映费用情况分为（　　）。

A. 制造费用明细表　　B. 管理费用明细表

C. 销售费用明细表　　D. 财务费用明细表

三、判断题

1. 商品产品成本表是企业必须定期对外报送的成本报表。（　　）
2. 销售费用明细表应当分别反映“本年计划数”“本年实际数”和“上年实际数”。（　　）
3. 商品产品成本表应当反映可比产品成本降低额和降低率。（　　）
4. 期间费用报表包括管理费用明细表、销售费用明细表和制造费用明细表。（　　）
5. 所有企业必须按照统一的格式编制各种成本报表。（　　）
6. 编制成本报表的目的主要是为了满足企业内部管理的需要。（　　）
7. 成本报表的格式、种类和内容必须符合国家有关部门的统一规定。（　　）
8. 成本报表是对外报送的报表。（　　）
9. 财务费用明细表是反映企业在报告期内发生的财务费用及其构成情况的报表。（　　）
10. 主要单位成本表的编制依据是有关产品的成本明细资料、成本计划资料、历年有关成本资料、上年度本表有关资料，以及产品产量、材料和工时的消耗量等资料。（　　）

第十四章　成本分析

学习目的与要求

1. 掌握成本分析的程序和内容。
2. 掌握成本分析方法及其运用。
3. 掌握商品产品生产成本计划完成情况和主要产品单位成本的分析。
4. 掌握费用执行情况及成本效益分析。

第一节　成本分析概述

一、成本分析概述

（一）成本分析

成本分析是指企业利用成本核算资料以及其他有关资料，对企业成本、费用水平及其构成情况进行分析，查明影响成本、费用升降的具体原因，寻找降低成本、节约费用的潜力和途径的一项管理活动。

广义的成本分析包括事前成本分析、事中成本分析、事后成本分析。

狭义的成本分析主要是指事后成本分析，是依据成本核算的资料，结合有关的计划、定额、统计、技术和其他调查资料，按照一定的原则，运用一定的方法，对影响成本和成本效益升降的各种因素进行科学的分析，查明成本和成本效益变动的原因，制定降低成本的措施，以便充分挖掘企业内部降低成本和提高成本效益的潜力。

成本的事前分析是指在成本未形成之前所进行的成本预测。进行成本的事前分析，主要是为了在各种生产方案中选择成本较低的方案，并确定目标成本，据此编制成本计划。进行事前成本分析，可使企业的成本控制有可靠的目标。

成本的事中分析是指对正在执行的成本计划的结果所进行的分析。事中分析主要是为了随时检查各项定额和成本计划的执行情况，控制生产过程中各种消耗和费用的支出，使实际成本数额控制在确定的目标成本范围之内。事中分析主要是为了进行成本控制，防止实际成本超过目标成本的范围。

成本的事后分析是指对成本实际执行的结果所作的分析。事后分析是在实际成本核算资料形成之后，根据实际资料及其他有关资料，对成本执行的结果进行评价，分析产生问题的原因，总结成本降低的经验，以利于下一期的成本控制活动的开展。

（二）成本分析的目的

成本分析是成本管理的一项重要内容，成本分析主要以成本核算提供的资料为基础，并结合其他有关资料，如计划、定额、统计、技术等资料，按照一定的原则，采用一定方法，对影响成本的各种因素进行计算分析，找出成本升降的主要原因，并根据企业目前的实际情况和各种条件，制定出切实可行的方案，以便以较少的劳动消耗取得较大的经济效益。

成本分析的目的是为了改进生产经营管理，节约生产耗费，不断降低成本，提高经济效益。

（三）成本分析的作用

（1）可以检查企业成本计划完成的情况或原因，对成本计划的执行情况进行分析评价。

（2）可以分清各部门各环节的成本管理责任，有利于考核和评价成本管理的业绩，有利于成本管理责任制的完善。

（3）促使企业不断降低成本、节约费用，提高产品的竞争力。

（四）成本分析的任务

1. 正确计算成本计划的执行结果，计算产生的差异

在进行成本分析时，首要的任务是对成本计划的执行结果进行计算。在计算时，应先计算出实际成本资料，将其与计划指标进行对比。这是进行成本分析的基础。在计算时，要收集实际成本资料、计划资料及其他有关的资料，按规定的方法进行计算。将各种差异通过一定的方式反映出来，以便于进行成本分析。

2. 找出产生差异的原因

实际成本与计划产生差异的原因有很多，应根据具体情况，找出影响成本高低的主要因素。在一般情况下，影响成本计划执行结果的因素有客观因素、主观因素、技术因素、经济因素等。在进行成本分析时，应采用科学的分析方法，计算出各种不同的因素对成本升降的影响数额，并分析产生差异的具体原因。对于成本升降的每个因素，都应计算出具体的数据。根据数据变化的情况，找出成本升降的规律，从而提出进一步改进的措施。

3. 对成本计划的执行情况进行评价

在计算差异及找出差异原因的基础上，应对成本计划的执行结果进行评价。对于执行过程中的成绩，应总结经验，在下一个成本计划执行时予以巩固，并对取得较好成绩的单位和个人予以奖励，以调动各单位和个人的积极性。同时，对于出现的问题，也应找出承担责任的单位和个人，并进行必要的处罚。在进行评价时应注意各种因素的影响，得出正确的结论，以免由于评价不准确而得出错误的结论。

4. 提出进一步降低成本的措施和方案

成本的事后分析的目的就是为了提出进一步降低成本的措施和方案。成本分析不是目的，目的是要降低成本。因此，应结合每个车间、部门的具体情况和产生差异的具体原因，提出切实可行的降低成本的措施和方案，以提高企业的经济效益。

（五）影响成本分析的因素

影响成本分析的因素主要有三类：

1. 固有因素

固有因素是指企业在建厂时先天条件的好坏对产品成本的影响。包括企业的地理位置和周围资源的条件、企业的规模和技术装备水平、企业的专业化协作水平等因素。这些因素在企业建立后一般不可能改变，对成本的影响是很大的。

2. 宏观因素

宏观因素是指国家对整个国民经济活动所作出的各种安排对企业成本的影响。主要有宏观经济政策的调整、价格政策的改变、成本管理体制的改革、职工工资政策的变化等。这些因素不是企业主观造成的，而是客观因素。这些因素的变化对成本的影响是企业所不能控制的。

3. 微观因素

微观因素是指企业内部经营管理工作的质量对成本高低的影响。如果说固有因素和宏观因素对成本高低的影响是企业本身不能加以控制的，微观因素即企业内部经营管理水平的高低对成本的影响则是企业可以控制的。微观因素对成本的影响主要表现在劳动水平的高低、生产设备利用的效果、原材料和燃料动力的利用情况、产品的质量、企业的成本管理水平、企业的技术水平等方面。

二、成本分析的原则

成本分析的原则是指组织成本分析工作的规范，是发挥成本分析职能作用、完成成本分析任务和成本分析方法的准绳。成本分析的原则主要包括以下几个方面：

（一）全面分析与重点分析相结合的原则

全面分析是指对影响成本高低的各种因素所进行的分析，全面分析应从整个企业的范围来进行。

重点分析则是对影响成本的主要因素所进行的分析，应采用例外的原则，即对产生差异较大的因素进行重点分析。只有将主要问题分析清楚，才能提出进一步改进的措施，使产品成本不断降低。

（二）专业分析与群众分析相结合的原则

专业分析是指由专门从事成本管理及成本管理有关的人员所进行的分析，如成本会计人员、企业管理人员等。

群众分析是指企业全体员工参与所进行的分析。

专业分析是进行成本分析的主要方面，专业人员利用其在成本核算中所取得的成本资料，对影响成本的各种因素，采用专门的技术方法进行分析。但由于成本工作涉及企业的全体员工，只有全体员工参与成本分析工作，才能找出成本升降的真正原因，并提高职工群众参与成本分析工作的积极性，使降低成本成为员工的自觉行动。

（三）纵向分析与横向分析相结合的原则

纵向分析是指企业内部范围内纵向对比的分析，主要是对本企业各个时期的成本指标进行对比分析。包括将本期实际与上年实际、上年同期实际、本期计划、历史先进水平等指标进行对比，观察各个时期成本升降的幅度，总结成本升降的规律。

横向分析是指本企业与国内外同行业其他企业之间的对比分析。横向对比分析有助于企业在更大范围内学习先进，找出差距，做好本企业的成本管理工作。

（四）事后分析与事前、事中分析相结合的原则

在进行成本分析时，主要是进行事后的成本分析。同时应将事后成本分析与事前、事中的成本分析结合起来，在事前进行成本预测，在成本形成过程中进行成本控制，对成本计划的执行结果进行分析，这样才能找出成本升降的真正原因，提出进一步改进的措施。

三、成本分析的内容和程序

（一）成本分析的内容

成本分析的内容主要包括成本计划完成情况分析、费用预算执行情况分析和成本效益分析。其中成本计划完成情况分析主要分析产品生产成本计划完成情况和主要产品单位成本；费用预算执行情况分析主要分析各种费用预算的执行情况，查明各种费用实际脱离预算的原因；成本效益分析主要通过分析比较产值成本率、成本费用利润率来综合评价企业的经济效益。

（二）成本分析的程序

1. 确定目标

确定目标是进行成本分析的起点。企业在日常管理中发现的问题，或者根据企业经营管理的需要而确定的成本分析对象往往是成本分析所要解决的问题，成本分析首先要根据这些问题确定分析目标，拟定分析计划，明确要求。

2. 收集资料

占有大量成本资料是进行成本分析的基础。进行成本分析需要收集各种成本核算的实际资料、成本计划资料、定额资料、同行业先进企业的成本资料和企业内部的成本资料。

3. 分析原因

通过成本分析的比较，分析确定各项成本指标变动的差异，发现问题，为进一步查明原因提供依据和方向。成本分析的目的是要查明影响各项成本指标变动的原因。分析原因主要是将影响成本指标的各个因素加以归类，衡量各因素变动对成本指标变动的影响程度和方向，进而确定主要因素。

4. 综合评价

根据成本分析的结果，对成本管理工作作出综合评价，分清责任，提出建议和措施。

第二节　成本分析的方法

成本分析的方法是根据成本分析的目的、分析对象的特点、所掌握的计划资料和核算

资料的性质和内容来决定。成本分析的方法是完成成本分析目标的重要手段。成本分析的方法主要有比较分析法、比率分析法、因素分析法。

一、比较分析法

比较分析法是将两个经济内容相同、时间或空间地点不同的经济指标相减从而进行分析的一种方法。

比较分析法的比较形式：

(1) 实际数与计划数或预算数、定额数对比，揭示成本计划、定额的执行情况。

(2) 本期实际数与前期实际数、上年同期实际数或历史最好水平比较，可以观察企业成本指标的变动情况和变动趋势，了解企业生产经营的改进情况。

(3) 本年实际数与国内外同行业先进水平对比，可以发现与先进水平之间的差距。

比较分析法是一种绝对数的比较分析，只适用于对同类型企业、同质指标进行对比分析。采用比较分析法时应注意的问题有：

(1) 用于对比的各个时期的指标，其计算口径必须保持一致。

(2) 应剔除偶发性项目的影响，使分析所利用的数据能反映正常的生产经营状况。

(3) 运用例外原则对某项有显著变动的指标作重点分析，分析其产生的原因，以便采取对策，加以改进。

二、比率分析法

比率分析法是指将反映成本状况或与成本水平相关的两个因素联系起来，通过计算比率，反映比率之间的关系，从而分析评价企业成本状况和经营情况的一种成本分析方法。

根据分析的不同内容和要求，比率分析法一般有以下三种形式：

(一) 相关比率分析

相关比率分析是以某个项目与其他有关但又不同的项目加以对比，求出比率，以便更深入地分析某方面的生产经营情况。在实际工作中，由于企业规模不同等原因，单纯采用比较分析法计算对比产值、销售收入、利润或成本等指标的绝对数，不能说明企业经营效益和成本管理的好坏。如果将成本与产值、销售收入或利润联系起来，计算相关比率指标，就能反映企业的成本效益水平。常用的相关比率有：产值成本率、销售收入成本率、成本利润率、存货周转率等。

(二) 趋势比率分析

趋势比率分析是将几个时期同类指标的数字进行对比，求出比率，分析该项指标增减速度和发展趋势。由于计算时采用的基期数值不同，趋势比率有两种形式：定基比率和环比比率。

$$定基比率=\frac{比较期数值}{固定基期数值}\times100\%$$

$$环比比率=\frac{比较期数值}{前期数值}\times100\%$$

（三）构成比率分析

构成比率分析是计算某项指标的各个组成部分占总体的比重，即个体占总体的比重，观察其构成内容及变化，以掌握该项经济活动的特点和变化趋势。也就是计算各成本项目在成本总额中所占比重，并同其他各种标准进行比较，据以了解成本构成的变化。

采用比率分析法应注意的问题：（1）对比项目的相关性；（2）对比口径的一致性；（3）衡量标准的科学性。

三、因素分析法

因素分析法是依据分析指标与其影响因素的关系，从数量上确定各因素对分析指标影响方向和影响程度的一种分析方法。因素分析法有两种：连环替代法和差额分析法。

（一）连环替代法

连环替代法是将分析指标分解为各个可以计量的因素，并根据各个因素之间的依存关系，顺次用各因素的实际数替代标准数，据以测定各因素对分析指标影响的一种分析方法。

1. 基本原理

设某分析指标为 N，其影响因素有 A、B、C，则有：

$N=A\times B\times C$

计划数 $N_0=A_0\times B_0\times C_0$

实际数 $N_1=A_1\times B_1\times C_1$

差异=实际数 N_1-计划数 N_0

2. 分析

由于 A 因素的影响：

$N_2=A_1\times B_0\times C_0$

影响额 $=N_2-N_0$

由于 B 因素的影响：

$N_3=A_1\times B_1\times C_0$

影响额 $=N_3-N_2$

由于 C 因素的影响：

$N_4=A_1\times B_1\times C_1$

影响额 $=N_4-N_3$

综合影响额=各因素的影响额之和

（二）差额分析法

差额分析法是连环替代法的一种简化形式，是先确定各因素实际数与计划数之间的差异，然后按照各因素的排列顺序，依次计算分析各因素的影响程度的一种因素分析法。

1. 基本原理

设某分析指标为 N，其影响因素有 A、B、C，则有：

$N=A\times B\times C$

计划数 $N_0=A_0\times B_0\times C_0$

实际数 $N_1=A_1\times B_1\times C_1$

差异＝实际数 N_1－计划数 N_0

2. 分析

由于 A 因素的影响：

$N_2=A_1\times B_0\times C_0$

影响额＝$(A_1-A_0)\times B_0\times C_0$

由于 B 因素的影响：

影响额＝$A_1\times(B_1-B_0)\times C_0$

由于 C 因素的影响：

影响额＝$A_1\times B_1\times(C_1-C_0)$

综合影响额＝$\sum$（各因素的影响额）

采用因素分析法应注意的问题：

（1）因素分解的关联性。构成经济指标的因素，必须客观上存在着因果关系，并能够反映该项指标差异的内在构成原因，否则就失去了应用价值。

（2）因素替代的顺序性。确定替代因素时，必须根据各因素的依存关系，遵循一定的顺序并依存替代，不可随意加以颠倒，否则就会得出不同的计算结果。

（3）顺序替代的连环性。因素分析法在计算每一因素变化的影响时，都是在前一次计算的基础上进行，并采用连环比较的方法确定因素变化的影响结果。

（4）计算结果的假定性。由于因素分析法计算的各因素变动的影响数会因替代顺序不同而有差别，因而计算结果不免带有假定性，即它不可能使每个因素计算的结果都达到绝对的准确。因此，分析时应力求使这种假定合乎逻辑，具有实际经济意义。这样，计算结果的假定性才不至于妨碍分析的有效性。

【例 14-1】 某企业生产甲产品，所耗原材料费用的实际数为 4 000 元，计划数为 4 620 元。有关产量、单位产品材料消耗量、材料单价的资料如表 14-1 所示。要求：分别采用连环替代法和差额分析法进行计算分析。

表 14-1　成本分析资料表

项目	单位	计划数	实际数	差异
产品产量	件	100	110	+10
单位产品材料消耗量	千克	8	7	−1
材料单价	元	5	6	+1
材料费用总额	元	4 000	4 620	620

材料费用的差异＝4 620－4 000＝620（元）

（1）采用连环替代法分析

由于产品产量的影响：

110×8×5＝4 400（元）

影响额＝4 400－4 000＝400（元）

由于单位产品材料消耗量的影响：

110×7×5=3 850（元）

影响额=3 850−4 400=−550（元）

由于材料单价的影响：

110×7×6=4 620（元）

影响额=4 620−3 850=770（元）

综合影响额=400−550+770=620（元）

（2）采用差额分析法分析

材料费用的差异=4 620−4 000=620（元）

由于产品产量的影响：

影响额=（110−100）×8×5=400（元）

由于单位产品材料消耗量的影响：

影响额=110×（7−8）×5=−550（元）

由于材料单价的影响：

影响额=110×7×（6−5）=770（元）

综合影响额=400−550+770=620（元）

第三节　全部商品产品成本分析

企业的全部商品产品分为可比产品和不可比产品。在进行全部商品产品成本分析时，由于全部商品产品成本中包括不可比产品成本，因此，只以全部商品实际总成本与计划总成本进行比较，确定全部商品产品实际成本相比计划的降低额和降低率，以评价全部商品产品成本水平的升降情况。可比产品在企业全部商品产品中占有重要地位，应单独进行分析。

全部商品产品成本分析，可以利用商品产品成本表和成本计划等相关资料进行分析，包括全部商品产品成本计划完成情况分析和可比产品成本分析。

一、全部商品产品成本计划完成情况分析

全部商品产品成本计划完成情况分析包括按产品类别和按产品成本项目两方面的分析。

（一）按产品类别对全部商品产品成本计划完成情况进行分析

由于全部商品产品包括可比产品和不可比产品，因此按照产品类别进行全部商品产品成本计划完成情况分析，只能以全部商品产品的本年实际总成本与计划总成本进行比较，计算确定全部商品产品成本降低额和降低率。计算公式如下：

全部商品产品成本降低额=∑（本年实际产量×本年实际单位成本）−∑（本年实际产量×上年实际平均单位成本）

$$全部商品产品成本降低率=\frac{全部商品产品成本降低额}{\sum（本年实际产量\times本年实际单位成本）}\times100\%$$

【例 14-2】某企业本年 8 月生产 A、B、C 三种产品，其中 A、B 两种产品是可比产品，C 产品是不可比产品。有关成本资料如表 14-2 所示。

表 14-2　商品产品成本表

20××年 8 月　　金额单位：元

产品名称		本年实际产量（件）	单位成本			总成本		
			上年实际平均	本年计划	本年实际	按上年实际单位成本计算	按本年计划单位成本计算	本年实际
可比产品	A 产品	50	400	350	370	20 000	17 500	18 500
	B 产品	60	500	410	390	30 000	24 600	23 400
	小计	—	—	—	—	—	42 100	41 900
不可比产品	C 产品	40		300	310		12 000	12 400
全部商品产品成本		—	—	—	—	—	54 100	54 300

根据表 13-2 的资料进行分析：

全部商品产品实际成本比计划成本的降低额＝54 300－54 100＝200（元）

$$全部商品产品实际成本比计划成本的降低率=\frac{200}{54\ 100}\times100\%=0.37\%$$

从计算结果可知，该企业全部商品产品实际成本比计划有所上升，应进一步对每种产品进行分析，即按产品类别进行分析，编制商品产品成本分析表如表 14-3 所示。

表 14-3　商品产品成本分析表（按产品类别）

20××年 8 月　　金额单位：元

商品产品		实际产量		与计划的差异	
		计划成本	实际成本	升降额	升降率（%）
可比产品	A 产品	17 500	18 500	+1 000	+5.71
	B 产品	24 600	23 400	－1 200	－4.88
	小计	42 100	41 900	－200	+0.48
不可比产品	C 产品	12 000	12 400	+400	+3.33
全部商品产品		54 100	54 300	+200	+0.37

按产品类别进行分析，该企业成本上升的原因主要是 A 产品和 C 产品的成本上升，应对这两种产品加以成本控制。

（二）按成本项目对全部商品产品成本计划完成情况进行分析

按产品类别对全部商品产品成本计划完成情况进行分析，虽然可以了解每种产品成本的升降情况，但是不能了解具体成本项目的升降，因此，需要按成本项目进行商品产品成本分析，找出影响成本升降的关键因素。

按成本项目对全部商品产品成本计划完成情况分析，就是将全部商品产品的总成本按成本项目分别比较其实际总成本与计划总成本，以确定各个成本项目的升降额和升降率，并比较分析各成本项目的变动对总成本的影响程度。

【例 14-3】某企业本年 10 月编制商品产品成本表，按成本项目对全部商品产品成本进行分析，如表 14-4 所示。

表 14-4 商品产品成本分析表（按产品类别）

20××年 10 月　　　　金额单位：元

成本项目	全部商品产品		节约或超支		各项目的差异对总成本影响的百分比（%）
	计划成本	实际成本	绝对数	百分比（%）	
直接材料	30 100	30 200	+100	+0. 33	+0. 19
直接人工	14 000	14 050	+50	+0. 36	+0. 09
制造费用	10 000	10 050	+50	+0. 5	+0. 09
合计	54 100	54 300	+200	+0. 37	+0. 37

从表 14-4 中数据可知，该企业成本上升的原因，主要是直接材料、直接人工和制造费用各项目都有所上升，应采取措施进行成本控制。

二、可比产品成本分析

可比产品成本分析的目的在于揭示可比产品成本降低任务的完成情况，查明影响可比产品成本升降的因素及其影响程度，进一步明确成本升降的原因。

企业在编制成本计划时，应制定可比产品应达到的降低任务，即可比产品成本的计划降低额和计划降低率。对可比产品成本进行分析时，不仅要将其实际总成本与计划总成本进行对比，还要同实际产量按上年单位成本计算的总成本进行比较，从而确定可比产品实际总成本降低额和降低率，并与企业成本计划中所制定的计划降低额和计划降低率进行比较，以考核分析可比产品成本降低任务的完成情况。

可比产品成本分析的原理即分析步骤如下：

第一步：可比产品成本降低任务完成情况分析。

可比产品成本降低任务：

可比产品成本降低额=可比产品成本实际降低额-可比产品成本计划降低额

可比产品成本降低率=可比产品成本实际降低率-可比产品成本计划降低率

其中：

可比产品成本计划降低额=Σ（计划产量×上年实际平均单位成本）-Σ（计划产量×本年计划单位成本）

$$可比产品成本计划降低率=\frac{可比产品成本计划降低额}{\Sigma（计划产量\times上年实际平均单位成本）}\times100\%$$

可比产品成本实际降低额=Σ（实际产量×上年实际平均单位成本）-Σ（计划产量×本年实际单位成本）

$$可比产品成本实际降低率=\frac{可比产品成本实际降低额}{\sum（实际产量\times上年实际平均单位成本）}\times100\%$$

第二步：进行影响可比产品成本降低任务完成的因素分析。

影响可比产品成本降低任务完成的因素有：产品产量、产品品种结构、产品单位成本。

1. 产品产量的影响

产品产量只影响可比产品成本降低额，不影响可比产品成本降低率。

可比产品成本计划降低任务是根据各种产品计划产量制定的，而实际成本降低额和降低率是根据各种产品的实际产量计算的。因此，在产品品种结构和产品单位成本不变时，产品产量的增减只会引起成本降低额发生同比例的增减，而不会影响成本降低率的变化。

$$产品产量变动影响的成本降低额=[可比产品成本计划降低额\times\frac{\sum（实际产量\times上年实际平均单位成本）}{\sum（计划产量\times上年实际平均单位成本）}]-可比产品成本计划降低额$$

2. 产品品种结构变动的影响

$$产品品种结构变动影响的成本降低额=[\sum（实际产量\times上年实际平均单位成本）-\sum（实际产量\times本年计划单位成本）]$$

$$产品品种结构变动影响的成本降低率=\frac{产品品种结构变动影响的成本降低额}{\sum（实际产量\times上年实际平均单位成本）}\times100\%$$

3. 产品单位成本的影响

$$产品单位成本变动影响的成本降低额=[\sum（实际产量\times本年计划单位成本）-\sum（实际产量\times本年实际单位成本）]$$

$$产品单位成本变动影响的成本降低率=\frac{产品单位成本变动影响的成本降低额}{\sum（实际产量\times本年实际单位成本）}\times100\%$$

$$综合影响的成本降低额=\sum（各因素的影响额）$$

$$综合影响的成本降低率=\sum（各因素的影响率）$$

【例14-4】某企业本年5月生产A、B两种可比产品，有关可比产品成本资料、可比产品成本降低计划和可比产品成本实际完成计划如表14-5、表14-6、表14-7所示。要求：对该企业可比产品成本降低任务进行分析。

表14-5　可比产品成本资料　　单位：元

产品名称	全年产量		单位成本			成本计划（计划产量）		本年总成本（实际产量）		
	计划	实际	上年实际平均	本年计划	本年实际	按上年实际平均单位成本计算	按本年计划单位成本计算	按上年实际平均单位成本计算	按本年计划单位成本计算	实际成本
A产品	200	800	100	95	94	20 000	19 000	80 000	76 000	752 000
B产品	400	400	50	45	44	20 000	18 000	20 000	18 000	17 600
合计	—	—	—	—	—	40 000	37 000	10 000	94 000	92 800

表 14-6　可比产品成本降低计划表　　金额单位：元

可比产品	全年计划产量（件）	单位成本		总成本		计划降低指标	
		上年实际平均	本年计划	按上年实际平均单位成本计算	按本年计划单位成本计算	降低额	降低率（%）
A 产品	200	100	95	20 000	19 000	1 000	—
B 产品	400	50	45	20 000	18 000	2 000	—
合计	—	—	—	40 000	37 000	3 000	7.5

表 14-7　可比产品成本降低计划完成情况分析表　　金额单位：元

可比产品	总成本		计划完成情况	
	按上年实际平均单位成本计算	本年实际	降低额	降低率（%）
A 产品	80 000	75 200	4 800	—
B 产品	20 000	17 600	2 400	—
合计	100 000	92 800	7 200	7.2

计算分析过程如下：

可比产品成本计划降低额＝40 000－37 000＝3 000（元）

可比产品成本计划降低率$=\frac{3000}{40\ 000}\times100\%=7.5\%$

可比产品成本实际降低额＝100 000－92 800＝7 200（元）

可比产品成本实际降低率$=\frac{7\ 200}{100\ 000}\times100\%=7.2\%$

可比产品成本降低任务：

可比产品成本降低额＝7 200－3 000＝4 200（元）

可比产品成本降低率＝7.2%－7.5%＝－0.3%

分析：

由于产品产量变动的影响：

影响的成本降低额$=3\ 000\times\frac{100\ 000}{40\ 000}-3\ 000=4\ 500$（元）

由于产品品种结构变动的影响：

影响的成本降低额＝$(100\ 000-94\ 000)-3\ 000\times\frac{100\ 000}{40\ 000}=-1\ 500$（元）

影响的成本降低率$=\frac{-1\ 500}{100\ 000}\times100\%=-1.5\%$

由于产品单位成本的影响：

影响的成本降低额＝94 000－92 800＝1 200（元）

影响的成本降低率$=\frac{1\ 200}{100\ 000}\times100\%=1.2\%$

综合影响：

影响的成本降低额＝4 500－1 500+1 200＝4 200（元）

影响的成本降低率＝－1.5%+1.2%＝－0.3%

第四节　主要产品单位成本分析

企业在对全部产品以及可比产品成本分析的基础上，要对企业主要产品单位成本进行具体分析，以便找出主要产品单位成本升降的原因，寻求降低成本的途径。

主要产品单位成本分析包括两方面：（1）分析主要产品单位成本计划完成情况；（2）成本项目逐项进行分析。

一、主要产品单位成本计划完成情况分析

对主要产品单位成本计划完成情况进行分析时，要将实际单位成本和计划单位成本或上年单位成本进行比较，计算差异，确定单位成本的升降额和升降幅度，在此基础上再按成本项目进行逐项分析，进一步了解各成本项目的升降情况。

【例 14-5】 某企业本年生产 A 产品，本年 A 产品单位成本如表 14-8 所示。根据表 14-8 的资料，进行产品单位成本计划完成情况分析，如表 14-9 所示。

表 14-8　主要产品单位成本表

编制单位：某企业　　　　20××年　　　　金额单位：元

<table>
<tr><td>产品名称</td><td>A 产品</td><td colspan="2">计量单位</td><td>（件）</td><td colspan="2">计划产量</td><td>120</td><td colspan="2">实际产量</td><td>100</td></tr>
<tr><td colspan="2">成本项目</td><td colspan="3">上年实际平均单位成本</td><td colspan="3">本年计划单位成本</td><td colspan="3">本年实际平均单位成本</td></tr>
<tr><td colspan="2">直接材料</td><td colspan="3">700</td><td colspan="3">680</td><td colspan="3">790</td></tr>
<tr><td colspan="2">直接人工</td><td colspan="3">440</td><td colspan="3">420</td><td colspan="3">500</td></tr>
<tr><td colspan="2">制造费用</td><td colspan="3">420</td><td colspan="3">300</td><td colspan="3">290</td></tr>
<tr><td colspan="2">合计</td><td colspan="3">1 560</td><td colspan="3">1 400</td><td colspan="3">1 580</td></tr>
<tr><td colspan="2" rowspan="2">明细项目</td><td colspan="3">上年数</td><td colspan="3">计划数</td><td colspan="3">实际数</td></tr>
<tr><td>单耗</td><td>单价</td><td>金额</td><td>单耗</td><td>单价</td><td>金额</td><td>单耗</td><td>单价</td><td>金额</td></tr>
<tr><td colspan="2">甲材料</td><td>30</td><td>10</td><td>300</td><td>28</td><td>11</td><td>308</td><td>30</td><td>10.5</td><td>315</td></tr>
<tr><td colspan="2">乙材料</td><td>20</td><td>6.5</td><td>130</td><td>19</td><td>6</td><td>114</td><td>21</td><td>7</td><td>147</td></tr>
<tr><td colspan="2">工时</td><td>25</td><td></td><td></td><td>24</td><td></td><td></td><td>26</td><td></td><td></td></tr>
</table>

表 14-9　A 产品单位成本分析表　　金额单位：元

成本项目	计划成本	实际成本	超支（+）或降低（-）		各项目升降对单位成本的影响（%）
			金额	百分比（%）	
直接材料	680	790	+10	+1.47	+0.71
直接人工	420	500	+80	+19.05	+5.71
制造费用	300	290	-10	-3.33	-0.71
合计	1 400	1 580	+80	+5.71	+5.71

从表 14-9 可以看出，A 产品的实际单位成本比计划超支 80 元，超支率为 5.71%，产品成本超支的原因主要是直接材料成本和直接人工成本项目上升。应进一步分析直接材料成本和直接人工成本上升的原因，以便进行正确的分析评价。

二、主要产品按成本项目进行分析

（一）直接材料成本项目分析

直接材料成本占产品成本的比重较大，直接材料成本项目的升降对产品单位成本的影响较大，因此，直接材料成本是产品单位成本分析的重点。一般来说，直接材料单位成本的高低取决于单位产品材料消耗量和材料单价。采用因素分析法进行分析，其计算公式如下：

单位产品直接材料成本 = ∑（单位产品直接材料消耗量×直接材料单价）

单位产品直接材料消耗量变动对单位产品成本的影响 = ∑（单位产品实际直接材料消耗量-单位产品计划直接材料消耗量）

单位产品单价变动对单位产品成本的影响 = ∑单位产品实际直接材料消耗量×（单位产品实际直接材料单价-单位产品计划直接材料单价）

【例 14-6】根据例 14-5 的资料，对 A 产品的直接材料成本项目进行分析，编制直接材料成本分析表，如表 14-10 所示。

表 14-10　A 产品直接材料成本分析表　　金额单位：元

材料名称	材料耗用量（千克）		材料单价		材料成本			影响程度	
	计划	实际	计划	实际	计划	实际	升降额	数量的影响额	价格的影响额
甲材料	28	30	11	10.5	308	315	+7	+22	-15
乙材料	19	21	6	7	114	147	+33	+12	+21
合计	—	—	—	—	422	462	+40	+34	+6

甲材料耗用量的影响额 =（30-28）×11 = 22（元）

甲材料价格的影响额 = 30×（10.5-11）= -15（元）

乙材料耗用量的影响额 =（21-19）×6 = 12（元）

乙材料价格的影响额 = 21×（7-6）= 21（元）

在纺织、冶金、化工等企业，产品生产过程中使用多种原材料，这时，需要根据产品的特点、工艺规程的要求，将各种材料按一定的比例配料投入使用。每种材料消耗量占材料总消耗量的比例，称为“材料配比”。在各种材料单价不同的情况下，改变材料的配比也会影响产品的单位成本。这时，材料项目的分析就受材料耗用量、价格和材料配比三个因素的影响。其计算公式为：

单位产品材料消耗总量变动对单位成本的影响=（单位产品材料实际总耗用量-单位产品材料计划总消耗量）×计划配比的材料平均单价

材料配比变动对单位成本的影响=单位产品材料实际总耗用量×（实际配比的材料平均计划单价-计划配比的材料平均计划单价）

材料价格变动对单位成本的影响=∑材料实际单位耗用量×（材料实际单价-材料计划单价）

注：$计划配比的材料平均计划单价=\frac{\sum（各种材料计划消耗量×材料的计划单价）}{材料计划总消耗量}$

$实际配比的材料平均计划单价=\frac{\sum（各种材料实际消耗量×材料的计划单价）}{材料实际总消耗量}$

【例 14-7】 某企业生产甲产品，材料项目的有关资料如表 14-11 所示。

表 14-11　材料项目有关资料表

材料名称	计划				实际				差异（元）
	耗用量（千克）	配比（%）	单价（元）	成本（元）	耗用量（千克）	配比（%）	单价（元）	成本（元）	
A	320	40	100	32 000	294	37	102	29 988	-2 012
B	200	25	80	16 000	210	26	81	17 010	+1 010
C	120	15	60	7 200	168	21	55	9 240	+2 040
D	160	20	40	6 400	126	16	35	4 410	-1 990
合计	800	100		61 600	798	100	—	60 648	-952

材料费用差异=60 648-61 600=-952（元）

$计划配比的材料平均计划单价=\frac{61\,600}{800}=77（元）$

$实际配比的材料平均计划单价=\frac{294×100+210×80+168×60+126×40}{798}=76.842（元）$

单位产品材料消耗总量变动对单位成本的影响=（798-800）×77=-154（元）

材料配比变动对单位成本的影响=798×（76.842-77）=-126（元）

材料价格变动对单位成本的影响=（102-100）×294+（81-80）×210+（55-60）×168+（35-40）×126=-672（元）

各因素变动对单位成本的影响金额=-154-126-672=-952（元）

（二）直接人工成本项目分析

对直接人工成本项目进行分析，需要结合不同的工资制度和工资分配方法。

1. 采用计时工资制度

采用计时工资制度时，在工资费用直接计入产品成本的企业中，单位产品直接人工成本的高低，取决于生产该种产品的产量和工资总额两个因素。计算公式如下：

$$单位产品直接人工工资成本=\frac{直接人工工资成本总额}{产品产量}$$

$$直接人工工资总额的影响=单位产品直接人工工资实际数-\frac{直接人工工资计划总额}{产品产量实际数}$$

$$产品产量的影响=\frac{直接人工工资计划总额}{产品产量实际数}-单位产品直接人工工资计划数$$

在大多数企业中，各生产车间和班组生产的产品品种很多，工资费用一般是按生产工时消耗分配计入产品生产成本，因此，单位产品直接人工成本的多少，取决于单位产品的生产工时和小时工资率两个因素。计算公式如下：

单位产品的直接人工成本=单位产品的生产工时×小时工资率

单位产品生产工时的影响=（单位产品的实际工时-单位产品的计划工时）×小时工资率

小时工资率的影响=单位产品实际工时×（实际小时工资率-计划小时工资率）

【例 14-8】某企业本年生产 A 产品，A 产品的直接人工实际单位成本比计划上升 80 元，对 A 产品的直接人工成本项目进行分析，编制直接人工成本项目分析表，如表 14-12 所示。

表 14-12 A 产品直接人工成本分析表

项目	计划数	实际数	差异	影响额
单位产品的生产工时（小时）	40	50	+10	+105
小时工资率（元/小时）	10.5	10	-0.5	-25
单位产品直接人工成本（元）	420	500	+80	+80

单位产品生产工时的影响额=（50-40）×10.5=105（元）

小时工资率的影响额=50×（10-10.5）=-25（元）

2. 采用计件工资制度

一般来说，在采用无限制计件工资制度的企业中，单位产品直接人工成本的高低，取决于计件单价。如果计件单价不变，生产工人劳动生产率的变动并不会影响单位产品直接人工成本，但会通过产量影响那些计入产品成本中的非工作时间的工资、奖金和其他工资，从而引起单位产品直接人工成本的变动 。在这种情况下，可以根据生产工人工资构成的明细资料进行分析。在采用有限制计件工资制度的企业中，工人超产达到一定限度时，如果这些超过一定限度的产品不再支付工资，那么劳动生产率的提高就会使单位产品成本中的工资相应地降低。

（三）制造费用项目分析

在制造费用按生产工时消耗分配计入产品成本的企业中，单位产品制造费用取决于单位产品的生产工时和小时工资率两个因素。计算公式如下：

单位产品的制造费用=单位产品的生产工时×小时制造费用率

生产工时对制造费用的影响=（单位产品的实际工时-单位产品的计划工时）×小时制

造费用率

小时制造费用对制造费用的影响=单位产品实际工时×（实际小时制造费用率-计划小时制造费用率）

【例 14-9】 某企业本年生产 A 产品，A 产品的制造费用实际单位成本比计划下降 10 元，对 A 产品的制造费用成本项目进行分析，编制制造费用成本项目分析表，如表 14-13 所示。

表 14-13　A 产品制造费用成本分析表

项目	计划数	实际数	差异	影响额
单位产品的生产工时（小时）	40	50	+10	+75
小时工资率（元/小时）	7.5	5.8	-1.7	-85
单位产品的制造费用（元）	300	290	-10	-10

单位产品生产工时的影响额=（50-40）×7.5=+75（元）

小时工资率的影响额=50×（5.8-7.5）=-85（元）

生产多种产品的企业，一般是将制造费用数额受单位产品消耗的生产工时（效率指标）和制造费用分配率两个因素的影响程度按下列公式计算：

效率差异影响=（实际单位产品工时-计划单位产品工时）×计划制造费用分配率

制造费用分配率变动的影响=实际单位产品工时×（实际制造费用分配率-计划制造费用分配率）

【例 14-10】 某企业生产多种产品，其中 A 产品有关资料如表 14-14 所示。要求：计算效率差异和制造费用分配率差异对单位成本中制造费用的影响。

表 14-14　工时及制造费用资料

项目	计划	实际	差异
单位产品工时（小时）	100	90	—
制造费用分配率（%）	0.5	0.4	-0.1
单位产品制造费用（元）	50	36	-14

计算结果如下：

单位产品制造费用差异=36-50=-14

效率差异的影响=（90-100）×0.5=-5（元）

制造费用分配率的影响=90×（0.4-0.5）=-9（元）

各因素变动对制造费用的影响=-5-9=-14（元）

三、技术经济指标对单位成本影响的分析

技术经济指标的分析是指技术经济指标的变动对单位产品成本的影响。影响单位产品成本的技术经济指标有原材料利用率、劳动生产率、产品质量、产品产量。

（一）原材料利用率变动对单位产品成本影响的分析

原材料利用率是用来反映原材料利用程度的指标，该指标越高，表明材料的利用程度

越高，产品成本则可随之降低。

有关指标的计算公式为：

$$原材料利用率=\frac{某产品合格品产量}{生产该产品所耗用原材料总量}$$

原材料利用率变动对单位产品成本的影响 = $(\frac{计划原材料利用率}{实际原材料利用率}-1)$ ×单位产品中计划原材料所占的比重

【例 14-11】 某企业生产乙产品，有关资料如表 14-15 所示。要求：根据表中有关资料，计算原材料利用率变动对单位产品成本的影响。

表 14-15　乙产品有关资料

项目	计划数	实际数	差异
产品产量（件）	1 000	1 000	-
原材料耗用总量（千克）	1 500	1 400	-100
原材料利用率（%）	90	92	+2
直接材料总成本（元）	2 500	2 400	-100
产品总成本（元）	8 000	7 800	-200
产品单位成本（元）	8	7. 8	-0. 2

计算结果如下：

原材料利用率变动对单位产品成本的影响 = $(\frac{90\%}{92\%}-1)\times\frac{2\ 500/1\ 000}{8\ 000/1\ 000}=-0.679\%$

（二）劳动生产率变动对单位产品成本影响的分析

一般而言，随着劳动生产率的不断提高，平均工资也随之增长，但平均工资的增长速度不应超过劳动生产率的增长速度，这样才能使单位产品成本不断降低。

劳动生产率变动对单位产品成本的影响计算公式为：

劳动生产率变动对单位产品成本的影响 = $(\frac{1+平均工资增长的百分比}{1+劳动生产率增长的百分比}-1)$ ×单位产品中计划生产工人工资所占的比重

$$劳动生产率增长百分比=\frac{单位产品本年实际工时-单位产品计划工时}{单位产品计划工时}$$

$$平均工资增长百分比=\frac{本年实际小时工资率-计划小时工资率}{计划小时工资率}$$

如果企业生产多种产品，每种产品所负担的生产工人工资费用一般是按工时的比例分配的，因此，单位产品成本中的工资费用则受工时和小时工资率两个因素的影响，其计算公式为：

劳动生产率变动对单位产品成本的影响 = $[(\frac{小时工资率}{1+增减的百分比})\times(\frac{单位产品工时}{1+增减百分比})-1]$ ×计划单位产品成本中生产工人工资所占比重

【例 14-12】某企业生产甲产品，有关资料如表 14-16 所示。要求：根据表中有关资料，计算劳动生产率变动对单位产品成本的影响。

表 14-16 甲产品有关资料

项目	计划数	实际数	差异
单位产品工时（小时）	200	190	-10
小时工资率（元/小时）	1.6	1.7	+0.1
单位产品工资成本（元）	320	323	+3
工资占成本比重（%）	16	—	—

计算结果如下：

$$劳动生产率变动百分比=\frac{190-200}{200}\times100\%=-5\%$$

$$平均工资增长百分比=\frac{1.7-1.6}{1.6}\times100\%=6.25\%$$

$$劳动生产率变动对单位产品成本的影响=\left(\frac{1+6.25\%}{1-5\%}-1\right)\times16\%=1.89\%$$

（三）产品质量变动对单位产品成本影响的分析

在产品分为不同等级的情况下，各等级产品数量的变化也会影响到产品的单位成本。等级产品平均质量水平以等级系数表示，等级系数越高，表明折合为一级品的产量越多，由此，等级产品的单位成本就相应地降低。

产品质量变动对单位产品成本的影响计算公式为：

$$产品质量变动对单位产品成本的影响=\left(\frac{计划等级系数}{实际等级系数}-1\right)\times100\%$$

$$注：等级系数=\frac{各等级品折合成一级品产量之和}{各等级品产量之和}$$

【例 14-13】某企业生产 A 产品，各等级产品的有关资料如表 14-17 所示。要求：计算分析产品质量变动对单位产品成本的影响。

表 14-17 各等级产品产量及成本资料

产品等级	单价（元）	折合率	产量（件）		折合成一级品产量（件）		成本（元）	
			计划	实际	计划	实际	计划	实际
一级品	200	1	4 000	4 200	4 000	4 200		
二级品	180	0.9	1 600	1 500	1 440	1 350		
三级品	120	0.6	1 000	1 200	600	720		
合计	—	—	6 600	6 900	6 040	6 270	250 000	270 000

计算结果如下：

$$计划等级系数=\frac{6\,040}{6\,600}=0.915\,2$$

$$实际等级系数=\frac{6\ 270}{6\ 900}=0.908\ 7$$

$$产品质量变动对单位产品成本的影响=(\frac{0.915\ 2}{0.908\ 7}-1)\times100\%=0.715\ 3\%$$

产品质量变动对单位产品成本的影响，在产品不分为各等级的情况下，可按废品率进行计算分析，即废品率越高，产品成本就越高。降低废品率就可以降低产品成本，其计算公式为：

$$废品率变动对单位产品成本的影响=[\frac{实际废品率\div(1-实际废品率)}{计划废品率\div(1-计划废品率)}-1]\times计划单位产品成本中废品损失的比重$$

$$注：计划单位产品成本中废品损失的比重=\frac{合格品单位成本-总产量的单位成本}{合格品单位成本}$$

（四）产品产量变动对产品单位成本影响的分析

在生产费用按其与产品产量的关系划分为固定费用和变动费用的情况下，随着产品产量的增加，虽然固定费用总额不变，但单位产品成本中的固定费用却随之成比例地减少，反之亦然，而单位产品的变动费用则不发生变化。因此，产量变动对单位产品成本的影响主要与固定费用有关。其计算公式为：

$$产量变动对单位产品成本影响的程度=(\frac{1}{产量计划完成率}-1)\times计划单位产品成本中固定费用所占比重$$

【例 14-14】某企业生产 B 产品，有关产品的产量及成本资料如表 14-18 所示。要求：计算分析产量变动对单位产品成本的影响。

表 14-18　B 产品产量及成本资料

项目	产量（件）		单位产品成本（元）		总成本（元）	
	计划	实际	计划	实际	计划	实际
变动费用			5	5	7 500	8 250
固定费用			3	2.5	4 500	4 125
合计	1 500	1 650	8	7.5	12 000	12 375

计算结果如下：

$$产量计划完成率=\frac{1\ 650}{1\ 500}\times100\%=110\%$$

$$计划单位产品成本中固定费用所占比重=\frac{3}{8}\times100\%=37.5\%$$

$$产量变动对单位产品成本影响的程度=(\frac{1}{110\%}-1)\times37.5\%=-3.41\%$$

第五节 费用预算执行情况及成本效益分析

一、费用预算执行情况分析

对于制造费用以及各项期间费用，制造费用作为生产费用计入产品成本，期间费用直接计入当期损益。但这些费用由许多具有不同经济性质和不同经济用途的费用组成，其节约或超支，往往与企业的行政管理部门和生产车间工作的质量、有关责任制度、节约制度的贯彻执行密切相关。由于这些费用都按整个企业或分厂、车间、部门编制预算加以控制，因而分析各种费用预算的执行情况，查明各种费用实际脱离预算的原因，也只能按整个企业或分厂、车间、部门来进行。

对制造费用以及各项期间费用的分析主要采用对比分析和构成比率分析法。首先，应采用对比分析法，选择各项费用的某项数字作为基数，将本期实际数与基数进行对比，确定各个项目本期实际数与对比基数的差异。分析时，可以将各项费用的本期实际数与计划数进行对比，了解其增减变化，分析计划执行结果；可以将各项费用的本期实际数与上期实际数进行对比，了解其增减变化，分析发展趋势。其次，应采用构成比率分析法，以各项费用的总额为基数，分别用各项费用的各个项目与总额进行计算，求出所占比重，找出影响费用总额的重点项目，确定管理的重点环节。

在分析时应注意的问题：(1) 应分析费用开支比例和提取标准的费用项目是否符合有关制度的规定。(2) 不能仅从某项费用绝对数的增减来评价费用控制情况，要联系与之相关的生产经营业务量的增减变化。(3) 应当选择费用比重较大、超支或节约数额较大的项目有重点地进行分析，做到点面结合。(4) 由于期间费用与所得税税前扣除办法所约束的内容直接相关，分析应特别注意企业可能因避税考虑而有意超支或节约某项目。

二、成本效益分析

(一) 成本效益概述

成本效益分析是通过比较项目的全部成本和效益来评估项目价值的一种方法。

成本效益分析法的基本原理是：针对某项支出目标，提出若干实现该目标的方案，运用一定的技术方法，计算出每种方案的成本和收益，通过比较方法，并依据一定的原则，选择出最优的决策方案。

在激烈竞争的经济环境下，成本控制成为每个企业关注的焦点问题。应科学分析企业的各项成本构成及影响利润的关键要素，找到成本控制的核心思路和关键环节，使企业更好地应对竞争压力下的成本控制问题。

成本控制绝对不仅仅是单纯地压缩成本费用，它需要与宏观经济环境、企业的整体战略目标、经营方向、经营模式等有效结合，需要建立起科学合理的成本分析与控制系统，让企业的管理者全面、清晰地掌握影响企业业绩的核心环节，全面了解企业的成本构架、盈利情况，从而把握正确的决策方向，从根本上改善企业成本状况，真正实现有效的成本控制。

为了全面评价企业的成本工作，应将成本指标与生产成果指标联系起来，综合地评价企业生产耗费的经济效益，即进行成本效益分析。

（二）成本效益的经济指标体系

成本效益的经济指标是体现成本控制、收益好坏的基本标准和衡量尺度，是进行任何成本分析所不可缺少的依据。因而，企业生产经营活动中的成本效益分析考核体系由以下三大指标组成：

1. 产值成本率分析

为了将生产成本和生产成果结合起来，以反映企业生产经营活动中劳动耗费的经济效果，就应计算和分析产值成本率这一指标。

产值成本率是一定时期生产一定数量产品生产成本与工业总产值的比率。其计算公式为：

$$产值成本率=\frac{产品生产总成本}{工业总产值}\times 100\%$$

产值成本率表明每百元产值所需耗费的生产成本。公式中产值一般是按现行出厂价格计算的，但在进行动态分析时，为了消除不同时期价格变动的影响，也可按不变价格来计算。

一定时期的产值成本率反映该时期生产耗费的经济效果，产值成本率数值越小，说明成本效益越大；反之，则表明成本效益越小。因此，企业通过该指标的实际数同计划数、上期数和同行业上期数相比较，可以确定完成计划的程度如何，分析其动态变化，也可以反映出本企业在同行业中的成本效益状况。

产值成本率指标可以分解为产品产值的材料成本、人工成本和制造费用率三个分指标。利用这三个分指标的实际数同计划数或上期数相比较，可以进一步了解成本增减是由哪些成本项目变动而引起的。在生产等级品的企业，该指标还能够反映产品质量变动对劳动消耗利用程度的影响。

在进行产值成本率分析时应注意的主要影响因素有：

（1）产品单位成本水平变动。产品单位成本水平是影响产值成本率的直接因素，在其他条件稳定不变时，产值成本率会影响随产品单位成本水平的波动而升降。

（2）产品结构变动。在生产多种产品的企业，由于各种产品的单位成本水平和单位产值均不相同。因此，即便产品总产量不变，而当某种产品占全部产品的比重发生变化时，会引起产值成本率的改变。

（3）劳动生产率水平变动。劳动生产率水平是引起产品总产量变动的主导因素，而以总产量为基数计算的工业总产值，是构成产值成本率的基础。因此，劳动生产率水平上升，产品总产量增加，在其他条件不变的情况下，产值成本率就低；反之亦然。

2. 销售成本率分析

销售成本率是一定时期销售一定数量产品的产品销售成本与产品销售收入的比率。其计算公式为：

$$销售成本率=\frac{产品销售成本}{产品销售收入}\times 100\%$$

销售成本率表明每取得百元产品销售收入所需补偿的销售成本。一定时期的销售成本率反映了该时期实现产品价值的经济效果，企业产品适销，销售成本低，销售成本率也相应较低，意味着销售盈利率高，经济效益好；反之，则经济效益低。显然，这一指标全面反映了企业生产经营过程中各种劳动耗费的经济效益。

影响销售成本率变动的因素有：

（1）产品销售价格水平变动。产品销售价格直接影响着产品销售收入，从而引起销售成本率的变动。产品销售价格在生产等级品的情况下，受到产品等级率和产品定价两方面的影响，提高产品等级率和产品售价，在其他条件不变时，销售成本率必定下降。

（2）产品销售成本水平变动。产品销售成本是影响销售成本率的直接因素。由于本期生产的产品在本期不一定全部实现销售，在一定的计价方式下，产品销售成本取决于期初库存产品成本和本期生产完工入库产品的生产成本两个方面。在其他条件不变的情况下，销售成本率随产品成本波动而升降。

（3）销售产品结构变动。在生产和销售多种产品的企业，各种产品的单位销售成本水平和单位产品售价各不相同，在以各种产品总销售成本和产品销售总收入计算销售成本率时，即使总销售量不变，而某种产品占全部销售产品的比重发生变化，也会导致销售成本率的改变。

3. 成本费用利润率分析

成本费用利润率是一定时期生产和销售一定数量产品所发生的产品销售成本、产品销售费用、财务费用、管理费用的总和与获得的利润总额的比率。其计算公式为：

$$\text{成本费用利润率}=\frac{\text{利润总额}}{\text{产品销售成本}+\text{产品销售费用}+\text{管理费用}+\text{财务费用}}\times 100\%$$

成本费用利润率表明企业的投入产出水平，即表明在生产经营活动中，耗费一定数量的资金所取得经济利益的能力。成本费用利润率越高，表明生产和销售产品的每百元成本及费用取得的利润越多，劳动耗费的效益越高；反之，则说明每耗费百元成本及费用实现的利润越少，劳动耗费的效益越低。因此，成本费用利润率是综合反映企业成本效益的重要指标。

影响成本费用利润率的因素有很多，主要有产品销售成本及各项期间费用水平的变化、销售产品的结构变动、销售价格的波动、产品销售数量、产品销售税金以及其他销售收支和营业外收支等情况的变化。其中，产品销售成本的变化，不仅影响该指标的分母，同时也影响该指标的分子，且影响的性质相反。因而，该指标对企业成本水平变化的影响很明显。另外，由于企业生产的连续性以及产销平衡关系的稳定性、协调性，本期销售的产品并不一定全部是本期的劳动成果，本期获得的利润总额也不一定完全是本期生产经营的成果；同样，产品销售成本也不完全等同于本期发生的资金耗费。所以，成本费用利润率指标的变动不一定就完全等于本期资金耗费。

因此，企业在进行成本效益分析时，应将产值成本率、销售成本率、成本费用利润率三大指标的本年实际数与计划数、上年数进行对比分析。加强成本管理，降低产品成本，提高经济效益。

复习思考题

一、单项选择题

1. 成本分析的主要依据是（　　）。

A. 成本制度　　B. 成本预测　　C. 成本报表　　D. 企业会计准则

2. 主要产品单位成本的一般分析，通常首先采用（　　）。

A. 对比分析法　　B. 趋势分析法　　C. 比率分析法　　D. 连环替代法

3. 对可比产品成本降低率不产生影响的因素是（　　）。

A. 产品品种结构　　B. 产品产量　　C. 产品单位成本　　D. 产品总成本

4. 采用连环替代法，可以揭示（　　）。

A. 产生差异的因素

B. 实际数与计划数之间的差异

C. 产生差异的因素和各因素的影响程度

D. 产生差异的因素和各因素的变动原因

5. 生产单一品种情况下，影响可比产品成本降低额变动的因素仅是下列的（　　）。

A. 产品产量　　B. 产品单位成本

C. 产品产量和产品单位成本　　D. 产品产量、单位成本和品种结构

6. 技术经济指标变动对产品成本的影响主要表现在对（　　）指标的影响。

A. 产品成本　　B. 产品总成本

C. 产品单位成本　　D. 成本总成本和单位成本

7. 影响可比产品成本实际降低率的因素是（　　）。

A. 产品产量　　B. 产品单位成本　　C. 产品种类　　D. 产品计划成本

8. 产品产量变动对可比产品成本降低任务完成情况的影响是（　　）。

A. 不影响成本降低额和成本降低率

B. 影响成本降低额和成本降低率

C. 只影响成本降低额，不影响成本降低率

D. 只影响成本降低率，不影响成本降低额

9. 采用连环替代分析法，各因素的替代顺序一般是（　　）。

A. 先替代实物量指标，后替代质量指标

B. 先替代实物量指标，后替代货币量指标

C. 先替代次要指标，后替代主要指标

D. 先替代货币量指标，后替代实物量指标

10. 影响可比产品成本的固有因素是（　　）。

A. 企业规模和技术装备水平　　B. 成本管理制度的改革

C. 市场需求和价格水平　　D. 生产设备利用效果

二、多项选择题

1. 比率分析法主要包括（　　）。

A. 构成比率分析法　　　　　　　　B. 连环替代分析法
C. 差额计算法　　　　　　　　　　D. 相关比率分析法
2. 指标对比分析法的主要形式有（　　）。
A. 企业内部与先进车间指标对比
B. 实际指标与计划指标对比
C. 本期实际指标与历史最高水平对比
D. 本期实际指标与上年同期实际指标对比
3. 影响可比产品成本降低率的主要因素有（　　）。
A. 产品产量　　B. 产品品种结构　　C. 产品单位成本　　D. 产品价格
4. 影响可比产品成本降低额的主要因素有（　　）。
A. 产品产量　　B. 产品品种结构　　C. 产品单位成本　　D. 产品销售税金
5. 产品单位成本分析的内容主要包括（　　）。
A. 联产品成本分析　　　　　　　　B. 可比产品成本分析
C. 直接材料成本分析　　　　　　　D. 制造费用项目分析
6. 产品成本分析的内容包括（　　）。
A. 可比产品成本分析　　　　　　　B. 单位产品成本分析
C. 全部商品产品成本分析　　　　　D. 单位产品成本厂际对比分析
7. 成本报表分析常用的方法有（　　）。
A. 对比分析法　　B. 比例分析法　　C. 因素分析法　　D. 差额计算分析法
8. 生产多种产品的情况下，影响可比产品成本降低额的因素有（　　）。
A. 产品产量　　B. 产品单位成本　　C. 产品价格　　D. 产品品种结构
9. 下列指标中，属于相关比率指标的有（　　）。
A. 产值成本率　　　　　　　　　　B. 销售收入成本率
C. 成本利润率　　　　　　　　　　D. 成本降低率
10. 技术经济指标变动对产品单位成本影响的分析，主要包括（　　）。
A. 产量变动对单位成本的影响
B. 废品率变动对单位成本的影响
C. 原材料利用率对单位成本的影响
D. 劳动生产率和工资水平变动对产品单位成本的影响

三、判断题

1. 在分析各项费用计划执行情况时，根据费用超支或节约结果就可以作出评价。（　　）

2. 产品成本降低额和降低率指标、计划数和实际数都是与上年进行比较计算的。（　　）

3. 可比产品成本实际降低率等于可比产品成本实际降低额除以全部可比产品按计划产量计算的全年总成本。（　　）

4. 生产单一品种情况下，影响可比产品成本降低额变动的因素仅是产品产量单位成本和品种结构。（　　）

5. 差额计算法是连环替代法的一种简化形式。 ( )
6. 成本分析的评价标准主要有行业标准和预算标准。 ( )
7. 对本期产品成本报表的分析是一种事后分析。 ( )
8. 影响可比产品成本降低率指标变动的因素是产品品种构成和产品单位成本。 ( )
9. 运用差额计算分析法不需要考虑影响经济指标各因素的排列顺序。 ( )
10. 成本利润率是相关指标比率。 ( )

四、计算题

1. 某企业生产 A 产品，耗用原材料的有关资料如表 14-19 所示。

表 14-19 耗用原材料资料

项目	产品数量（件）	材料单耗（千克）	材料单价（元）	材料费用（元）
定额	100	25	15	
实际	105	29	16	
差异				

要求：

(1) 分别计算定额耗用和实际耗用的材料费用，并对比二者存在的差异。

(2) 采用差额计算法分析各因素变动对总差异的影响程度。

2. 某企业生产乙产品，有关资料如表 14-20、表 14-21 所示。

表 14-20 主要产品单位成本表

单位：元

项 目	上年实际平均	本年计划	本年实际
直接材料	1 862	1 890	2 047
直接人工	150	168	164
制造费用	248	212	209
合计	2 260	2 270	2 420

表 14-21 单位产品耗用原材料费用

项 目	上年实际平均	本年计划	本年实际
原材料消耗量（千克）	950	900	890
原材料单价（元）	1.96	2.10	2.30

要求：

(1) 分析乙产品单位成本变动情况。

(2) 分析影响原材料费用变动的因素和各因素对变动的影响程度。

第十五章　成本控制

学习目的与要求

1. 理解成本控制的概念。
2. 掌握成本控制的基本原理。
3. 掌握标准成本制度。
4. 掌握成本差异的计算。

第一节　成本控制概述

一、成本控制的含义

(一) 成本控制的概念

成本控制的过程是运用系统工程的原理对企业在生产经营过程中发生的各种耗费进行计算、调节和监督的过程，也是一个发现薄弱环节、挖掘内部潜力、寻找一切可能降低成本途径的过程。科学地组织实施成本控制，可以促进企业改善经营管理，转变经营机制，全面提高企业素质，使企业在市场竞争的环境下生存、发展和壮大。

成本控制是指以成本作为控制的手段，通过制定成本总水平指标值、可比产品成本降低率以及成本中心控制成本的责任等，达到对经济活动实施有效控制目的的一系列管理活动与过程。成本控制有广义和狭义之分。

狭义的成本控制是指对生产阶段产品成本的控制，即使用一定的方法对生产过程中构成产品成本的一切耗费进行科学严格的计算、限制和监督，将各项实际耗费预先确定在预算、计划或标准的范围内，并通过分析造成实际脱离计划或标准的原因，积极采取对策，以实现全面降低成本目标的一种会计管理行为。狭义的成本控制主要是对日常生产阶段产品成本的控制。

广义的成本控制是对企业生产经营的各个方面、各个环节以及各个阶段的所有成本的控制。它不仅要控制产品生产阶段的成本，而且要控制产品的设计试制阶段的成本和销售及售后服务阶段的成本；不仅要控制产品成本，而且要控制产品成本以外的成本，如质量成本和使用寿命周期成本；不仅要加强日常的反馈性成本控制，而且要做好事前的前馈性成本控制。

成本控制的对象是成本发生的过程，包括设计过程、采购过程、生产和服务提供过程、销售过程、物流过程、售后服务过程、管理过程、后勤保障过程等。成本控制的结果应能使被控制的成本达到规定的要求。为使成本控制达到规定的、预期的成本要求，就必须采取适宜的和有效的措施，包括作业、成本工程和成本管理技术和方法。

开展成本控制活动的目的就是防止资源的浪费，使成本降到尽可能低的水平，并保持已降低的成本水平。

成本控制反对“秋后算账”和“死后验尸”的做法，提倡预先控制和过程控制。因此，成本控制必须遵循预先控制和过程方法的原则，并在成本发生之前或在发生的过程中去考虑和研究为什么要发生这项成本、应不应该发生、应该发生多少、应该由谁来发生、应该在什么地方发生、是否必要以及决定后应对过程活动进行监视、测量、分析和改进。

成本控制是全面控制的概念，包括全员参与和全过程控制。成本控制和成本保证的某些活动是相互关联的。

企业的预算编制好以后，为了保证预算的顺利完成，必须对企业发生的有关经济活动进行控制。此时，控制活动要以预算作为标准，又称为“预算控制”。预算控制的对象和范围比较广泛，涉及企业供应、生产、销售、财务等有关责任单位的成本、收入、利润等方方面面，而成本控制则是预算控制的基础。

成本控制制度是指在对产品设计、研制等阶段影响成本有关因素的分析和研究的基础上，制定出的一整套适合于本企业具体情况的成本控制方法和相应的规章制度。其关键是要通过企业内部设置的规章制度，针对不同的成本采用不同的成本控制方法，约束成本开支，预防偏差和杜绝浪费。成本控制制度是企业内部控制制度的重要组成部分。

从目前国外成本控制的实践看，其成本控制方法繁多，一般有目标成本控制法、预算控制法、标准成本控制法、相对成本控制法、责任成本控制法等等。对于这些适应现代化大生产和市场经济创造出来的行之有效的成本控制方法，应结合我国企业的具体情况、成本控制对象和内容的不同而灵活加以运用。

企业内部的全部成本按成本习性可以分为变动成本和固定成本两类。变动成本主要是通过制定标准成本和编制弹性预算进行控制。直接材料费用和直接人工费用在制造业产品成本中一般占有较大的比重，数额易于分割，用标准成本控制比较简便易行。而变动性制造费用通常由变动性的成本项目组成，金额分散，通过编制弹性预算进行控制较为适宜。对于固定成本，首先要根据其开支项目的性质和轻重缓急区分为约束性固定成本和酌量性固定成本，然后分别控制。对于约束性固定成本，控制的关键在于作出长期投资决策之前的事前控制。因此，应根据相关的资本支出预算中的数据，分项目制定固定预算，作为事前控制的依据。而企业其他非约束性固定成本，则可以通过编制零基预算的方法来加强成本控制。另外，在企业产品设计阶段，则适合采取目标成本控制法来实施成本控制。

需要说明的是，标准成本控制与预算成本控制是兼容的，实质上等于预算控制，只是标准成本控制以标准成本为基础，按照成本项目反映单位产品的目标成本。而预算是企业总体规划的数量说明，无论是弹性预算还是其他预算类型，以标准成本乘以业务量就可以得出预算总成本。采用标准成本可以使成本控制更加科学有效。

（二）成本控制的作用

成本控制在企业管理中起着重要作用。

1. 成本控制是企业增加盈利的根本途径

增加利润是企业经营的目的之一，而控制成本则直接服务于此目的，因为无论在何种情况下，降低成本都可以增加利润：（1）在收入不变的情况下，降低成本可以增加利润；（2）在收入增加的情况下，降低成本可使利润增加得更快；（3）在收入减少的情况下，降低成本可抑制利润的下降。因此，降低成本是企业实现盈利目的的根本途径。

2. 成本控制是企业抵抗内外压力、求得生存的主要保障

企业在经营过程中面对各方压力，外有同行竞争、政府课税和经济环境逆转等不利因素，内有职工改善待遇 、股东分红和债权人的压力。企业为了抵御内外压力，常常以降低成本、提高产品质量、创新产品设计和增加产销量为主要手段。而其中降低成本是最主要、最有效的手段。因为降低成本可以提高企业的价格竞争能力，可以提高安全边际率，使企业在不景气的经济中继续生存；降低成本可以抵御由于价格提高而引发的经销商和供应商的提价要求与增加流转税的外在压力；降低成本后，才可能去提高质量、创新设计、提高职工待遇和增加股利。

3. 成本控制是企业发展的基础

将成本控制在同类企业的先进水平上，才可能获得超额利润，为企业迅速发展打下基础。许多企业陷入困境的重要原因之一是在成本失控的情况下盲目发展，以致当市场萎缩或决策失误时没有抵抗能力，最终被市场淘汰。因此，只有进行成本控制，使成本降低到最低状态，才能使企业的发展有足够的后劲，在竞争中处于不败之地。

4. 成本控制是保证企业完成既定目标的重要手段

企业在生产经营过程中，为了实现预定的利润等指标，一般应确定目标成本指标，以便于进行考核。目标成本的完成，需要企业采用多项切实可行的措施。通过成本控制，可以及时揭示生产过程中成本指标脱离计划的差异，从而采取措施纠正偏差，保证既定目标的完成。

二、成本控制的分类

成本控制的内容非常广泛，但是，这并不意味着事无巨细地平均使用力量，成本控制应该有计划、有重点地区别对待。各行各业不同企业有不同的控制重点。控制内容一般可以从成本形成过程和成本费用分类两个角度加以考虑。

（一）成本控制可按成本发生的时间先后分为事前成本控制、事中成本控制和事后成本控制

1. 事前成本控制

事前成本控制是指产品投产前通过对产品成本功能关系的分析研究，提出对产品功能和目标成本的要求，从根本上解决功能过剩、成本过高的问题。同时还要对影响成本的相关因素进行分析研究，制定出一整套成本控制制度，针对不同类型的成本采取不同方法，约束成本开支，防止偏差和浪费的发生。以上又分别被称为成本的“前馈控制”和“预防控制”。

2. 事中成本控制

事中成本控制又称“日常成本控制”，就是指在成本形成过程中，企业内部各级对成本负有经营管理责任的单位，根据事先制定的成本目标和标准，对企业各责任中心日常发

生的各项成本和费用进行严格的计量监督。发生偏差，就及时分析原因并采取措施进行调节，使各项成本和费用不超过预定的标准，以保证目标成本的实现。

3. 事后成本控制

事后成本控制是指在成本发生后，把日常发生的成本差异及其原因汇总起来进行分析研究，找出成本升降的原因，明确经济责任，为下一期企业生产经营计划和目标成本的确定提供改进意见。

（二）成本控制可按成本发生的过程分为产品投产的控制、制造过程中的控制和流通过程中的控制

1. 产品投产前的控制

这部分控制内容主要包括产品设计成本、加工工艺成本、物资采购成本、生产组织方式、材料定额与劳动定额水平等。这些内容对成本的影响最大，可以说产品总成本的60%取决于这个阶段的成本控制工作的质量。这项控制工作属于事前控制方式，在控制活动实施时真实的成本还没有发生，但它决定了成本将会怎样发生，基本上决定了产品的成本水平。

2. 制造过程中的控制

制造过程是成本实际形成的主要阶段。绝大部分的成本支出在这里发生，包括原材料、人工、能源动力、各种辅料的消耗、工序间物料运输费用、车间以及其他管理部门的费用支出。投产前控制的种种方案设想、控制措施能否在制造过程中贯彻实施、大部分的控制目标能否实现和这个阶段的控制活动紧密相关，它主要属于事中控制方式。由于成本控制的核算信息很难做到及时，所以这会给事中控制带来很多困难。

3. 流通过程中的控制

包括产品包装、厂外运输、广告促销、销售机构开支和售后服务等费用控制。在目前强调加强企业市场管理职能的时候，很容易不顾成本地采取种种促销手段，这反而抵销了利润增量，所以也要作定量分析。

（三）成本控制按产品成本的构成内容分为直接材料控制、直接工资费用控制和制造费用控制

1. 直接材料控制

直接材料控制是对产品在生产过程中的材料耗费所进行的控制。在制造业中，原材料费用占了总成本的很大比重，一般在60%以上，高的可达90%，是成本控制的主要对象。影响原材料成本的因素有采购、库存费用、生产消耗、回收利用等，所以控制活动可从采购、库存管理和消耗三个环节着手。对材料消耗量和材料的单位采购成本进行有效控制，是降低产品成本的途径。

2. 直接工资费用控制

直接工资费用控制是在产品生产过程中对直接人工成本的控制。直接人工成本通常是由单位产品工时消耗和小时工资率所决定的。因此，企业如能充分利用工时，提高劳动生产率，监督工资支出不超过工资计划数，就能达到降低产品成本中直接工资的要求，达到直接工资控制的目的。

工资在成本中占有一定的比重，增加工资又被认为是不可逆转的。控制工资与效益同步增

长，减少单位产品中工资的比重，对于降低成本有重要意义。控制工资成本的关键在于提高劳动生产率，它与劳动定额、工时消耗、工时利用率、工作效率、工人出勤率等因素有关。

3. 制造费用控制

制造费用开支项目很多，主要包括折旧费、修理费、辅助生产费用、车间管理人员工资等，其中一部分属于变动费用，大部分属于固定费用。要控制制造费用，必须有效地利用生产能力，提高工作效率，降低消耗水平。一般采用按责任单位进行费用指标分解，控制费用开支。

(四) 成本控制按控制的层次分为集中控制、分散控制和分级控制

1. 集中控制

集中控制是企业建立一个成本控制中心，集中对成本信息进行加工处理，对生产经营过程中各项成本开支进行统一控制。集中控制虽可精简机构，权力集中且控制力强，但会挫伤基层单位对成本控制的积极性，从而影响成本控制效率。

2. 分散控制

分散控制是指企业管理当局将成本控制权交由基层单位，主管成本部门只负责汇总和检查。分散控制虽能调动基层对成本控制的积极性，且有灵活性，但控制权力分散，会因控制标准不一而发生偏差。

3. 分级控制

分级控制是指控制系统的每一个层次（即高层、中层、基层）都有各自的控制目标，按此目标来执行控制功能，并在行为上和系统的控制目标保持一致的等级控制。分级控制的指令信息是自上而下逐级散发，而反馈信息则是由下而上逐级收敛。

(五) 成本控制按控制程序分为程序控制和目标控制

1. 程序控制

程序控制是按预先制定的控制程序来实施控制，适用于对成本的微观控制。

标准成本控制就属于典型的程序控制，它是预先设计好控制程序，受控对象的期望值为标准成本，受控对象的实际值为实际成本，管理者按预定的核算，分析和控制程序，根据实际值与期望值的差异来执行控制功能。当成本差异出现有利和不利时，通过正负反馈来增大和减少差异。

2. 目标控制

目标控制是按预先制定的控制目标来实施控制，适用于宏观控制。这种控制是以目标的形式从外部输入控制系统，控制系统根据来自目标的控制参数和控制变量，以跟踪方式来确定控制程序，通过控制变量不断控制目标，确保目标的实现。

三、成本控制的要求

为了充分发挥成本控制的作用，成本控制应注意以下几点：

（1）成本控制要对成本形成的全过程进行全面控制。成本形成的全过程，包括产品投产前的设计、工艺的确定以及生产过程的各个环节。另外，还要考虑产品使用中的寿命周期成本。全面成本控制就是以产品成本形成的全过程为对象，结合生产经营各阶段的不同

性质和特点进行有效控制。

（2）成本控制要进行全员控制。成本控制涉及全体员工和部门，要降低成本，就要充分调动企业各部门和全体员工关心成本、参与成本控制的积极性。

（3）成本控制要进行全方位的控制。成本控制不是单纯的限制和监督。它一方面要精打细算，节约开支，杜绝浪费；另一方面又要按照成本效益的原则，实现相对的成本节约，以较少的消耗取得更多的成果。

（4）成本控制要贯彻责权利相结合的原则，要保证落实到责任中心的成本预算能够恰当地执行，必须赋予他们与其责任大小、控制范围一致的权利，如决定某项成本项目能否开支的权利。此外，成本控制必须在定期考核评价成本实绩的基础上，与责任中心的奖惩挂钩。

（5）成本控制必须以目标成本为依据。目标成本是企业成本控制的目标，但是，目标成本作为企业的整体目标，不便进行日常控制，按照目标管理理论，应该把企业的目标成本层层分解，落实到各成本责任中心，分级归口管理。这样一来，可以使责任单位明确责任范围，及时发现成本差异，分析成本升降的原因，并采取措施予以纠正。

（6）成本控制必须按例外管理原则，重点剖析例外差异。例外管理原则是西方国家在经营管理工作上进行日常控制的一种专门方法，特别是在成本指标控制方面采用得更多。因为在日常控制活动中，实际水平与预算数之间的差异，特别是那些数量小、影响不大的差异普遍存在，如果要一一查明，势必会影响成本控制工作的效率。因此，应把注意力集中于那些非正常的关键性差异上，对其追根溯源，查明原因，并采取有效措施予以纠正。

四、成本控制的原则

成本控制的原则是指企业进行成本控制时的行为规范。成本控制的原则主要有以下几点：

（一）全面性原则

全面性原则是指成本的全部、全员、全过程的控制。具体包括：

1. 全部控制

全部控制是对产品生产的全部费用加以控制，不仅要控制变动费用，对固定费用也要进行控制。

2. 全员控制

全员控制是要发动领导干部、管理人员、工程技术人员和广大职工树立成本意识，参与成本的控制，认识到成本控制的重要意义并且付诸行动。

3. 全过程控制

全过程控制是对产品的设计、制造、销售过程等进行控制，并将控制的成果在有关报表上加以反映，借以发现缺点和问题。

（二）例外管理原则

例外管理原则要求在成本管理过程中，企业主管人员对控制标准以内的问题不需要逐项过问，而应重点关注异常的关键性问题。成本控制要将注意力集中于超乎常规的情况。因为实际发生的费用往往与预算有出入，如发生的差异不大，也就没有必要逐一查明其原因，而只要把注意力集中在非正常的例外事项上，并及时进行信息反馈。

例外管理原则既可以解决成本管理中的关键问题，又可以提高成本控制工作的效率。确定是否需要进行例外管理的标准主要有：

1. 重要性

对差异额较大或差异率较高的成本差异应予以重视。成本差异包括有利差异和不利差异。有利差异过大，有时也可能存在损害企业长期利益的因素，数额较大的有利差异和不利差异，都应作为例外管理。

2. 一贯性

有些成本差异虽未超过设定的重要性标准，却在持续的一段时间内在控制线以下徘徊，这种情况也应引起管理者重视。这种情况出现的原因主要有两种：一是原定的目标成本已不适用，二是成本控制不严。对于前者，应及时修定目标成本；对于后者，应加强控制。

3. 可控性

凡属于管理人员无法控制的成本项目，即使差异超过了重要性标准，也不应将其作为例外管理处理。例如，市场上原材料大幅度提价引起较大的直接材料价格差异，这是企业无法控制的，因此，这种情况不能视为例外。

4. 特殊性

对于那些对企业获利能力和未来发展能够产生至关重要影响的成本项目，即使差异未达到重要性的衡量标准，也应作为例外管理，并查明原因。

（三）经济效益原则

经济效益原则是指成本控制要使企业能以尽可能少的人力、物力、财力耗费取得较大的经济效益。提高经济效益，不单是依靠降低成本的绝对数，更重要的是实现相对的节约，取得最佳的经济效益，以较少的消耗取得更多的成果。

（四）责权利相结合原则

责权利相结合原则要求每个能够控制成本的部门及个人承担相应的责任，同时赋予其相应的管理权力，并给予相应的经济利益。各个部门的个人在其权力范围内进行成本控制，履行成本控制责任，对于未完成目标的部门和个人要追究其责任，对于达成目标的部门和个人要给予一定的奖励，以充分调动各责任部门和个人的积极性和主动性。

（五）分级归口管理原则

企业的成本控制目标要层层分解，落实到各成本责任中心，形成一个分级归口的成本控制系统。由于目标成本是企业的整体目标，不便于进行日常控制，通过分级归口管理可以使各责任单位明确责任范围，便于及时发现成本差异及原因，并采取相应的措施进行纠正。

五、成本控制的方法

成本控制的方法主要是解决怎样控制成本的问题，根据成本控制的不同对象、不同要求和不同目的，成本控制的方法是多种多样的，如标准成本控制法、价值工程控制法、责任成本控制法、目标成本控制法和定额成本控制法等。下面重点介绍目标成本控制法和定额成本控制法。标准成本控制法在第二节进行介绍。

（一）目标成本控制法

目标成本控制法是以目标成本作为成本控制的依据，目标成本是根据产品的性能、质量、价格和目标利润确定的企业在一定时期内应达到的成本水平。目标成本是由企业根据顾客所能接受的价格和企业经营目标规定的目标利润来确定的，一般采用倒算方法进行匡算，其计算公式为：

目标总成本=预计销售收入-税金-目标利润

目标单位成本=预计单价×（1-税率）-预计单位销售量的目标利润

目标成本控制就是根据目标成本来控制成本的活动。企业将目标成本指标作为奋斗目标，提出降低成本的措施，寻求降低成本的方向和途径，使实际成本符合目标成本的要求，并不断地降低成本。

（二）定额成本控制法

定额成本控制法是以定额作为控制成本的依据，是为了及时地反映和控制生产费用和产品成本脱离定额的差异，加强定额管理和成本控制而采取的一种成本控制方法。它是在生产费用发生时就将符合定额的耗费和发生的差异分别核算，是以产品的定额成本为基础，加减定额差异来计算产品的实际成本。通过事前制定定额成本、事中按定额成本进行控制、事后计算定额差异和分析差异责任的过程，来达到成本核算与成本控制相结合、降低成本的目的。

产品的定额成本是以现行消耗定额为根据计算出来的产品成本，是企业现有生产成本和技术水平下所达到的成本水平。定额成本控制，首先要根据产品的生产工艺规程，制定产品的直接材料、工时消耗定额，并根据直接材料的计划单价和各项消耗定额、计划工资率或计件工资单价，计算出该产品的直接材料和直接工资成本。其次，制定制造费用预算数，并按一定标准分摊到单位产品，从而计算出该产品的间接成本。最后，将直接成本和间接成本加总，从而计算出该产品的定额成本。

产品定额成本制定以后，要按照各项定额安排生产，定额成本在执行中如果发现差异，就应及时地将差异揭示出来，并追查产生差异的原因和责任，采取有效措施，消除不利差异的影响。

六、成本控制的措施

（一）从成本中占比高的方面着手

控制成本自然是要控制产品的全部成本，从成本产生全过程、全方位来控制成本，包括设计、采购、制造、营销与管理各个环节都要置于企业成本控制范围之内。但如果企业控制成本不分轻重，全方位、不加区分地花大力气进行成本控制，达到的效果不一定就好。简要地将成本分为材料费、人工费和管理费等几个方面，视企业产品的不同，各项费用在产品成本中所占比例的高低也可能存在差异，但就一般而言，材料费用在产品成本中所占比例较高，一般占到60%～80%；人工费用占比相对材料少些，一般占5%～10%；其他成本占比为10%～15%。企业成本控制首要的是控制成本的主要方面，从占成本比例高的材料、人工等方面着手，只要牢牢地控制住成本中占有比例较高的几个部分，企业的成本计划一般就不会被突破，成本控制的目标也就比较容易达到。

（二）从创新方面着手

每一家企业都会采用各种方法来控制成本，如消耗定额、限额领料、指标分解、成本倒挤等。企业成本控制，除保持成本不上升外，可能更多的是希望成本每年都有一定幅度的降低，但成本降低总有一个限度，到了某一个限度后，如果不是创新技术和工艺、增加或改进设备等，成本很难再降低，管理上稍一松懈还有可能反弹。成本降低到一定阶段后，企业只有从创新着手来降低成本，通过技术创新降低原料用量或寻找新的、价格便宜的材料替代原有老的、价格较高的材料，通过工艺创新提高材料利用率、降低材料的损耗量、提高成品率或一级品率，通过工作流程和管理方式创新提高劳动生产率、设备利用率以降低单位产品的人工成本与固定成本含量，通过营销方式创新增加销量、降低单位产品营销成本。只有不断创新，用有效的激励方式来激励创新，从创新着手，才是企业不断降低成本的根本出路。

（三）从关键点着手

形成产品成本的各个环节、各个点在成本中的作用可能不同，有些环节点对成本的形成起关键作用，有些环节点对成本的形成起较小作用，企业成本控制应从关键点着手，抓住成本关键点，往往能起到事半功倍的效果。如：一些企业从事技术含量不高、原料品种多的家用电器制造业，开发新的技术或新材料对大多数企业来说都存在难度，此时采购原料的价格可能成为该企业成本控制的关键点；资金密集型的快速消费品企业，降低存货、加速资金周转可能成为该企业的成本控制关键点；原料消耗较固定但成品率波动性较大的行业，提高成品率、减少废次品成为成本控制的关键点；升级换代快的产品，产品设计可能成为成本控制关键点；材料成本低、营销费用高的烟、酒、化妆品等，营销费用可能成为成本控制的关键点。总之，由于企业产品性质的不同、企业技术实力的差异，使得企业成本控制的关键点各不相同，企业应找出适合自身特点的成本控制关键点，从关键点着手进行成本控制，才能把力用到实处，起到事半功倍的效果。

（四）从可控制费用着手

将产品成本分为可控成本和不可控成本，当然这里所谓的“不可控”只是相对的，没有绝对的不可控成本。不可控制成本一般是指企业的决策而形成的成本，包括管理人员工资、折旧费和部分企业管理费用，因为这些费用在企业建立或决策实施后已形成，在一般条件下，它较少发生变化，花大力气去控制这些较固定的成本并没有多大意义。只有那些在生产经营过程中可以人为进行调控的如材料用量、机物料消耗量、材料进价、办公费、差旅费、运输费、资金占用费等可控费，花力气去控制才有意义。从可控制费用着手进行成本控制，才是企业的成本控制之道。

（五）从激励约束机制方面着手

成本控制不是靠企业几个领导、几个重点人物就能做好的，需要所有与成本相关人员的参与。如何发挥每个成本相关者在成本控制中的作用是企业成本控制必须解决的问题之一。我们当然希望每个成本相关者都能自觉地控制好自己所管辖范围内的产品品质、材料消耗，但这只不过是一种理想、一种愿望。要相信制度的力量，企业成本控制不能建立在人人自觉的美好愿望之上，应当建立成本控制制度，建立与之相关的激励与约束机制，靠制度、用激励与约束的方式来调动员工控制成本的主观能动性，将节约成本与控制者的切身利益联系起来，利用奖惩的办法将企业被动成本控制转换为全员的主动成本控制。

第二节　标准成本控制

一、标准成本控制概述

（一）标准成本控制的含义

标准成本控制系统产生于20世纪20年代的美国并在制造业广泛应用，之后又传入英国、德国、瑞典、日本等国家的制造业中普遍应用。

标准成本制度即标准成本控制系统，又称“标准成本会计”，是指以标准成木为核心，通过标准成本的制定、执行、核算、控制、差异分析等一系列有机结合的环节，将成本的核算、控制、考核、分析融为一体，实现成本管理目的的一种成本管理制度。

标准成本控制主要是运用成本会计方法，对企业经营活动进行规划和管理，将标准成本与实际成本比较，以衡量业绩，并按照例外管理的原则，注意对不利差异的纠正，以提高工资效率，不断降低成本。

（二）标准成本制度的特点

标准成本制度既是一种成本核算制度，又是一种成本控制制度。标准成本制度的特点主要有：

1. 标准成本可以起着事前成本控制的作用

标准成本是各种产品应当发生的成本，标准成本可以作为企业职工工作努力的目标和衡量实际成本节约或超支的尺度。

2. 标准成本可以加强成本的事中控制

在生产过程中，将实际发生的成本消耗与标准消耗进行比较，可以揭示成本差异，并据以采取措施，及时消除生产经营中各种低效率因素的影响，从而实现对成本的事中控制。

3. 标准成本可以实现事后的成本控制

对于成本实际执行的结果，应进行分析和总结。对于实际成本与标准成本产生的各种差异，要进行实事求是的分析，找出产生差异的各种因素。对于各种因素，要分析具体情况，针对不同的情况采取不同的措施，在下一阶段的成本核算工作中使成本不断降低，实现成本的事后控制。

（三）实施标准成本制度的步骤和条件

1. 实施标准成本制度的步骤

（1）制定标准成本；

（2）计算成本差异；

（3）计算实际成本；

（4）计算实际产量的标准成本；

（5）进行标准成本及其成本差异的账务处理。

2. 实施标准成本的前提条件

（1）要完善各项成本管理的基础工作。实行标准成本制度，首先，必须制定产品的标准成本。为此，要求构成产品的零部件，半成品，耗用的原材料和人工，以及使用的设备、工艺方法等生产产品所必需的各项因素都应标准化，构成成本要素的消耗价格和开工率也应标准化。其次，生产管理应科学化。对每一生产作业，必须进行时间研究和动作分析，在此基础上，才能正确完成工时定额，作为判断工人的工作效率以及评价各成本中心的工作成绩的依据。另外，还要有健全的原始记录以及完备的计量、检验制度。

（2）要有健全的成本管理组织。为了有效地实施标准成本制度，一方面，必须适应责任会计的要求，相应地确定成本责任中心，各成本中心在成本上的责任与权限范围必须一致，将标准成本作为各成本中心的成本目标，并对实际成本进行控制，同时要分析成本差异的原因和责任者，定期向上级报告；另一方面，必须健全有关实施标准成本制度的组织，配备既懂技术又精通成本会计的人员。

（3）要树立成本意识。标准成本的实施涉及企业的全体员工，管理者要树立成本意识，重视并支持标准成本制度，各部门管理者和职工才能积极有效地配合，进而最终实现实施标准成本制度的目标。为使部门管理者和员工树立成本意识，企业必须采取公正合理的业绩评价制度，使管理者积极参与成本标准的制定。

（四）标准成本制度的作用

1. 便于成本控制

标准成本制度预先制定了企业在一定时期内应达到的成本标准，及时反映和分析成本差异及其原因，使成本计算和成本控制有机结合起来。由于成本差异是按原因反映，并按责任单位归集，它不仅能说明成本升降的原因，而且还能说明成本升降是由哪些责任单位的工作所致。这就为正确评价各个责任单位的工作业绩提供了可靠的依据，既加强了经济责任制，又有利于成本控制。

2. 为企业决策提供依据

标准成本是通过科学的分析、预测而得到的企业的成本目标，剔除了很多不合理因素。因此，不论是进行长期投资决策还是短期经营决策，尤其是在定价决策时，标准成本都是衡量经济效益的一个重要参考的依据。

3. 可以简化成本核算

一套完整的标准成本制度通常伴有生产操作的标准化，这就不需要对许多领料单和工作时间卡予以分类和汇总，因为标准数额已经计入汇总成本表。在生产通知单完工时，只需为差异额在标准工作单上做出分录。另外，在标准成本制度下，将标准成本和差异分别列示，材料、在产品、产成品和产品销售成本都可以按标准成本入账，成本差异数额较小时，可作为期间费用处理。这样就使核算工作量大为减少，既可以及时提供成本资料，又可以使会计人员从繁重的核算工作中解脱出来。

4. 便于编制预算和考核

标准成本是一种预计成本，可以作为编制预算的依据，明确企业在预算期的目标。标准成本是事先制定的、在正常生产经营条件下应当发生的成本，通过对实际成本背离标准成本的差异分析，可以评价各有关部门和工作人员的业绩，分清其管理责任，确定经济活动的效果，并进一步采取相应的改进措施。

二、标准成本制度包括的内容

标准成本制度即标准成本控制系统包括标准成本的制定、成本差异的计算和成本差异的账务处理三方面的内容。其中，标准成本的制定与成本的前馈性控制相联系，成本差异的计算分析与成本的反馈控制相联系，成本差异的账务处理与成本的日常核算相联系。

第三节　标准成本的制定

一、标准成本概述

（一）标准成本的产生背景

标准成本是早期管理会计的主要支柱之一。美国工业在南北战争以后有很大的发展，许多工厂发展成为生产多种产品的大企业。但是由于企业管理落后，劳动生产率较低，许多工厂的产量大大低于额定生产能力。为了改进管理，一些工程技术人员和管理者进行了各种试验，他们努力把科学技术的最新成就应用于生产管理，大大提高了劳动生产率，并因此而形成了一套科学管理制度。

为了提高工人的劳动生产率，他们首先改革了工资制度和成本计算方法，以预先设定的科学标准为基础，发展奖励计件工资制度，采用标准人工成本的概念。在此之后，又把标准人工成本概念引申到标准材料成本和标准制造费用等。最初的标准成本是独立于会计系统之外的一种计算工作。1919 年，美国全国成本会计师协会成立，对推广标准成本起到了很大的作用。1920~1930 年，美国会计学界经过长期争论，才把标准成本纳入了会计系统，从此出现了真正的标准成本会计制度。

（二）标准成本的含义

标准成本是指根据现有的技术水平和生产经营条件，以对未来情况的分析为基础，应用科学方法确定的可以与实际成本相比较的单位产品的目标成本。

标准成本实际上就是按成本项目反映的单位产品目标成本。通过成本预测确定的目标总成本，不便于日常的控制和考核，因此必须分别按成本项目逐一制定出各自的标准成本。标准成本有两种含义：

一是指单位产品的标准成本，它是根据单位产品的标准消耗量和标准单价计算出来的，也称“成本标准”。其计算公式为：

成本标准=单位产品的标准成本=单位产品标准消耗量×标准单价

二是指实际产量的标准成本，是根据实际产品的产量和单位产品的标准成本计算出来的。其计算公式为：

标准成本=实际产量×单位产品的标准成本

（三）标准成本的作用

正确制定标准成本，是确保标准成本控制系统顺利运行的关键和前提。标准成本的作用主要有：

1. 加强成本控制

在标准成本法下，企业预先制定标准成本，通过实际成本与标准成本的比较能够及时反映实际成本脱离标准成本的差异，进而分析差异产生的原因，找出产生差异的责任单位，采取适当措施进行纠正。

2. 提供决策依据

由于标准成本是在调查研究和科学分析的基础上制定的目标成本，剔除了许多不合理的因素，所以标准成本可以为企业进行生产经营决策和编制全面预算提供重要的参考和依据。

3. 便于考核业绩

标准成本是企业根据现有的生产经营条件确定的目标成本，通过对实际成本背离标准成本的差异进行分析，可以考核各有关部门及人员的成绩和失误，分清其责任，并据此奖优罚劣，促使其不断改进工作。

4. 简化产品成本的计算

由于企业制定了标准成本，那么对于原材料、在产品、产成品和产品销售成本都可以按标准成本入账，成本差异较小时可以作为期间费用处理，从而大大减少了核算工作量，简化了成本核算和日常账务处理工作。

二、标准成本的分类

（一）按其制定所根据的生产技术和经营管理水平，标准成本可分为理想标准成本和正常标准成本

1. 理想标准成本

理想标准成本是指在最优的生产条件下，利用现有的规模和设备能够达到的最低成本。

制定理想标准成本的依据是理论上的业绩标准、生产要素的理想价格和可能实现的最高生产经营能力的利用水平。因此，这种标准是完美的成本标准，很难成为现实，即使暂时出现，也不可能持久。

理想标准成本的优点是具有激励作用。但由于理想标准成本过于严格，即使对优秀职工也非易事，会使职工丧失信心，且按此所揭示的成本差异失去实际意义，难以进行日常成本控制与考核。因此，理想标准成本不能作为考核的依据。

2. 正常标准成本

正常标准成本是指根据目前已经达到的生产技术水平，以有效地利用生产经营条件为基础所确定的标准成本。

正常标准成本是在效率良好的条件下，根据下期应该发生的生产要素消耗量、预计价格和预计生产能力的利用程度制定出来的标准成本。要达到这种标准不是没有困难，但却可能达到。它的数量大于理想标准成本，小于历史平均水平，实施以后，实际成本更大的

可能是逆差而不是顺差，是要经过努力才能达到的一种标准。实践中，企业广泛使用正常标准成本。

正常标准成本的特点：

（1）具有客观性和科学性。正常标准成本是用科学方法根据客观实践经充分研究后制定出来的，具有客观性和科学性。

（2）具有现实性。正常标准成本排除了各种偶然性和意外情况，又保留了目前条件下难以避免的损失，代表正常情况下的消耗水平，具有现实性。

（3）具有稳定性。正常标准成本是应该发生的成本，可以作为评价业绩的尺度，是广大职工努力的目标，具有激励性。它可以在工艺技术水平和管理水平变化不大时使用，不需要经常修订，具有稳定性。

（二）标准成本按其适用期不同，分为现行标准成本和基本标准成本

1. 现行标准成本

现行标准成本是指根据其适用期间应该发生的价格、效率和生产经营能力利用程度等预计的标准成本，它是评价实际成本的依据。

2. 基本标准成本

基本标准成本是指以某一年的成本为基础制定出来的标准成本。基本标准成本一经制定，长期保持不变，在较长时期内都使用这种标准作为计算成本的基础。

基本标准成本的优点是各期成本有一个共同的比较基础。但由于历史成本可能包含部分无效因素，若计划年度以此为出发点，势必将使无效因素不断延缓，加之时间一长，生产技术和经营情况发生变化，会使原有标准不符合实际。因此，基本标准成本只说明过去，而不能适应未来的要求，在成本管理中不能直接发挥应有的作用。所以，基本标准成本在实际工作中较少采用。

三、标准成本的制定

产品成本主要是由直接材料、直接人工、制造费用等成本项目构成，因此，应按照不同成本项目的性态区分变动成本和固定成本，分别制定标准成本。

制定标准成本，通常首先确定直接材料和直接人工的标准成本，其次确定制造费用的标准成本，最后确定单位产品的标准成本。

（一）直接材料标准成本的制定

直接材料成本是指生产产品而发生并能归属于产品成本的各种主要原材料和燃料动力的成本。直接材料标准成本是由直接材料数量标准和直接材料价格标准两个因素决定的。

1. 直接材料数量标准的制定

直接材料的用量标准是指单位产品耗用原料及主要材料的数量，即材料的消耗定额。直接材料数量标准的确定，应由企业的设计技术部门主持，并吸收执行标准的生产部门和有关人员参加，充分考虑产品的设计、生产和工作的现状，结合企业经营管理水平的实际情况和降低成本任务的具体要求，考虑材料在使用过程中发生的必要损耗，并按照产品的零部件来制定各种原料及主要材料的消耗定额。在制定数量标准时，应按生产产品耗用的

各种材料分别计算。

2. 直接材料价格标准的制定

直接材料的价格标准是指以订货合同为基础，并考虑未来可能发生的变动而确定的材料计划价格。直接材料的价格包括单位材料的购买价格，加上预计的运杂费和运输途中的合理损耗。直接材料的价格标准是由财务部门会同采购部门按材料的品种分别制定的。

各种材料的数量标准和价格标准制定以后，按下列公式计算直接材料的标准成本：

某种产品单位的直接材料标准成本=$\sum$（某种直接材料数量标准×该种直接材料价格标准）

（二）直接人工标准成本的制定

直接人工标准成本是指单位产品耗用的直接工资的成本目标。采用不同工资制度的企业，影响直接人工标准成本的因素也不同。采用计件工资形式的企业，直接工资标准成本直接表现为计件工资单价；采用计时工资形式的企业，直接人工标准成本是由工资率和直接人工工时用量标准两个因素决定的。

1. 直接人工数量标准的制定

直接人工数量标准即工时消耗定额，它是在现有生产技术条件下，生产单位产品所需要的时间，包括直接加工所耗工时以及必要的间歇和停工时间，如工间休息、调整设备时间和不可避免的废品耗用工时等。

2. 直接人工价格标准的制定

直接人工价格标准即标准工资率。制定直接人工价格标准时，要考虑不同的工资制度。计件工资制度下，标准工资率是预定的每件产品支付的工资除以标准工时，或者是预定的小时工资率；月工资制度下，根据月工资总额和可用工时总量计算标准工资率。直接人工标准成本的计算公式如下：

某种产品单位直接人工标准成本=单位产品耗用的工时数量标准×直接人工标准工资率

（三）制造费用标准成本的制定

制造费用的标准成本按部门分别编制，然后将同一产品涉及的各部门单位制造费用加以汇总，得出整个产品制造费用标准成本。制造费用标准成本可分为变动制造费用标准成本和固定制造费用标准成本两部分。

1. 变动制造费用标准成本的制定

变动制造费用是指随业务量成正比例变动的间接生产成本。变动制造费用的标准成本是由变动制造费用分配率和工时用量标准两个因素决定的。

变动制造费用数量标准通常采用直接人工工时标准，此外，也可以采用机器工时标准或其他标准。

变动制造费用的价格标准又称“变动制造费用标准分配率”，是指单位工时标准应负担的变动制造费用。计算公式如下：

$$\text{变动制造费用标准分配率}=\frac{\text{变动制造费用预算总额}}{\text{直接人工标准工时总额}}$$

单位产品变动制造费用标准成本的计算公式如下：

单位产品变动制造费用标准成本=单位产品直接人工工时数量标准×变动制造费用标

准分配率

2. 固定制造费用标准成本的制定

固定制造费用主要是指间接生产成本中不随产品产量变化的厂房设备的折旧费、维修费、租赁费等费用。固定制造费用通常根据事先编制的固定预算来控制其费用总额。

如果企业采用变动成本法，固定制造费用不计入产品成本，单位产品的标准成本中不包括固定制造费用的标准成本。在这种情况下，不需要制定固定制造费用的标准成本，对固定制造费用的控制是通过预算管理进行的。

如果采用完全成本法，固定制造费用要计入产品成本，则需要确定其标准成本。

固定制造费用的数量标准与变动制造费用的数量标准相同，可以采用直接人工工时标准、机器工时标准或其他标准。

固定制造费用的价格标准又称“固定制造费用标准分配率”，是指单位工时标准应负担的固定制造费用。其计算公式如下：

$$\text{固定制造费用标准分配率}=\frac{\text{固定制造费用总额}}{\text{直接人工标准工时总额}}$$

单位产品固定制造费用标准成本的计算公式如下：

单位产品固定制造费用标准成本=单位产品直接人工工时数量标准×固定制造费用标准分配率

（四）单位产品标准成本的制定

将确定的直接材料、直接人工和制造费用三大成本项目的标准成本按产品种类加以汇总，就可确定相关产品的标准成本。在变动成本法下，产品标准成本只包括直接材料、直接人工和变动制造费用三项内容；在完全成本法下，产品标准成本还要包括固定制造费用。

在实际工作中，每种产品的标准成本制定要通过编制“标准成本卡”来进行。“标准成本卡”要逐项列明直接材料、直接人工和制造费用的数量标准、价格标准和标准成本，通过逐项汇总确定单位产品标准成本。“标准成本卡”的格式举例说明如下。

【例 15-1】 甲企业采用标准成本控制系统，按完全成本法确定的乙产品“标准成本卡”的格式如表 15-1 所示。

表 15-1　乙产品标准成本表

成本项目		数量标准	价格标准	标准成本
直接材料费用	A 材料	4 千克/件	10 元/千克	40 元/件
	B 材料	4.5 千克/件	8 元/千克	36 元/件
	小计	—	—	76 元/件
直接人工费用		20 小时/件	8 元/小时	160 元/件
变动制造费用		20 小时/件	2 元/小时	40 元/件
固定制造费用		20 小时/件	1.5 元/小时	30 元/件
标准成本合计				306 元/件

第四节 标准成本差异的计算与分析

一、标准成本差异的含义及其种类

（一）含义

标准成本差异是指企业在一定时期生产一定数量的产品所发生的实际成本与标准成本之间的差额。

（二）分类

1. 按成本的构成分类

标准成本差异按成本的构成分为直接材料成本差异、直接人工成本差异和制造费用差异。

制造费用差异按其形成原因和分析方法不同，又分为变动制造费用差异和固定制造费用差异。直接材料成本差异、直接人工成本差异和变动制造费用差异属于变动成本差异，按其形成原因分为价格差异和数量差异。固定制造费用是固定成本，它在一定业务量范围内不随业务量的变动而变动。因此，固定制造费用成本差异不能简单地分为价格差异和数量差异两种类型，可以分为开支差异、生产能力利用差异和效率差异。

2. 按差异的数量特征分类

标准成本差异按其数量特征可以分为有利差异和不利差异。

有利差异是指实际成本低于标准成本而形成的节约差异。

不利差异则是指实际成本高于标准成本而形成的超支差异。

3. 按与管理者的主观努力程度的关系分类

标准成本差异按与管理者的主观努力程度的关系分为可控差异和不可控差异。

可控差异又称“主观差异”，是指与管理者主观努力程度密切相关的成本差异。可控差异是成本控制的重点。

不可控差异又称“客观差异”，是指与管理者主观努力程度关系不大的成本差异。不可控差异的形成或变动受客观因素制约。

4. 按差异与其他因素的关系分类

标准成本差异按差异与其他因素的关系分为纯差异和混合差异

纯差异是指将其他因素固定在标准基础上计算的差异。纯数量差异是指标准价格与用量差之积，纯价格差异是指价格差与标准用量之积。

混合差异又称为“联合差异”，是指总差异扣除所有的纯差异后的剩余差异。混合差异等于价格差与用量差之积。

二、成本差异的计算与分析

（一）直接材料成本差异的计算与分析

直接材料成本差异是指在实际产量下直接材料成本与直接材料标准成本之间的差额。

包括直接材料数量差异和直接材料价格差异两部分。

其计算公式如下：

直接材料成本差异=实际产量下的直接材料实际成本−实际产量下的直接材料标准成本
=直接材料数量差异+直接材料价格差异

实际产量下的直接材料实际成本=实际产量下的实际用量×实际价格

实际产量下的直接材料标准成本=实际产量下的标准用量×标准价格

直接材料数量差异=（实际产量下的直接材料实际用量−实际产量下的直接材料标准用量）×直接材料标准价格

直接材料价格差异=实际产量下的直接材料实际用量×（直接材料实际价格−直接材料标准价格）

【例 15-2】甲企业某年 5 月份生产乙产品 100 件，实际耗用 A 材料 410 千克、B 材料 430 千克；A 材料的实际单价为 12 元/件，B 材料的实际单价为 6 元/件。A、B 材料的标准成本资料如表 15-2 所示。要求：计算该企业的直接材料成本差异。

表 15-2　材料标准成本资料

成本项目	数量标准	价格标准	标准成本
A 材料	4 千克/件	10 元/千克	40 元/件
B 材料	4.5 千克/件	8 元/千克	36 元/件

直接材料成本差异=（410×12+430×6）−（100×4×10+100×4.5×8）=7 500−7 600
=−100（元）

直接材料数量差异=（410−100×4）×10+（430−100×4.5）×8
=−60（元）

直接材料价格差异=410×（12−10）+430×（6−8）=−40（元）

材料价格差异，一般应由采购部门负责。但是实际上影响材料实际价格变动的因素是多方面的，如市场环境、材料采购的数量、运输方式、可利用的数量折扣、购进材料的质量等。只要其中任何一个方面脱离制定标准成本时的预定要求，都会形成价格差异。因此，对于价格差异形成的原因和责任，需要根据具体情况作出分析。也就是说，价格差异可能是由采购部门造成的，也可能是因为生产上的原因引起的。

直接材料数量差异的影响因素很多，如工人的技术熟练程度和责任感、材料的质量、机器的完好程度、材料加工方式的改变等。一般来说，直接材料的数量差异应由生产部门负责，但有时也可能是采购部门工作引起的。如采购部门以较低的价格购进了质量较差的材料，由于其不完全适合原定的生产需要，因此会增加材料的耗用量。

（二）直接人工成本差异的计算与分析

直接人工成本差异是指在实际产量下直接人工实际成本与直接人工标准成本之间的差额。包括直接人工效率差异与直接人工工资差异两部分。

其计算公式如下：

直接人工成本差异=实际产量下的直接人工实际成本−实际产量下的直接人工标准成本
=直接人工工资差异+直接人工效率差异

实际产量下的直接人工实际成本=实际产量下的实际工时×实际工资率

实际产量下的直接人工标准成本=实际产量下的实际工时×标准工资率

直接人工效率差异=（实际产量下的实际工时-实际产量下的标准工时）×标准工资率

直接人工工资率差异=实际产量下的实际工时×（实际工资率-标准工资率）

【例 15-3】 甲企业某年 5 月份生产乙产品 100 件，实际耗用工时 2 200 小时，实际工资率为 8.5 元/小时。标准工时为 20 小时/件，标准工资率为 8 元/小时。要求：计算乙产品的直接人工成本差异。

直接人工成本差异=2 200×8.5-100×20×8=18 700-16 000=2 700（元）

直接人工效率差异=（2 200-100×20）×8=1 600（元）

直接人工工资率差异=2 200×（8.5-8）=1 100（元）

直接人工工资率差异受多种因素影响，例如，工人工资结构和工资水平的变动、生产工人升级或降级、加班和使用临时工或将工资级别较高的工人安排在不需要高技术的工作岗位等。直接人工效率差异的影响因素包括工人的劳动效率、材料的供应保证程度、机器的完好程度、工人的劳动情绪等。对于形成直接人工效率差异的原因和责任，也应该针对具体情况进行分析。如果安排技术不熟练的工人做复杂的工作，由此造成的不利效率差异应由生产部门负责；如果是由于材料质量不好或者采购了不适用的材料，加工时耗费了较多的工时，则应由采购部门承担责任。

（三）变动制造费用成本差异的计算与分析

变动制造费用成本差异是指在实际产量下变动制造费用实际成本与变动制造费用标准成本间的差额。包括变动制造费用耗费差异和变动制造费用效率差异两部分。其计算公式如下：

变动制造费用成本差异=实际产量下实际变动制造费用-实际产量下标准变动制造费用

=变动制造费用效率差异+变动制造费用耗费差异

实际产量下的实际变动制造费用=实际产量下的实际工时×变动制造费用实际分配率

实际产量下的标准变动制造费用=实际产量下的标准工时×变动制造费用标准分配率

变动制造费用效率差异=（实际产量下的实际工时-实际产量下的标准工时）×变动制造费用实际分配率

变动制造费用耗费差异=实际产量下的实际工时×（变动制造费用实际分配率-变动制造费用标准分配率）

【例 15-4】 甲企业某年 5 月份生产乙产品 100 件，实际耗用工时 2 200 小时，变动制造费用实际分配率为 2.2 元/小时。标准工时为 20 小时/件，变动制造费用实际分配率为 2 元/小时。要求：计算乙产品的直接人工成本差异。

变动制造费用成本差异=2 200×2.2-100×20×2=4 840-4 000=840（元）

变动制造费用效率差异=（2 200-100×20）×2=400（元）

变动制造费用耗费差异=2 200×（2.2-2）=440（元）

变动制造费用是由许多明细项目组成的，并且与一定的生产水平相联系，如间接材料价格上涨、动力费用价格上涨等都会引起实际变动制造费用的变动。因此，在分析变动制造费用耗费差异时应根据变动制造费用各明细项目具体分析。变动制造费用效率差异是实际工时和标准工时之间的差异导致的，其形成原因与直接人工效率差异相同。

（四）固定制造费用成本差异的计算与分析

固定制造费用与变动制造费用不同，它主要与生产能力的形成及正常维护相联系，在一定业务量范围内不随业务量的变动而变动。因此，对于固定制造费用，一般通过编制和执行预算的方法进行成本控制。在全部成本法下，固定制造费用应通过制定标准成本进行控制。

固定制造费用标准分配率按下列公式进行计算：

$$固定制造费用标准分配率=\frac{固定制造费用预算总额}{预算产量标准总工时}$$

固定制造费用成本差异是指在实际产量下固定制造费用实际成本与固定制造费用标准成本之间的差额。其计算公式如下：

固定制造费用成本差异=实际产量下的实际固定制造费用−实际产量下的标准固定制造费用=实际产量下的实际工时×固定制造费用实际分配率−实际产量标准工时×固定制造费用标准分配率

固定制造费用成本差异的分析方法主要有两种：一是两因素分析法，二是三因素分析法。

1. 两因素分析法

两因素分析法是指将固定制造费用的成本差异分解为耗费差异和能量差异两种类型的方法。

在一定业务量范围内，固定制造费用不因业务量的变动而变动，在考核成本差异时不考虑业务量的变动，以原来的预算数作为标准，实际数超过预算即为耗费过多。固定制造费用耗费差异产生的原因可能是：资源价格的变动，如工资率变动；资源数量比预算增加或减少；某些酌量性固定成本，如职工培训费、差旅费等因管理上的新规定而有所增减；等等。实际工作中应针对具体情况采取相应的措施进行成本控制。

能量差异是指固定制造费用预算金额与固定制造费用标准成本之间的差额，或者说是实际产量的标准工时与预算生产能量的标准工时之间的差额用标准分配率计算的金额。它反映的是实际产量标准工时未能达到预算生产能量而造成的损失。其计算公式如下：

固定制造费用成本差异=实际产量下实际固定制造费用−实际产量下标准固定制造费用
=固定制造费用耗费差异+固定制造费用能量差异

固定制造费用耗费差异=实际产量下的实际固定制造费用−预算产量下的标准固定制造费用

固定制造费用能量差异=（预算产量下的标准工时−实际产量下的标准工时）×固定制造费用标准分配率

注：实际产量下的实际固定制造费用=实际产量下的实际工时×固定制造费用实际分配率

实际产量下的标准固定制造费用=实际产量标准工时×固定制造费用标准分配率

固定制造费用能量差异只反映计划生产能量的利用程度，可能是由于产销量达不到一定规模造成的，一般不能说明固定制造费用的超支或节约。因此一般都通过比较预算产量标准工时和实际产量应耗标准工时，来说明企业的生产能量是否被充分利用。对于生产能量未被充分利用的情况，应进一步查明原因，以便确定责任。

【例 15-5】 甲企业某年 5 月份生产乙产品 100 件，实际耗用工时 2 200 小时，本月实际发生的制造费用为 3 400 元，标准工时为 20 小时/件，固定制造费用标准分配率为 1.5 元/小时。预算产量下的标准工时为 2 100 小时，预算产量下的标准固定制造费用为 3 150 元。要求：按两因素分析法计算固定制造费用成本差异。

固定制造费用成本差异=3 400−100×20×1.5=400（元）

固定制造费用耗费差异=3 400−2 100×1.5=250（元）

固定制造费用能量差异=（2 100−100×20）×1.5=150（元）

2. 三因素分析法

三因素分析法是指将固定制造费用的成本差异分解为开支差异、生产能力差异和效率差异三种类型的方法。

开支差异的计算与两因素分析法的预算计算相同，不同的是三因素分析法将两因素分析法中的"能量差异"进一步分为两部分：一部分是实际工时未达到预算生产量的标准工时而形成的生产能力差异，另一部分是实际工时脱离标准工时而形成的效率差异。

其计算公式如下：

固定制造费用成本差异=实际产量下实际固定制造费用−实际产量下标准固定制造费用
=固定制造费用开支差异+固定制造费用生产能力差异+固定制造费用效率差异

固定制造费用开支差异=实际产量下的实际固定制造费用−预算产量下的标准固定制造费用

固定制造费用生产能力差异=（预算产量下的标准工时−实际产量下的实际工时）×固定制造费用标准分配率

固定制造费用效率差异=（实际产量下的实际工时−实际产量下的标准工时）×固定制造费用标准分配率

【例 15-6】 甲企业某年 5 月份生产乙产品 100 件，实际耗用工时 2 200 小时，本月实际发生的制造费用为 3 400 元，标准工时为 20 小时/件，固定制造费用标准分配率为 1.5 元/小时。预算产量下的标准工时为 2 100 小时，预算产量下的标准固定制造费用为 3 150 元。要求：按三因素分析法计算固定制造费用成本差异。

固定制造费用成本差异=3 400−100×20×1.5=400（元）

固定制造费用开支差异=3 400−2 100×1.5=250（元）

固定制造费用生产能力差异=（2 100−2 200）×1.5=−150（元）

固定制造费用效率差异=（2 200−100×20）×1.5=300（元）

第五节　标准成本差异的账务处理

一、账户设置

设置"直接材料价格差异""直接材料用量差异""直接人工工资率差异""直接人工效率差异""变动制造费用预算差异""变动制造费用效率差异""固定制造费用生产能力

差异”“固定制造费用开支差异”“固定制造费用效率差异”等账户。

二、标准成本制度成本差异的账务处理特点

为了同时提供标准成本、成本差异和实际成本三项成本资料，标准成本制度的账务处理具有以下特点：

（1）“原材料”“生产成本”和“库存商品”账户登记标准成本。这些账户的借方和贷方均登记实际数量的标准成本，其余额亦反映这些资产的标准成本。

（2）设置成本差异账户，分别记录各种成本差异。在需要登记“原材料”“生产成本”和“库存商品”账户时，应将实际成本分离为标准成本和有关的成本差异，标准成本数据记入“原材料”“生产成本”和“库存商品”账户，而有关的差异分别记入各成本差异账户。

（3）各差异账户借方登记超支差异，贷方登记节约差异。

三、成本差异的归集

采用标准成本法进行核算时，由于成本差异的计算、分析工作要到月末实际费用发生后才能进行，因此，对于平时领用的原材料发生的直接人工费用和各种变动、固定制造费用，应先在“直接材料”“直接人工”和“制造费用”账户进行归集。月末计算、分析成本差异后，再将实际费用中的标准成本部分从“直接材料”“直接人工”和“制造费用”账户转入“生产成本”账户；将完工产品的标准成本从“生产成本”账户转入“库存商品”账户后，再转入“主营业务成本”账户。对于各种成本差异，应将其从“直接材料”“直接人工”和“制造费用”账户转入各个相应的成本差异账户。

【例 15-7】 甲企业生产乙产品领用 A 材料。本月生产乙产品 200 件，耗用 A 材料 900 千克，A 材料实际价格为每千克 100 元。假设 A 材料的标准价格为每千克 110 元，单位乙产品的标准用量为 5 千克。则乙产品直接材料的成本差异计算如下：

直接材料成本差异=100×900−110×1 000=−20 000（元）

直接材料数量差异=（900−110）×11=−11 000（元）

直接材料价格差异=900×（100−110）=−9 000（元）

月末分析计算成本差异后，编制领用材料的会计分录如下：

借：生产成本	110 000	
贷：材料		90 000
材料价格差异		9 000
材料用量差异		11 000

【例 15-8】 甲企业本月生产乙产品 200 件，实际耗用人工 8 000 小时，实际工资总额为 80 000 元，平均每工时为 10 元，假设标准工资率为 9 元，单位产品的工时耗用标准为 28 小时。则乙产品直接人工成本差异计算如下：

直接人工成本差异=10×8 000−9×200×28=29 600（元）

直接人工效率差异=（8 000−200×28）×9=21 600（元）

直接人工工资率差异=8 000×（10−9）=8 000（元）

月末分析计算成本差异后，编制直接人工成本差异的会计分录如下：

借：库存商品	50 400	
直接人工工资率差异	8 000	
直接人工效率差异	21 600	
贷：直接人工		80 000

【例 15-9】 甲企业本月生产乙产品 200 件，实际耗用人工 8 000 小时，实际变动制造费用为 20 000 元，变动制造费用实际分配率为 2.5 元/小时，假设变动制造费用标准分配率为 3 元/小时，标准耗用人工为 6 000 小时。则乙产品变动制造费用成本差异计算如下：

变动制造费用成本差异 = 20 000−3×6 000 = 2 000（元）

变动制造费用效率差异 =（8 000−6 000）×3 = 6 000（元）

变动制造费用耗费差异 = 8 000×（2.5−3）= −4000（元）

月末分析计算成本差异后，编制变动制造费用计入产品成本的会计分录如下：

借：库存商品	18 000	
变动制造费用效率差异	6 000	
贷：制造费用（变动）		20 000
变动制造费用预算差异		4 000

【例 15-10】 甲企业本月生产乙产品 200 件，本月预算固定制造费用 2 400 元，预算工时 1 000 小时，本月实际发生固定制造费用 2 600 元，标准工时为 1 100 小时，固定制造费用标准分配率为 2.4 元/小时，固定制造费用实际分配率为 2.17 元/小时。则乙产品的固定制造费用成本差异计算如下：

固定制造费用成本差异 = 2 600−1 100×2.4 = −40（元）

固定制造费用开支差异 = 2 600−2 400 = 200（元）

固定制造费用生产能力差异 =（1 000−1 200）×2.4 = −480（元）

固定制造费用效率差异 =（1 200−1 100）×2.4 = 300（元）

月末分析计算成本差异后，编制固定制造费用计入产品成本的会计分录如下：

借：库存商品	2 640	
固定制造费用开支差异	200	
固定制造费用效率差异	240	
贷：制造费用（变动）		2 600
固定制造费用生产能力差异		480

四、成本差异的处理方法

在标准成本制度下，成本差异能够从成本上及时反映生产经营管理方面的有利和不利因素，有利于管理部门了解各项生产经营活动的效益，提高成本控制效果。因此，成本差异如何处理，不仅是一个关系到会计原则贯彻、成本计算、存货估计、利润计量等的理论问题，而且是标准成本制度应用中亟待探讨的实践问题。

（一）西方国家的标准成本差异处理方式

1. 累计结转法

累计结转法是对各种成本差异在每月月末不进行账务处理，而是在成本差异账户中累计下来，直到年底才将累计下来的成本差异在销售成本、产成品和在产品之间按标准成本比例进行分配或直接转入销售成本中。

累计结转法主要是考虑成本效益原则。因为企业实行标准成本制度的前提是正确确定产品的标准成本，企业经过深入研究，制定月末的各种成本差异数额不会很大。根据成本效益原则，可以不必在每月月末处理，而是累计到年末一次处理，以简化核算和账务处理工作。但是成本差异当期不处理，就不能从当期经营成果中反映出来，从而减弱了成本和利润的灵敏性。

2. 逐月结转法

逐月结转法是指每月月末将各种成本差异在销售成本、产成品和在产品之间按标准成本比例进行分配，计算产品的实际成本和损益。

3. 即期处理法

即期处理法是指每月月末将各种成本差异全部直接转入销售成本或损益中。

第二种和第三种方式都涉及标准成本差异的性质问题。学术界有人认为，成本差异具有资产性质，根据公认的会计原则和税法的有关规定，企业应当以实际成本法反映产品销售成本和存货水平。因此，成本差异的流动必须与实物保持一致，只有销售的产品才应该将其应分摊的成本差异在利润中确认。第二种方式就是这种观点的产物，它既能以实际成本法反映销售成本和存货水平，又能满足企业纳税需要。但是这种做法将使成本核算的工作量大大增加，并且它没有将当期成本控制的成果在当期损益中体现出来，从而给成本和利润的分析造成了困难。

第三种方式则认为成本差异是当期已经发生的损失或收益，是损益而不是资产。人为地将超支作为资产价值追加，势必会虚增资产、少计利润；将成本节约作为资产价值的抵减，也必将虚减资产、虚增利润。另外，从控制角度看，成本差异恰好反映了本期供应部门、生产部门进行成本管理的结果，如果把成本差异直接计入销售成本或损益账户，将有利于分别计算标准成本和实际成本法下的营业利润，从而能够将利润与企业当期生产经营、成本控制的效益直接挂钩，正确反映当期各级管理部门、人员的工作业绩。同时，按照权责发生制的要求，把当期成本计入当期销售成本或损益中，也更有利于收入和费用的对比。

（二）我国处理成本差异的方法

1. 直接处理法

直接处理法又称“结转本期损益法”，是将本期发生的各种成本差异全部转入“主营业务成本”账户，或者转入“本年利润”账户。即本期发生的成本差异由本期销售的成本负担，并全部从本期主营业务收入中扣减，不再分配给期末在产品和期末库存商品。

按照这种方法，在会计期末将所有差异转入“本年利润”账户，或者先将差异转入“主营业务成本”账户，再随同已销产品的标准成本一起转至“本年利润”账户。采用这种方法的依据是确信标准成本是真正的正常成本，成本差异是不正常的低效率和浪费造成的，应当直接体现在本期损益之中，使利润能体现本期工作成绩的好坏。此外，这种方法的账务处理比较简便。但是，如果差异数额较大或者标准成本制定得不符合实际的正常水平，则不仅使存货成本严重脱离实际成本，而且会歪曲本期经营成果。因此，在成本差异数额不大时采用此种方法为宜。一般而言，大部分企业采用直接处理法。

直接处理法的优点是账务处理比较简单，并能使当期经营成果与成本控制的业绩直接挂钩。其缺点是当成本标准制定得不科学或过于陈旧，或实际成本水平波动幅度过大，就会因差异额过高而导致当期净收益失真，进而导致存货水平失真。

【例 15-11】 假定甲企业"生产成本"和"库存商品"账户均无期初余额，本期投产的甲产品 200 件已全部完工，并已全部出售。每件销售价为 1 000 元，其他资料沿用例 15-7 至例 15-10，则编制会计分录如下：

（1）产品完工入库

借：库存商品　181 040

　　贷：生产成本　181 040

（2）销售产品

借：应收账款　200 000

　　贷：主营业务收入　200 000

（3）结转已售产品标准成本

借：主营业务成本　181 040

　　贷：产成品　181 040

（4）结转成本差异

借：主营业务成本　11 560

　　直接材料价格差异　9 000

　　直接材料用量差异　11 000

　　变动制造费用预算差异　4 000

　　固定制造费用生产能力差异　480

　　贷：直接人工工资率差异　8 000

　　　　直接人工效率差异　21 600

　　　　变动制造费用效率差异　6000

　　　　固定制造费用开支差异　200

　　　　固定制造费用效率差异　240

2. 递延法

递延法又称"调整销货成本与存货法"，是指在会计期末将本期的各种成本差异，按标准成本比例分配给期末在产品、期末库存商品和本期已经销售的商品。分配后，期末的在产品和库存商品反映的都是实际成本，主营业务成本反映的也是本期已销商品的实际成本。本期发生的成本差异应由存货或销售成本共同负担。采用这种方法在期末分配成本差异非常复杂，不便于产品成本计算的简化，但是在这种方法下各种存货的计价都是实际成本，便于本期成本差异的分析和控制。

按照这种方法，可在会计期末将成本差异按比例分配至已销产品成本和存货成本。采用这种方法的依据是税法和会计制度均要求以实际成本反映存货成本和销货成本。本期发生的成本差异，应由存货和销货成本共同负担。当然，这种做法会增加一些计算分配的工作量。此外，有些费用计入存货成本不一定合理，例如闲置能量差异是一种损失，并不能在未来换取收益，作为资产计入存货成本明显不合理，不如作为期间费用在当期参加损益汇总。

3. 稳健法

稳健法又称“分配法”，是指将成本差异按其形成的主客观原因不同，区别对待、分别处理的一种成本差异处理方法。

在稳健法下，由主观原因形成的差异按直接处理法处理，由客观原因形成的差异按递延法处理。

稳健法的优点是既能在一定程度上通过利润来反映成本控制的业绩，又可以将那些不是主观努力所能控制的差异合理地分配给有关对象；其缺点是不符合一致性原则。

成本差异的处理方法选择要考虑许多因素，包括差异的类型（材料、人工或制造费用）、差异的大小、差异的原因、差异的时间（如季节性变动引起的非常性差异）等。因此，可以对各种成本差异采用不同的处理方法，如材料价格差异多采用调整销货成本与存货法，闲置能量差异多采用结转本期损益法，其他差异则可因企业具体情况而定。

值得强调的是，虽然成本差异处理的方法可以针对企业的具体情况自行选择，但要保持一贯性，以便使成本数据具有可比性，这样有利于进行成本分析和预测，并能防止信息使用者发生误解。

复习思考题

一、单项选择题

1. 在下列各项中，属于标准成本控制系统前提和关键的是（　　）。

A. 成本差异的分析　　B. 成本差异的计算

C. 标准成本的制定　　D. 成本差异的账务处理

2. 按照成本差异的性质不同将其划分为（　　）。

A. 数量差异　　B. 成本差异和混合差异

C. 有利差异和不利差异　　D. 可控差异和不可控差异

3. 成本差异中，下列属于数量差异的是（　　）。

A. 直接人工工资率差异　　B. 直接材料价格差异

C. 直接材料用量差异　　D. 变动制造费用分配率差异

4. 按制定标准成本依据的资料分类，可将标准成本分为（　　）。

A. 正常标准成本　B. 现行标准成本　C. 预期标准成本　D. 基本标准成本

5. 成本差异分析中，下列属于价格差异的是（　　）。

A. 直接人工效率差异　　B. 直接人工工资率差异

C. 直接材料用量差异　　D. 变动制造费用效率差异

6. 材料价格差异是根据实际数量与价格脱离标准的差额计算的，其中实际数量是指材料的（　　）。

A. 采购数量　　B. 入库数量　　C. 领用数量　　D. 耗用数量

7. 通常应对不利的材料价格差异负责的部门是（　　）。

A. 质量控制部门　　B. 采购部门　　C. 工程设计部门　　D. 生产部门

8. 固定制造费用的实际金额与预算金额之间的差额称为（　　）。

A. 耗费差异　　B. 能量差异

C. 效率差异　　D. 生产能力利用差异

9. 以资源无浪费、设备无故障、产出无废品、工时都有效的假设前提为依据而制定的标准成本是（　　）。

A. 基本标准成本　　B. 理想标准成本　　C. 现实标准成本　　D. 以上都不是

10. 影响直接人工标准成本制定的因素是（　　）。

A. 直接材料标准价格　　B. 直接人工标准工时

C. 直接材料标准数量　　D. 标准小时制造费用率

11. 固定制造费用生产能力利用差异的分析计算公式应当是（　　）。

A.（实际工时−预算工时）×固定制造费用预算分配率

B.（预算工时−实际工时）×固定制造费用预算分配率

C.（实际工时−标准工时）×固定制造费用预算分配率

D.（标准工时−实际工时）×固定制造费用预算分配率

12. 为了计算变动制造费用标准分配率，应用确定的预算费用除以（　　）。

A. 标准工时　　B. 实际生产量　　C. 预算工时　　D. 实际工时

13. 在制造费用不区分为变动制造费用和固定制造费用的情况下，制造费用成本差异应当是（　　）。

A. 标准制造费用与实际制造费用之间的差额

B. 实际产量标准制造费用与实际制造费用之间的差额

C. 计划产量标准制造费用与实际制造费用之间的差额

D. 预算产量标准制造费用与实际制造费用之间的差额

14. 在将制造费用分为变动制造费用和固定制造费用的情况下，变动制造费用效率差异的计算公式是（　　）。

A.（预算工时−标准工时）×制造费用标准分配率

B.（预算工时−标准工时）×变动制造费用标准分配率

C.（实际工时−标准工时）×制造费用标准分配率

D.（实际工时−标准工时）×变动制造费用标准分配率

15. 在标准成本制度下，不能按标准成本进行登记的会计科目是（　　）。

A. “制造费用”　　B. “原材料”　　C. “生产成本”　　D. “库存商品”

二、多项选择题

1. 标准成本制度的实施步骤有（　　）。

A. 制定产品标准成本　　B. 计算产品标准成本

C. 计算标准成本差异　　D. 计算实际产量的标准成本

2. 标准成本制度的作用有（　　）。

A. 预先制定产品标准成本

B. 事中对比成本的实际消耗与标准消耗

C. 完善各项成本管理的基础工作

D. 期末进行成本分析

3. 标准成本制度的作用有（　　）。

A. 有利于成本控制　　B. 有利于价格决策

C. 有利于简化会计工作　　D. 有利于正确评价业绩

4. 按制定标准成本的水平分类，标准成本可以分为（　　）。

A. 理想标准成本　　B. 正常标准成本　　C. 历史标准成本　　D. 预期标准成本

5. 标准成本差异是实际成本与标准成本之间的差额，具体包括的内容有（　　）。

A. 直接材料数量差异　　B. 固定制造费用生产能力差异

C. 固定制造费用耗费差异　　D. 直接材料分配率差异

6. 固定制造费用标准成本差异的内容有（　　）。

A. 效率差异　　B. 生产能力利用差异

C. 人工组合差异　　D. 耗费差异

7. 工资率差异产生的原因可能有（　　）。

A. 工资计算方法改变　　B. 工人出勤率变化

C. 劳动态度　　D. 工人熟练程度

8. 标准成本差异的处理方式有（　　）。

A. 将差异转入本期损益　　B. 将差异转入“销售成本”科目

C. 将差异结转至下期　　D. 将差异保留在各差异科目

9. 在生产过程中发生的成本差异有（　　）。

A. 材料价格差异　　B. 材料用量差异

C. 直接人工效率差异　　D. 直接人工工资率差异

10. 下列成本差异中属于价格差异的有（　　）。

A. 材料价格差异　　B. 材料用量差异

C. 直接人工效率差异　　D. 直接人工工资率差异

11. 标准成本控制系统的内容包括（　　）。

A. 标准成本的制定　　B. 成本差异的计算与分析

C. 成本差异的账务处理　　D. 成本差异的分配

12. 变动制造费用成本差异可分解为（　　）。

A. 耗费差异　　B. 预算差异　　C. 开支差异　　D. 效率差异

13. 在三因素法下，固定制造费用成本差异可分解为（　　）。

A. 开支差异　　B. 预算差异　　C. 效率差异　　D. 生产能力差异

14. 成本控制可按成本发生的过程分为（　　）。

A. 产品投产的控制　　B. 制造过程中的控制

C. 流通过程中的控制　　D. 事前成本控制

15. 标准成本的作用有（　　）。

A. 加强成本控制　　B. 提供决策依据

C. 便于考核业绩　　D. 简化产品成本的计算

三、判断题

1. 直接人工效率差异、变动制造费用效率差异和固定性制造费用效率差异三者形成的原因是相同的，只是程度不同。（　　）

2. 直接材料价格差异、直接人工工资率差异和变动性制造费用分配率差异属价格差异。（　　）

3. 直接人工效率差异和变动性制造费用分配率差异属价格差异。（　　）

4. 固定制造费用效率差异是指单位产品耗用工时差异对固定性制造费用成本差异的影响。（　　）

5. 在成本差异分析中，数量差异的大小是由用量脱离标准的程度以及实际价格高低决定的。（　　）

6. 标准成本差异可以分为有利差异和不利差异，有利差异就是好的，不利差异就是不好的，这与差异产生的原因无关。（　　）

7. 制造费用标准成本的制定，应以各责任部门为单位，但不需要区分固定费用和变动费用来编制费用预算。（　　）

8. 直接材料成本差异的影响因素分为数量差异和价格差异。（　　）

9. 固定制造费用成本差异可以分为效率差异、耗费差异和生产能力利用差异。（　　）

10. 材料价格差异产生的原因是市场价格、采购点、运输方式变动，以及生产技术上产品设计的变更。（　　）

11. 对于标准成本差异的处理方式是将其结转至下期，或是将差异在存货与销售成本之间按比例分摊，也可以将差异转入损益或“销售成本”科目。（　　）

12. 实行标准成本制度与定额成本制度，对于成本差异的处理方式是相同的。（　　）

13. 在标准成本制度下，各种成本差异的处理有不同方式可供选择；而在定额成本制度下，各种成本差异一般应在各种产品之间进行分配。（　　）

14. 标准成本制度并非一种单纯的成本计算方法，它是将成本计划、控制、计算和分析相结合的一种会计信息系统和成本控制系统。（　　）

15. 为了正确计算各种产品实际成本，在标准成本制度下，应选择恰当的分配标准在各种产品成本之间按比例分摊，也可以将差异转入损益或“销售成本”科目。（　　）

四、计算分析题

1. 某企业生产甲产品，标准成本资料如表 15-3 所示。材料实际单价为 1.4 元，生产耗用 8 000 千克，生产甲产品 10 000 件。

表 15-3　标准成本资料

项目	价格标准	用量标准	标准成本
直接材料	1.5 元/千克	0.9 千克/件	1.35 元/件

要求：

(1) 计算生产耗用材料的实际成本与标准成本的差异。

(2) 分别计算材料用量差异和价格差异。

2. 某企业只生产一种产品、耗用一种材料，本期实际产量400件，耗用材料580吨，其单价为150元/吨，直接人工为8 400工时，其工资总额为41 160元，实际发生变动制造费用为16 800元，固定制造费用为10 920元。其标准费用如下：材料标准价格为160元/吨，单位产品标准用量为1.5吨/件，单位产品标准工时为20工时/件，标准工资率为5元/工时，变动制造费用标准分配率为2.2元/工时，预计生产能力为9 000工时，固定制造费用为10 800元。

要求：

(1) 计算直接材料成本差异、直接材料数量差异、直接材料价格差异。

(2) 计算直接人工成本差异、直接人工效率差异、直接人工工资率差异。

(3) 计算变动制造费用成本差异、变动制造费用效率差异、变动制造费用耗费差异。

(4) 计算固定制造费用成本差异（固定制造费用按三因素计算成本差异）。

3. 某企业生产A、B两种产品，标准成本的资料如表15-4所示。该企业产品的正常生产量为A产品800件，B产品1 000件。实际生产量为A产品600件，B产品800件。有关两种产品的实际单位成本资料如表15-5所示。

表15-4 标准成本资料

成本项目 \ 产品名称	A产品	B产品
直接材料（元）	24（4元/千克×6千克）	25（5元/千克×5千克）
直接人工（元）	32（8元/小时×4小时）	24（8元/小时×3小时）
制造费用变动部分（元）	12（3元/小时×4小时）	6（2元/小时×3小时）
固定部分（元）	8（2元/小时×4小时）	3（1元/小时×3小时）
标准单位成本（元/件）	76	58

表15-5 实际成本资料

成本项目 \ 产品名称	A产品	B产品
直接材料（元）	24（3元/千克×8千克）	27（4.5元/千克×6千克）
直接人工（元）	27（9元/小时×3小时）	28（8元/小时×3.5小时）
制造费用变动部分（元）	10.5（3元/小时×3小时）	8.75（2.5元/小时×3.5小时）
固定部分（元）	4.5（1.5元/小时×3小时）	5.25（1.5元/小时×3.5小时）
标准单位成本（元/件）	66	69

要求：

(1) 计算直接材料成本差异、直接材料数量差异、直接材料价格差异。

(2) 计算直接人工成本差异、直接人工效率差异、直接人工工资率差异。

(3) 计算变动制造费用成本差异、变动制造费用效率差异、变动制造费用耗费差异。

(4) 计算固定制造费用成本差异（固定制造费用按三因素计算成本差异）。

4. A 某企业生产甲产品，有关直接材料标准成本资料如表 15-6 所示。本月实际购进 A 材料 30 000 千克，单价为 29 元；购入 B 材料 8 000 千克，单价为 16 元。生产甲产品领用 A 材料 62 000 千克，B 材料款项已转账支付。本月生产甲产品 400 件。

表 15-6 甲产品直接材料单位标准成本表

项目	标准单价（元）	标准消耗量（千克）	金额（元）
A 材料	30	150	4 500
B 材料	15	50	750
合计（元）	—	—	5 250

要求：完成表 15-7、表 15-8 中的相关计算，分析直接材料成本差异。

表 15-7 购入材料标准成本和价格差异计算表

材料名称	购入数量（千克）	标准		实际		价格差异（元）
		单价（元）	成本（元）	单价（元）	成本（元）	
A 材料						
B 材料						
合计						

表 15-8 直接材料标准成本和数量差异计算表

材料名称	标准单价（元）	标准			实际		数量差异（千克）
		单位用量（千克）	总耗用量（千克）	总成本（元）	总耗用量（千克）	总成本（元）	
A 材料							
B 材料							
合计							

5. 某企业生产甲产品，有关直接人工标准成本资料如表 15-9 所示。甲产品本月实际工时 22 000 小时，应付职工薪酬总额 407 000 元，实际工资率为 18.5 元/小时，本月生产甲产品 400 件，期初和期末均无在产品。

表 15-9 甲产品标准成本表

项 目	标准工资率（元/小时）	标准工时（小时）	金额（元）
直接人工	20	50	1 000

要求：在表 15-10 中完成相关计算，分析甲产品直接人工标准成本差异。

表 15-10　直接人工标准成本和差异计算表

标准				实际			差异	
单位工时（小时）	总工时（小时）	小时工资率（元/小时）	总成本（元）	总工时（小时）	小时工资率（元/小时）	总成本（元）	效率差异（元）	工资率差异（元）

参考文献

[1] 罗飞．成本会计［M］．北京：高等教育出版社，2000.

[2] 财政部．企业会计准则［M］．北京：经济科学出版社，2006.

[3] 于彩珍．成本会计实务［M］．厦门：厦门大学出版社，2007.

[4] 宋常．成本会计［M］．北京：中央广播电视大学出版社，2013.

[5] 任月君．成本会计学［M］．上海：上海财经大学出版社，2013.

[6] 周全根．成本会计实务［M］．北京：人民邮电出版社，2013.

[7] 王超．成本会计实务［M］．北京：教育科学出版社，2016.